语文教育散论

李真微　著

团结出版社

自　序

留下屐痕

　　这本小册子出版了。这是从我过去写的短文中搜集出来的关于语文教学一些零碎的文章。为了让人读起来容易了解，我得把有关情况作些说明。

　　这里所收的文章，写作时间跨度很大，从改革开放始，迄今已近40年。这40年中，我先教高中语文10年，后任岳阳市教科院语文教研员兼高中室主任12年，退休后仍然关心语文教学，被邀讲座、讲课，参加省里的高考命题研究等工作没有停止，直到80岁才歇下来。

　　早年我写的那些文章都有特定的时代背景，是针对当时的现实状况来写的，参与讨论，提出意见，有的还是批评性意见，在当时颇有点离经叛道的色彩。但到今天这些问题已经解决了，这里我还是把它编了进来。例如说改革开放初期，因为才从文化荒芜的时代走出来，当然特别强调知识的重要，语文课也就特别强化知识的教学，学语言强调学语法，甚至学文言文都强调从学习古汉语知识开始。初中语文课本把系统的现代汉语知识编成若干章节分载在每个单元之后，从词性到短语，再到单句复句，系统地学一遍。高中语文课本就把逻辑知识编了进来。教学则强调"精雕细刻"，教成语要四个字辦开，一个一个讲清含义出处，教文言"曾子之妻之市其子随之而泣"，首先要讲清这三个"之"字各是什么词性，含义有何不同。大堆的作业就做这些事，考试也就这么考。对此我是不赞成的，于是写文章提出不同意见。我认为中学生学语文目的在于会运用语文而不是研究语文。他们学母语主要途径是通过"习得"来长进，而不是先学语法再根据语法来说话写作。从语法着手学生难学，学了又不容易用，而且太枯燥，败坏了学语文的兴趣。当时的教学思想落到高考上，就是知识性的题目占分不少，迫使教学不得不依从。1981年《语文学习》发起中学语文教师议论文征文，我写了《悉心·违心·亏心》一文，得了二等奖，意思是"悉心为高考，违心教语文，亏心待学生"，表达了对当时教学尴尬现状的不赞同。这篇文章收集在由上海教育出版社出版的获奖文集中。

又如1984年我写了一篇《令人忧虑的一种现象》发在《人民日报》上，这是针对上一年语文高考题文言文阅读占分是现代文的两倍这现象来说的，我以为这对学生学好语文为现代生活服务是不利的，加之文化大革命后不久，学生语文能力普遍较差，现代文阅读尚有困难，花太多精力去学文言文是不恰当的。但当时就有人误读说我是反对学文言文，甚至上纲上线说我是否定民族文化传统。其实我是针对具体问题来提看法，事实上以后的高考题中文言文阅读和现代文阅读赋分就持平了。这些情况如果今天不说明，恐再被人误解。

随着社会的进步，新世纪之初国家提出了基础教育新的课程改革，明确提出了"改变课堂实施过于强调接受学习，死记硬背，机械训练的现状","倡导学生主动参与，乐于探究","培养获得新知识的能力，分析和解决问题的能力以及交流与合作的能力"。我践行这一理念，对语文教学进行思考，提出自己的认识和设想。在阅读教学中实行"感悟阅读"，在写作教学中认为写作的本质是生命的律动，把作文训练从重在学写作方法写作程式的束缚中突围出来，开拓写作之源，提高思想认识，熏陶美好情操，积累生活素材，架通生活与写作的桥梁，表达得言之有物，真实贴切。由此我编写了《感悟阅读》的丛书，并请于漪老师作序。另写了一些篇什收入了本书中。

所以，从全书的文章看，有一条暗含的时间线索，记录了我教学及思考演进的过程，以"留下屐痕"为题，可以看出我是怎么走过来的。放到宏观的背景下，也是改革开放以来语文教学进步的一些例证。这书要说也还有点意义吧，大概也仅在于此。

我写作态度是认真且勤勉的。上世纪 80 年代初，全国人民，特别是知识分子才从文化大革命的桎梏中解放出来，被压抑的生命热情像火山爆发一样，不辞劳苦地工作，拼命，开心。我长期任教高三语文，工作更繁重一些。我那时的写作大多是利用工作缝隙完成的。在教学中遇到问题或有所体会，就拾其材料敷成拙文，所以写的都很短小，实践性较强。我记得大年除夕我都常在伏案。有一次，母亲病了，住进当时的镇医院。医院设施十分简陋，一个病室里摆的十张双层铺就是病床，墙未粉白，红砖现出原始的色彩，顶棚用芦席遮着，整个房间挂着一盏 15 瓦的灯泡，糊满了蛛丝灰尘。幸好住院的很少，这房就住着我母亲一个人。每天我上完课就匆匆忙忙步行 20 多分钟去陪护母亲，大多是带些学生作文本在那里批改。有一晚我觉得来了灵感，有东西要写，于是站到高铺上，左手捧个笔记本，就着那昏黄的灯光写起来，站了约摸两个钟头，写了近三千字，文章标题为"当学生答问卡壳的时候"，写的是如何用启发式引导学生解决问题，摆脱课堂尴尬的处境。这篇文章发表在《中学语文》刊物上。

最后要说的是，这本书得以出版，特别感谢邹树德先生和马智君先生，他们不但鼓励催促我做了这件事，而且提供了很多实际帮助。可以说没有他们的助力，就没有这本书，在此我得特别致谢。

李真微

2020 年 3 月

阅读教学篇

写作教学篇

考试评价篇

其　他

阅读
教学篇

浅论培养学生整体阅读的能力

整体阅读是指以整篇、整单元、整集、整部为单位的阅读，其中又以整篇阅读为基础。它不满足于对字、词、句的认读、释义、理解及对文章局部的掌握，要求通过阅读能明晰、准确地理解文章的内容，把握文章的主旨，评价文章的得失。整体阅读能力是一项综合能力，它集合了认读能力、理解能力、鉴赏能力和思辨能力，在阅读中集中体现为对语言和文章的感受能力，把各种能力协调运用，高速高质量地阅读理解书文整体。

那么为什么要提倡整体阅读呢？

首先从阅读本身的作用和意义来看，阅读的最终目的在于接受别人所表达的信息、内容思想和情感，并能对此作出中肯的评价。无论阅读何种读物都不能离开这个总目的。"中学语文教学大纲"开宗明义地指出："语文是从事学习和工作的基础工具。"要发挥这个基础工具的作用，就阅读来说最终是要通"文"，认识一篇篇、一部部这个书文整体。

再从整个阅读能力来看，它以识字音，懂词义，明句子为基础，进而还要有懂篇章，知文意，明主旨，评得失的能力。前者是基础性的低层次的阅读能力，后者是综合性的高层次阅读能力，两者必须形成一个整体，这个整体能力越完善越熟练，阅读就会越准确、快速、高效。任何一种能力的缺陷都会导致阅读的少慢差费，甚至出现错误。

这若干项能力既有整体性，又有相对独立性，因此，把它们安排在整个语文学习的过程中就得按其规律显示出阶段性来：小学阶段以抓基础能力为主，到了中学就应以综合能力为主，同时不断扩大语文知识的领域。到了中学，如果教学的注意力仍然只集中在字词句上，那么培养的学生即使成了活字典，其语文能力也必不能适应日后学习、工作、生活的需要。

道理既然如此，那么教学的现状又如何呢？先请看下表：

考试类型	抽样地区	字词题得分率	段意得分率	分析主旨得分率
九〇年高中毕业会考	县级城镇	74.6%	34.5%	15.8%
九〇年初中毕业及中考	城市	85.8%	38.8%	
九〇年高二语文追踪测试	城乡各半	67.4%	(分段)37%	17.7%

以上是岳阳市各两百份试卷抽样情况统计。这就说明学生分析概括能力是很差的。就以近年高考情况来看，也是现代文阅读得分低于文言文，而现代文阅读中得分最低的又是那些分析、概括文章内容思想的题目。这就反映了教学上存在的一个问题：从大面积来看，特别是广大农村中学，偏重于基础知识的教学，呆板地零敲碎打地单纯传授知识的现象仍较严重，对于培养学生整体阅读能力的观念仍较淡薄。具体表现是比较重视死知识的识记背诵，诸如作家作品，名词术语等，比较重视作为语言零件的字词教学，忽视篇章、内容、思想的教学。尤其是文言文教学，几

乎全变成了古汉语教学，片面强调字字落实，讲文言句式等，至于文章有何内容，是何观点，有何积极意义或消极因素，则基本上置之不顾。常常是一篇短小的寓言读过了，译释基本通了，可就是不知寓意是什么，舍本逐末了。

与以上情况貌似相反，走向另一极端的现象也存在。这种教学似乎很注意整体阅读，但实际是爱离开具体的课文去作架空的分析，讲述多是一些空洞的陈言套说，不是具体明确地去引导阅读一篇篇的课文，而是套千篇一律的框框。这种教法比那些只重基础知识的更坏，重基础知识还可有一得，这种教法只会一无所获。

教学中怎样培养学生整体阅读的能力呢？关键是养成学生阅读的整体认知意识和习惯，追求对整节、整章、整篇、整册的准确理解，并获得这种能力。而教学又总是一步步一环环来进行的，每一步每一环对整体认识都只是一个分解，只能抓一个侧面，重要的就在于抓这些侧面的时候始终不忘记它与整篇有什么联系，在整体认知中有什么地位和作用，以整体认知为核心把这些知识统率组织起来。具体说来，可以从以下诸方面着手。

一、教学文题，扣住文眼

读好文题是节时高效地进行整体阅读的一条途径。因为文题与文章总是存在着某方面的联系：或概括内容或点明主旨，或涉及事件或交代背景，或借用人名，或标以时间，或明朗，或含蓄，或以象征而别寓深意。

教学文题关键就在于巧妙地适时地揭示题与文的联系，由题识文。教学文题自然不能拘于定法，要因文而定。在开头教则着眼于引导学生粗知全文的内容，成为学习整篇的突破口。如教《内蒙访古》，我说："1961年历史学家翦伯赞、范文澜等人应乌兰夫邀请访问内蒙古（随讲述板书"访内蒙古"），翦老先生写了这篇散文。请问既然是'访内蒙古'，为什么要标题为'内蒙访古'？学生认识到这个标题对文章的内容作了具体的标示，访的地方是内蒙，查访的主要内容是古迹及与古迹有关的事物，故称"内蒙访古"。

也可以一边读文一边破题，题文结合，同步前进。如教《邹忌讽齐王纳谏》，边分析内容边归纳涉及题目，全文结束讲析时板书也就逐步完成了：

图1

这样，标题出来了，思路也理清了，内容也概括了。

也可以教完全文后再分析题目，反过来促使对整体的理解进一步深化。如教《为了周总理的嘱托》后，引导学生拟出以下几道标题：《一腔心血育银棉》《为了千百万人的温暖》《老农民科学家的新贡献》，或者就用吴吉昌自己的一句话作标题——《啥也别想挡住俺》，再让学生比较作者为什么偏偏用了现在的标题。学生思索发现，文章写吴劳模的行动是以周总理的嘱托作为精神力量源泉的，全文十二处写到周总理的嘱托和吴劳模对总理的怀念，现有标题恰好揭示了这一行文线索。这样教就由知题而深化了知文。又如教《祝福》《药》等，我也让学生比较若改用别的题目差在哪里，这样又使学生认识了文题在塑造文章整体形象上的特殊意义。总之是围绕知整体来设计教文题的方法。

二、遵循思路，层层概括

阅读的过程总是由句到段，积段成篇的。文章是各个段落的有机结合，要知整体就应对文中的各层先有明晰的印象。要特别注意抓文章的思路教学，编层次提纲，写全文提要。

学生概括文意最困难的是"吃不准"，常常以点代面，以偏概全，主次不分，偏正不清，因果不明，论点与论据混淆。要克服这些缺点宜多用比较法，把许多似是而非的认识一齐列举出来，让学生辨析、鉴别，扬弃那些片面的肤浅的认识，逐步使思考全面、缜密、中肯。

除了教学生用文字表述的方式来列提纲外，还可指导学生编绘文章的思路结构图，这是使学生简捷地掌握课文内容和进行概括能力训练的好方法。如教学《第比利斯地下印刷所》和《雄伟的人民大会堂》后，要求学生画出其建筑结构图。如教完《变色龙》后，要求学生画出警官奥楚蔑洛夫对人对狗的心态变化图：

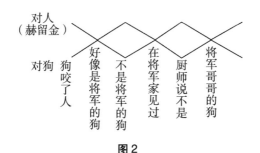

图2

这可称折线式结构，而《人民的勤务员》则是种轮辐式结构：

图3

还有如《为了六十一个阶级弟兄》是一种环流式的结构，文章从平陆求药写起，经过北京找药、送药、空运药，又回到平陆。《风景谈》是一种阶梯式结构，六个场景四个层次，所概括的思想境界一层高过一层。《荷塘月色》是种坐标式的结构，《驿路梨花》是种波浪式的结构等等。如果学生能用一些图像把行文的结构表示出来，（当然不是所有的课文都便于图解）这就说明已经掌握了整体框架。

此外还可进行这样一些训练：给学生念一篇文章，要求听后写出内容提要，再公布正确答案供他们对照订正。还可让学生在手抄报或阅读笔记本上开辟文摘专栏，训练提纲挈领的能力。

三、字词语句，不离整篇

强调整体阅读并非是不要语文基础知识，恰恰相反，是要加强其教学，使它更实化、活化、有用化。

过去提词不离句、句不离段、段不离篇，当然不错，但是还不够，有时词也不能离篇，因为它们的意义和价值是置于全文整体中才显示出来的。词语有三种意义。一是词典义即通常的含义，在词典是找得到的。二是语境义，在特定语境中的特定意义，如"我们要干实事不要做表面文章"，这个"文章"的含义就不是词典上能查到的了，要理解它就必须"词不离句"。三是成文义，它在整个文中所具有的丰富的内涵。如《从百草园到三味书屋》里写到先生念"铁如意"之类的古文时有这样的话："我疑心这是极好的文章，因为读到这里，他总是微笑起来，而且将头仰起，摇着，向后面拗过去，拗过去。"为什么是"疑心"，不用"觉得""知道"，因为"我"根本不理解这些文章。又为什么不用"细想"，因为"我"对这些文章和读书生活很不喜欢，根本不会去关心、细想，如果用"细想"就与整个文意相悖了。又如《背影》里写父亲的穿着，"他戴着黑布小帽，穿着黑布大马褂，深青布棉袍"。不厌其烦连用三个"黑色"有什意义？放到全文中思考，作用有三：一是他才给母亲办丧事，还有哀悼的意思；二是表现当时家境困难，父亲老境颓唐；三是与全文抑郁悲凉的色调一致，为文章平添了惨淡的氛围。这三个内涵如果离开了文章整体也就不复存在了。这种"成文义"既不是词典上能查到的，也不是"不离句"从狭小的语境中所能寻觅的。所以词、句、段有时都不能离开全文整体。

到了中学阶段，特别是高中，词语教学绝不能再停留在只教生字新词的阶段。生字新词完全可以而且也应该让学生进行自学，以培养学生的自学习惯和能力。除了积累词量以外，词语教学必须达到如下目的：一是学会根据语言环境揣知词义；二是认识词语的丰富表现力；三是通过词句去认识文章整体。此外要尽量引导学生会运用，转化为能力。

四、快速阅读，扩大阅读量

学习时间总是有限的，在有限的时间里只有靠提高阅读速度才能扩大阅读量，开拓知识面。

不少中学生阅读速度很慢，每分钟只能看两三百字。不少教师的教学还没有阅读的速度意识，更谈不上有计划地训练学生的阅读速度。

培养学生的速读能力，除了告诉学生一些速读的方法，提高技能技巧以外，还要使他们养成宏观摄领的习惯，尽量快速达到整体认知的目标。这样就可防止只会细嚼慢咽的阅读方式。指导训练时可以提出这样一些要求：一是摄要领，类似跳读，记叙文只抓人物、事件，人物关系，场景转换，情节推移等关键处来读；大段的景物描写、心理刻画、动作描写、环境渲染则可一掠而过。说明文、议论文则细看段落标题，段首段尾，论点细读，论据粗读，抓住主要内容。二是针对问题找答案，老师就文章提出了问题，学生不需从头至尾去通读，而是要迅速抓到有关句段，一边读一边标记，然后思考整理，组织语言回答问题。三是查阅资料，老师提出一两个问题或论点，要求学生到课外阅读中找到答案或论据，让他们学会在阅览室、图书室去"大海捞针"。经常这样做，对培养学生整体阅读能力大有裨益。

五、整体认知，培养文感

文感是指对文章的直接感知能力，不需要特别仔细地去作分析，而能快速地、条件反射式地较准确地把握整个文章。文感分细来说包括感知文章的文体、文脉、文情、文旨和文风。

文体，文章的体裁。迅速感知文体，有助于准确选择所需的读物，有助于根据不同的文体采用不同的阅读方法。文脉，文章的思路，行文的顺序和文章的结构。理清文脉是找到理解文章、理解作者意图的一条通途。抓文脉，一要会找线索，二要会分层概括，三要会抓各层的衔接。文情，是文章的思想倾向和感情色彩。感知文情既是掌握中心思想的重要基础，而其本身又是阅读的目的之一。情感直露的文章学生容易掌握，难点是那些含蓄的文章，要告诉学生会通过透视文章所采用的象征、比附、烘托、隐喻等委婉手法去获得"文情"，会捕捉那些渗透于描写、叙述、评说中的隐隐的情愫。文旨，文章的中心思想（记叙文）、中心论点（议论文）、中心内容（说明文）。认识文旨是阅读的基本目的。学生理解文旨常犯的毛病是偏而不准，若即若离。提出来的常常是文章的一个局部，一个分论点，而不是整体，更不是中心；或者是一个相似或相关的问题，而不是本文特定的问题。克服这个能力上的缺点，宜多采用比较辨识的方法。文风，文章的风格、辞采、情调。感知文风，能从阅读中得到美的熏陶和艺术享受，提高审美能力，培养爱美情操，是语文教学实行美育的主要途径。

文感当然要以语文知识为基础，但它本身又是一种独立的能力。如果认为只要知识学好了，文感就自然形成了，这个结论是错误的。例如认识同样多的字，掌握相近量词语的两个人，文感就可能有很大差异。培养文感，主要应增强阅读的整体意识，从宏观整段、整篇的角度去教学语文，要始终把握以培养整体阅读能力为最终目的，并逐渐求其臻于熟练。

高度的语感是一般人学习语言所追求的目标，他们无须像语言学家一样对语言现象去作规律性的语法分析；那么获得整体认知，形成文感则是所有阅读文章的人应追求的阅读目标，中学阶段(有人提出初中阶段)现代语文要过关，我们的教学就有必要更多地直接地瞄准这个目标，增强阅读教学的整体意识。

（原载《湖南教育与研究》1991年1月）

过程大于结论

结论，是问题的答案；过程，是指获得答案的思维过程。

我们的教学常常定位于"传""授"，所以普遍存在重结论、轻过程的倾向。提出问题后就直奔结论，灌输结论；讲评试题就直接公布标准答案了事。

造成教学只重结论的原因很多，其中最重要的是考试只注重结论。由于应试的目的和不少教师对新课改的机械理解，教学也就直奔结论，以为这样就可以让学生掌握大量的知识，获得应有的好成绩。其实这是一种误解，解答试题固然是找结论，但这些结论仍然是通过思维过程得来的。所以说，没有正确的思维过程，就得不出正确的结论，判断和选择便都没有了依据。

如果评价教学绩效的话，可以分为三个档次。

下策——直接告诉学生结论是什么。

中策——在灌输结论的同时，也告诉学生结论是怎样得来的，这样虽教了"过程"，但仍然是教师的传授。

上策——启发学生一步步探究，获得解决问题的方法，从而水到渠成，自然找到了结论。

举个例子，教学毛泽东《沁园春·雪》中的"惜秦皇汉武，略输文采"这一句。

下策这样教。同学们，"惜"是什么意思？对，叹惜。请注意是这个"惜"，不是"昔"。

评点：这就是灌结论。虽然教师凭借经验，知道并指出了学生容易出错的地方，但没有"过程"做基础，记忆无法巩固，时过境迁，学生反而会记忆出错。

中策这样教。同学们注意，"惜"是"叹息""惋惜"的意思，"昔"是"往昔"的意思。如果用这个"昔"，就只是冷静地告诉了别人，存在"秦皇汉武，略输文采"的历史事实；而词人用这个"惜"，既有这层意思，同时还表达了自己对此叹息的主观感情。用同样多的字数表达了更丰富的内涵，这就是对艺术的追求。

评点：这里教师不仅讲了结论，还讲出了作者选用此"惜"的思维过程。讲到了点子上，使学生了解基本的思维过程。但缺点是该结论不是启发学生通过步步思考得来的，所以，学生还是不会由此而获得思考能力，进而举一反三，还是没有达到教学的最佳效果。

上策这样教。

师："惜"和"昔"各是什么意思？（学生解释正确）

师：在这里，词人为什么选用"惜"，而不用"昔"呢？（课堂沉默，因题目跨度太大，学生思维一时跟不上）

师：那就请一位同学先把"昔秦皇汉武……"和"惜秦皇汉武……"这两句各翻译一遍，看看有什么不同？

学生翻译后，教师再做启发：两句话字数相同，含义却大不同。"昔秦皇汉武"，用这个"昔"在意义层面纯属多余，不用"昔"，读者也知道他们都是古人，这句话只是客观地告诉了读者一个历史现象；而用"惜"就多了一层意思，还对历史人物表达了叹息之情。所以，用"昔"是平庸，而用"惜"则是高妙。从这里，你们发现了什么？悟得了什么？

生：要会炼字，用字要精练、准确，尽量用较少的字表达更多的内容，以使意蕴更加丰富。

评点：这就是启发学生自己去发现、认识，尽管这个过程有时很艰难，但要坚持这样做，才能让学生真正获得"过程"，不仅知识掌握得更牢固，而且训练了语文思维。

上策，就是引导学生去发现，去感悟；就是废止注入式，提倡启发式。当教师向学生提出一个问题，或学生质疑提出问题后，教师的任务并不是急于把答案直接告诉学生，而是引导学生探究思考，从而得出结论。启发，是艰难的，它考验教师的智慧。有的教师面对问题的难点和学生的困惑，不善于启发，只知道用一个现成的问题去逼问学生，让学生一个一个地站起来回答，终无结果；结果自然是教师恼怒，学生惶恐，课堂窒息。因此，我们应学会启发，研究一些启发的方法，就有了迫切的需要。下面，我结合具体实例来介绍一些做法。

一、化深为浅，由浅入深

"深"，是指思维程序多了几步，"浅"是相对少了几步。学生对"深"的问题一时想不出答案，觉得很难，并不是对每一步都不能解答，很可能是面对其中某一道或几道坎跨不过去。这样，如果教师指导他跨过这些坎，也就能打通思维，顺利解决问题。这样做，就是把一个较"深"的问题化为较"浅"的问题，故名之"化深为浅"。例如，我曾对学生出示一副题在某水墨画旁的对联：

山抹微云无墨画

竹敲秋雨有声诗

然后问学生，学生一致回答读懂了，没有问题。

师：你们觉得没有问题了，那我提个问题，看你们是否能解答——这"无墨画"是什么意思？

一学生被点名回答，茫然不知如何作答。

于是我便把问题的难度降低一级："我这里给出三个解答，你看选择哪一项较为合适。A.（景色美丽）可惜没有笔墨来把它描画。B.（景色美丽）没有谁能用笔墨描画出来。C.（景色美丽）本身就是不需要笔画描绘的一幅图画。"

答案摆出来了，可是学生仍然摇头，说选不准。因为孤立地看，这三个解释都说得通。对话卡了壳，课堂陷入僵局。

我又把问题的难度降低一级："这是一副对联，对联在语言形式上有怎样的特点？或者说常用怎样的修辞手法？"这个问题给学生指明了思考的方向。学生顿悟了，回答："答案是 C 项。"

师：为什么？

生：因为对联讲究对仗，下联"竹敲秋雨有声诗"是个判断句，即"是有声诗"；那么上联也应是判断句，"是无墨画"，本身就是不需笔墨描绘的一幅天然的图画。

经过这样一个思考的过程，学生享受到成功的喜悦，获得了学习的兴趣和信心。

这里所用的办法，就是逐步降低问题的难度，"化难为易"，让学生从易处入手，找到解决问题的思维过程，然后就自然得出正确的结论。目的是结论，但教学则重在"过程"。

二、化虚为实，由实及虚

实，是指一些具体的形象的可感甚至可触的事物；虚，是一些抽象的带规律的偏于理性的事物、问题。由于学生见识的局限，理性思维的缺乏，对于虚的问题一般难以掌握。这时教师不要将定义、法则生硬地灌输给学生；这样做，学生不是不理解就是容易忘记，即使背熟了也不会用。鉴于此，我们应该把虚的问题化为实的问题，让学生理解，再从中悟出道理来，又比照着对原来虚的问题加以解决。这就是化虚为实，由实及虚的完整过程，也就是化抽象为具体，由具体到抽象的过程。

还是举例说明。例如给学生这样一条结论：写文章，应该选用最能实现表达目的的词语。这当然不错，但把这个结论直接交给学生去背熟，有用吗？即便是背过了，还是不会用。应该化虚为实。《背影》里有一句话："但最近两年的不见，他终于忘却我的不好，只是惦记着我，惦记着我的儿子。""我的儿子"对于父亲来说就是"他的孙子"，那么这里改用"他的孙子"可以吗？不可以，因为这里作者要表达的目的是父亲关心"我"，惦记"我"，因此，用"惦记我的儿子"来进一步表达对"我"的关心，如果改用"惦记着他的孙子"，那就与"我"无关了，背离了作者表达的目的。

这是实例，学生也能理解。在此基础上再引出前面的结论，由实及虚也就水到渠成了。

三、化此为彼，由彼及此

"此"是指当前面对的这个问题，"彼"是指与"此"问题类似的另一问题，"化此为彼"就是当面对的这个问题解决不了时，可通过类比迁移到另一个类似的问题上去求得解答，然后"由彼及此"把解答的思路返回"此"问题上来，求得解答。

举例来说。我教学生读鲁迅的《秋夜》，对于开头一段，"在我的后园，可以看见墙外有两株树，一株是枣树，还有一株也是枣树。"学生说不理解鲁迅为什么要这样写"一株""还有一株"，就写"两株"不是更简洁明了吗？对于这个问题，我如果要直灌结论可以一句话说清楚，但我没有这么做，而是通过类比迁移到别的问题上去，让学生自己去体悟。

我说，才开学时，由于食堂准备不太充分，中餐吃的是萝卜，晚餐吃的也是萝卜。对于这一现象，两位学生有不同的表述。甲说："我到学校来第一天吃了两餐萝卜。"乙说："我到学校来吃了两餐饭，中餐是萝卜，晚餐又是萝卜！"这两位学生说的有什么不同吗？学生很容易认识到：甲只是冷静地向人介绍了一个客观事实，而乙则表示了强烈的不满。我再指引学生把这个认识方法迁移到《秋夜》中去，学生就能理解鲁迅的话中含有一种感情，一种寂寞孤独的情绪。

这样做有什么好处呢？如果是直接灌输结论，学生只知道这句话的解释，获得了一个知识，而经过类比启发，学生在得到这一个知识之外还能悟出不同的表达方式含有不同的情意，也知道了当自己有不同的情感要表达时，应该选择最佳的表达方式，同时还发展了类比思维的能力，真是一举数得，学生提升的将是能力与智慧。

这种类比联想的思路应该是：由抽象类比到具体，由深奥到浅显，由陌生到熟悉，由此找到解答思路，再用这种思路推及原题，套用方法。

再举一例。有一次我听一堂作文讲评课。有学生以"立志未必便成功"为题写了一段话："李煜从小立志文学，可是他醉心于花前月下，不理朝政，最终成了亡国之君，可见立志并不一定就能成功。"其他学生对这段话朦朦胧胧觉得不对，教师只隐隐约约说逻辑上有问题，但说不出所以然。

下课后我另拟了一段话让学生分析，看是否有问题："杨振宁从小立志物理，但因他身高不够，又缺乏专业训练，最终没有成为篮球健将，可见立志未必便能成功。"对这句话学生很容易看出它的纰漏，指出"立志物理"与"篮球健将"说的不是一回事。我再引导学生分析前边那段话，学生便有豁然开朗之感，知道立志文学与做皇帝说的也不是一回事。这时，再指出它违反了逻辑第一定律——同一律。这样由彼及此，由实践到理论，学生都顺利地掌握了这一方法。

借这个例子我引出另外一个观点：语法、逻辑、修辞之类的语文知识在现行语文课本都未编入，并非说就不重要，更不是说不应该教，而是必须教，关键是活学活用，要真正形成能力，内化为素养，只是不需要专讲名词术语、定理法则，也无需太讲究系统完整。

四、容小于大，由大及小

小，是指对问题最准确的答案；大，是指这个答案所在的范围。当提出一个问题时，不要期望学生一下就找到那个"小"——最切近的答案，很多情况是只能说到"大"，在这个范围之内。这时教师不要否定学生的答案，教师的责任是启发学生逐步靠近靶心，并在其中找到矫正思维偏差的方法，提升思维的缜密度。

有位教师教学《我的叔叔于勒》，走进教室，乱糟糟的。教师便在黑板上画了一个圆，问："谁能最快找到这个圆的圆心?"学生被吸引住了，都瞪着眼睛看黑板找圆心，教室里立刻安静下来。教师说："你们都想找到圆心吗？那得认真学好这篇课文才能找到。"学生的兴趣被调动起来了。通过课堂学习，学生完成了这样的板书：

图1

师：这是"我"的叔叔于勒在自己兄嫂家的遭遇，因为穷被迫出走南美，听说他在南美发财了，兄嫂又盼他、催他回来，兄嫂见他在港口下船仍然形同乞丐，于是避而不见。这兄嫂的行为就形成了一个无形的圆，同学们，这个圆是围绕一个什么中心形成的呢？

生：背信弃义。（这个答案最多中了三环，但教师没有直接否定它）

师：你的答案有些正确的因素，但这里并没有"背信"的意思呀！

生：见利忘义。

师：很好，进了一大步。但见利忘义本身是他们思想行为的表现，现在的问题是他们的思想行为是根据什么来变化的？

生：利。

师：对了，利，说得更直观一点，就是钱。自私贪婪的人，他的一切思想言行都是围绕着钱来进行的，即使对骨肉亲情也概莫能外。

由"大"到"小"的这一启发过程，大多应做这样一些工作：暗示目标，为学生指出思考方向；点出偏差，让学生删除答案中赘余的成分；推敲答问的语言，逐步趋于准确精当。不断修正，使答案逐步切近完美的要求，实际上也就是一个思维训练的过程。

过程大于结论，教师千万不要急切地直接宣布结论，结论只能是教育耕耘后的收获，是瓜熟蒂落、水到渠成。

重结论是重知识，重过程是重智慧，前者育知，后者育智。

（原载《中学语文教学参考》2014 年 10 月）

借鉴自学成才者的经验
改革中学语文教学

　　培养学生的自学能力，达到叶圣陶老先生所说的"教是为了不需要教"的境界，是语文教学重要目标之一。从自学成才者那儿借鉴经验，看他们着重学哪些语文知识，怎样去进行学习，从中得到启迪，对于改革中学语文教学，提高教学质量，是大有裨益的。

一、注重实用，不强求系统

　　自学成才者学语文的目的很明确，就是为了实用。这，也应该是社会对中学生学语文提出的现实要求。一般说来，中学生学语文就是为了来日学习、工作、生活的需要。只有能适应这种需要的才是最有价值的，必须放在首位的。那些学了也有用，但作用不那么直接的知识，就不必强求其系统性、完整性，除极少数将来专门从事语文研究者外。

　　例如，从时代来划分，无疑现代文是主要的，这是现代人用来传播信息的工具，文言文使用的频率便小多了，可以少学。从能力与知识的关系看，听说读写的能力就是主要的，某些知识作用就不直接，如汉语知识就不必求其系统性。学修辞，主要应是会用各种修辞手法使自己话说得更好，文章写得更美，至于是否懂得修辞手法的概念并不重要，辨识句子用了何种修辞手法意义也不大。一句"细脚伶仃的圆规"，你说是比喻，他说是借代，笔墨官司打得难分难解，到底谁是谁非，对中学生来说都是可以置之不理的。

就是具体到每项知识，也有轻重缓急，无须强调完整。比如中学生学语法，知道点词类划分、句子结构、句子间的关系，以便把文句说得准确、通顺、连贯，这就是最重要的，语素的知识放在初中第一册教，既难接受，又作用不大；初中第二册讲短语，既从构成成分分类，又教结构方式分类，那么繁杂，学生花了很多时间还是扯不清，学了也用处不大。无论学语法或修辞，主要目的不应是认识"它们是什么"，不是掌握其知识本身（那是专家们的事），而是要运用这些"拐杖"学好读与写；大可不必强调系统掌握这些知识。

注重实用，作用不大的少学，特别不要用考试去逼着他们学。有一年高考就考了将鲁迅的《祝福》《阿Q正传》《故乡》《药》等七篇小说按写作先后排出顺序，这就很不恰当。学生要解决的是如何去读鲁迅小说的问题，写作年代哪先哪后，不是搞专门研究的很难说准。对中学生来说，做对了，语文能力不一定很强；没做对，又不见得很弱。这类知识，课堂上讲一讲是可以的，而一旦列为考题，影响就大了："指挥棒"一指，大家都往这个方向奔，有关的死知识就得大片去抓，去记，加重了负担。"钢不安在刀刃上"，自然有碍于学习效率的提高。

二、重视实践，淡化理论

自学成才者学语文主要是在操作实践中学习。学语言主要靠形成语感，一句话说通了没有，感到"不顺"就没有通，感到"顺"了也就通了；不大重视用汉语理论去对每个句子作语法分析。学写作，也是从实践中去摸索去领悟，从阅读中找借鉴，熟练了自然知道这样写好，那样写不好；也不大重视文章学理论。

比起那些自学的人来说，中学语文教学则是另一种情形，即过分注重理论，教课文，常常是如何认识文章的线索，怎么按线索组材，运用怎样的写作方法，等等，意在引导学生根据这些法则学会阅读和写作。

语文是一门操作技巧性很强的学科，它主要靠在实际运用中积累经验，形成技能技巧，并在潜移默化中掌握规律；学生学语言是很难先掌握理论然后靠运用理论指导实践的。像游泳一样，能背上十条八条要领的，一卜水可能还是一个"秤砣"。

再举个语法上的例子。初中第三册汉语知识讲"把"字句，归纳说："（一）当动词后头有比较复杂的补语，不允许受动对象放在动词后头作宾语时，必须用把字句。（二）补语虽然比较简单，但受动对象是一个比较复杂的短语，在这种情况下，一般也宜用把字句。（三）……"教材上这么归纳一下未尝不可。可是教学时也去教学生啃这些理论能行得通吗？且不说要啃通这几条对初二学生来说多不容易；就是啃通了，这里还有"比较复杂的补语""一般宜用"等模糊概念，学生又怎能把握这个尺度？运用好"把"字句，在平日的读写听说的实践中，接触多了自然就掌握了，对学生来说达到要求了。一般地说，是不必让学生去强记这些条条框框的。对于以操作技巧为主的学科来说，偏重理论，就会削减实践的时间，而又并不能对实践提供方便和作用。

三、整体第一，局部次之

由于自学成才者的语文观在于实用，所以就特别注重从整体着眼，听说读写都是直奔目的，迅速全面了解别人传递的信息和思想感情，尽量准确扼要地表达自己的意思。这些接受和表达，首先就必须求其大要、主体上的准确，"细节"问题放在次要位置。就如阅读而言，主要弄清有几个层次，每一层讲些什么，说明几个问题，中心说的是什么等等。至于文中某个字的读音可能有错误，有的非关键词可能理解不贴切，这些都属次要问题；那些离得更远的，如用了什么修辞手法，有几个单句、复句，复句最多有几层，这就更不去过问它。

与此不同的是，我们的教学和考试却过多地管"细节"，较少管整体。尤其是考试，占分最多的就是字词句，涉及整体理解的却很少。1991年全国高考题，除作文外还有70分，其中涉及对文章整体理解的共五题14分，而且每年的情况也大都如此。这就是说，一篇文章在整体上没理解问题并不大，丢分还不多，但如果记不住字音，记不准文章作者，对词语理解不确切，乃至记不得天干地支，那就大倒其霉，失分惨重了。这样的考试很有点多抓芝麻忽视西瓜的味道。

四、对语文知识多知其然，少究所以然

要培养语文能力当然要学好语文基础知识。语文基础知识要

扎实地教，扎实地学。根据学段的不同要有所侧重，小学要过识字关，初中要突出多积累词语量，学习其他语言知识。但怎么学？这里还有个深度问题。自学成才者总是以能理解能运用为准则，不求其精深，而把有限的时间花在扩大知识面上，尽量多地掌握语言材料。学习知识知其然便可，字词成语阅读起来能看懂，写作起来能用上就行。中学生掌握语文知识，在通常情况下，同样可以只落在这个层次上。

例如学成语，"汗牛充栋"就是指书籍很多，知道这个意思就可以了；至于为什么是"汗牛"又不是"汗马"，而"汗马功劳"又不作"汗牛功劳"，大可不必管它。如果处处要寻根问底，该要多花多少时间。一个"一概而论"是文盲都能听懂的，可"概"是什么意思，能说得准的就为数不多了。概，是过去量米用来刮平升斗的工具，比喻只按一个标准，这一点就不必要求每个学生都要掌握。这有点像用电视机，用的人只要会开、会调就够了，不必要求都懂得电视机的原理、构造等等。这样简化浅化对语文知识性的要求，可以节省很多时间。

可是有些人却偏爱讲究这些东西，不讲就认为教师功底太浅，教学不深不透。考试亦爱考这些内容。例如考成语，不只考成语中语素的含义，还考它们出自哪个典故，哪个朝代，哪篇文章，这样的考试指挥棒，逼迫着教学走向了歧路。

（原载《中学文科》1992 年，被收入人民大学复印刊 1992 年第 11 期）

对"多元解读"的解读

　　随着新课改的揭幕和逐步推进，语文教学中的多元解读也逐步得到推广，对同一文本允许学生有不同的多样的理解，不规定唯一答案。有的甚至提出，学生的答案都是正确的，有着他自己的理由，教师不能予以否定。而有的教师对多元解读却存有疑虑，尤其是遇到考试，别说选择题绝对只有唯一答案，就是简答题，答案也是铁定的，只能按评分标准给分和扣分，所有的多元解读都是无效的，被判为错误。教学理念与实践发生了强烈的碰撞，多元解读敌不过唯一答案，于是信念又在风雨中飘摇。这种现状为我们尖锐地提出了一个问题：到底应怎样认识和对待多元解读？面对这个问题，我贸然交出这份答卷，充其量也就是"多元"中的"一元"。

"多元解读"提出的背景

　　21 世纪是以知识的创新和应用为重要特征的知识经济时代，社会的信息化、经济的全球化使创新精神与实践能力成为影响整个民族生存状况的基本因素。对此，我们国家有着清醒的认识，

1999 年 6 月，党中央、国务院召开了改革开放以来第三次全国教育工作会议，做出了"深入教育改革，全面推进素质教育"的决定，为我国的教育改革指明了方向。要改革妨碍学生创新精神、创新能力发展的教育观念、教育模式，极大地提高全民族素质。在这一思想指导下，把基础教育阶段对学生创新意识和初步创新能力的培养提到了前所未有的高度。改革的矛头直指滞后的教育观念，陈旧的课程内容，过于单一的课程结构，相对封闭的学科体系，以教师、课堂、书本为中心的教学实践。具体到中小学语文课程来说，也就清算到了过去存在的种种弊端：过于强调语文知识的系统性，忽视实际的语文能力的培养，以封闭的机械的观念去看待语文，束缚甚至扼杀学生的创新思维等。当时，在一段时间内由社会人士在非教育刊物发表的批判语文教学现状的文章十分尖锐且数量不少。有的文章虽然有些偏激，但指出问题却是切中弊端的。有一个典型的例子，一位教师问小学生说："雪融化后变成什么?"甲学生说："变成水。"教师赞扬说得对。乙学生说："变成泥。"教师也认可，说雪化成水后就渗入了泥土。丙学生说："变成春天。"教师否定了这个答案，认为不合事理。就这样，一个最有诗意的答案，一个最有创造力的思想被"教育"扼杀了。这个故事是很有说服力和震撼力的（现在已编入小学四年级上学期语文课本）。语文教学中还存在严重的陈旧、封闭、僵化的状况，确实到了不能不警醒、不能不改革的程度。

在这样的背景下，教育部于 2001 年 6 月制订出《基础教育课程改革纲要（试行）》，把培养学生具有初步的创新精神、实践能力、科学和人文素养列为了重要目标之一。相继又制订了《全日制义务教育语文课程标准》和《普通高中语文课程标准》，两个《标准》都把培养创造能力提到了突出位置。强调学生自主探究学习，"促进学生特长和个性的发展"，"要为造就时代所需要的多方面人才，弘扬和培育民族精神，增强民族创造力和凝聚力发挥应有的作用"。

这些都对中小学语文教育起到了解放思想的作用。高考作文的开放性命题方式出现了，"答案是丰富多彩的"话题也出现了，阅读教学中的尊重学生，提倡对文本的多元解读的理念和实践也就在这样的气候下生长出来。

多元解读合理性的依据

一千个读者就有一千个哈姆莱特。恩格斯的这句话为多元解读的存在作了经典性的注解。我国古代也有"诗无达诂"之说，这又说明了另一文学体式——诗歌的解读总是异彩纷呈而很难追求唯一的。为什么对同一作品可以作出多种解读呢？原因有二：一是客体（作品）的丰富性，二是主体（读者）的差异性。

客体的丰富性。这里主要是指文学性作品，那些用形象来说明道理的作品，形象大于思维。一个形象，一个故事从不同的角度不同的层面去看可以说明不同的道理。一个"南辕北辙"的寓言，这么短小、简单，但它既说明办事要方向对头，也可以说明做错了不要固执己见，如果驾车的人听到别人的批评就转向改道，也不会越走离目标越远。

小故事如此，长篇巨著就更不必说了，它概括了那么广阔的生活画面，展现的是一个时代的历史，栩栩如生的人物形象林林总总，它的思想内涵也就非常丰富。一部《水浒》，多数人看作是农民起义的赞歌，"替天行道，劫富济贫"的思想受到人们的认同，这一思想延续到李自成，乃至延续到"打土豪、分田地"，都有着潜在的影响。至今人们还在欣赏着梁山英雄"该出手时就出手"的义举、壮举。然而70年代中期的毛主席解读《水浒》是写的"投降"，视点落在被招安上，说《水浒》的实质是"只反贪官，不反皇帝"。

巨著如是，短作也如是。巨著是由于概括广而纷繁，短作则又因留下的空白大而可任人驰骋。比如一些小诗，尤其是朦胧性的小诗，留给了读者非常丰富的想象空间，在这种情形下，多元解读就自然而合理地生成了。李商隐的一首名诗《锦瑟》，至今注家解读不一，有人说是咏物诗，有人说是爱情诗；"锦瑟无端五十弦"，有的说这是写瑟的弦很多，有的说是写近五十岁年华，各家都按自己的思路解读得有滋有味。谁对谁错，很难定论。而我以为并不需要去作这种是非选择题，解读得合乎情理，而又各自从这种鉴赏中获得艺术审美的愉悦就是好的。所以这首似乎并未被大家彻底读懂的诗，一直靠她强烈的艺术感染力一代一代流传下来，成了诗苑中的一颗奇葩。这正如去读根雕艺术品，去欣赏一幅抽象派的画，你看是猛虎下山，他看是苍鹰展翅，还有人说是仙女散花，都可以的，作品的作者只创造了"一半"，另一半是由读者（观赏者）创造完成的。以上的这些阐说，都证明了是作品的本身为读者进行多元解读提供了基础。

主体的差异性。多元解读也还由于读者间的差异而存在，这里有文化素养的差异，有性格爱好的差异，有生活经验的差异，这就构成了不同的阅读基础和阅读心理。"仁者见仁，智者见智"，这句话大概可以说明阅读中存在着多元性的缘由。正如鲁迅先生说《红楼梦》："经学家看见《易》，道学家看见淫，才子看见缠绵，革命家看见排满，流言家看见宫闱秘事。"

阅读者的立场观点决定他对作品的是非判断，文化素养决定他对作品的认识深度，性格爱好决定了他的阅读视点，情感倾向决定他能否与作品产生共鸣，生活经历则帮助他建构对作品的补充想象。

我们就来分析一下不同读者阅读鲁迅散文《风筝》（此文入选人民教育出版社编的七年级上册《语文》读本）的不同感受。少年儿童读它最高兴的是做风筝玩，想释放自己爱玩的天性，对压抑禁锢他们的人表示不满。父母、兄长来读它，特别是有过文中鲁迅捣毁弟弟风筝的一般经历的成年人来读它，就会感到如鲁迅一般的沉重和歉疚，深愧自己的粗暴和霸道，自责对孩子亏欠了太多，内心也如鲁迅一般地乞求得到孩子的宽恕。若是一个有头脑的教育工作者来读它，就会把它引到教育问题上去思考：游戏对于儿童成长的意义，怎样引导孩子玩得快乐，成长健康。若是一个社会学家来读它，鲁迅的弟弟对于来自兄长（权势）的精神虐杀竟然甘于逆来顺受、麻木不仁，更不说有什么怨恨反抗，他从这里看到的又是民族精神劣根性的一面，正因为有众多的如此怯弱的受众，邪恶才能横行无忌，权势就可爬到真理的背上拉屎。不仅不同的读者有不同的解读，就是同一读者在不同的时期去读它也会有不同的感受、感悟。就说读《风筝》，现在读它可以各抒己见，袒露内心来"对话"。如果是"文革"时期，读完掩卷，那就只能是一声叹息了。

作品是博大的，而阅读大多只蹲在一隅，怎么办？"任凭弱水三千，我只取一瓢饮"，意思就是读出自己的感悟，自己的创造。所以《义务教育语文课程标准》强调"对课文的内容和表达有自己的心得，能提出自己的看法和疑问"。《普通高中语文课程标准》指出："注重个性化的阅读，充分调动自己的生活经验和知识积累，在主动积极的思维和情感活动中，获得独特的感受和体验。"这些都为多元解读提供了理论依据，其目的就是培养创造精神，"发展想象能力、思辨能力和批判能力"。

实行多元解读要注意的几点

多元解读并不赞成歪读、误读和乱读，必须以文本为依据，从中汲取丰富、健康的文化营养，我们在提倡多元解读的同时，必须注意以下几个问题。

一、要有正确的价值取向

有的人认为既然要多元解读那就应该绝对的尊重各种不同意见；既然要尊重学生，那就得任其所想，任其所为，只能掌声鼓励，不能反驳批评。这其实是一种曲解。我们应当肯定，孩子们具有很强的智慧和创造潜力，但是也有认识水平不高，容易偏激、片面的缺点，个别的甚至喜欢故意只求标新立异来满足自己的表现欲望。在他们对文本的阅读中，肯定有很多正确的，甚至是新颖的意见，但也会有些偏颇的，甚至错误的看法，这都是正常的。这时，我们的教育就应肯定鼓励正确的，引导矫治偏颇的，帮助改正错误的，以完成教育的使命。

有位教师教《乌鸦与狐狸》时，前面有许多学生都作了很多好的解读，最后一位学生站起来说："我认为狐狸很聪明，乌鸦总不开口，狐狸想尽了办法，最后奉承乌鸦会唱歌，使它张开口来，一块肉掉下来了，狐狸达到了自己的目的。"显然这个学生善恶不分，在为不择手段的损人利己欺诈行为唱赞歌。这使我想起了高考作文写《假如记忆可以移植》时，有考生写道："假如记忆可以移植，我就要把男人的记忆移植到女人身上，使她们每天得摸摸下巴，想今天是不是该剃胡须了；使她们走到厕所前要犹豫一阵，不知该进左边还是该进右边。"还有一学生写道："假如记忆可以移植，我就要移植吴刚的记忆，使我能与嫦娥共舞；假如记忆可以移植，我就要移植贾宝玉的记忆，使我能与林妹妹共度春风。"一个是纯粹把人类文明的成果用于恶作剧来害人，另一个纯粹是吃喝玩乐混混儿形象。于是有人惊呼了，开放性阅读"开"出了毛病，开放性作文"放"出了毛病，得煞车纠偏了。不对，这并不是开放惹的祸。孩子们思想上有些毛病，这是客观存在，你不开放，它只是不表现，还是潜藏着。这比明朗化更危险。

关键是教育。多元解读并不欢迎误读，尊重学生更应让学生受到优秀文化的熏陶，"形成健康美好的情感和奋发向上的人生态度"（见《高中语文课程标准》）。这才是阅读的真谛，也才是真正的人文关怀。

二、尊重作者那"一元"

作品存在理解的多元性，其中必有作者自己的那"一元"，这就是他写作的缘由和立意。读者可以从作品中获得自己的感悟和收益，但应该了解作者，尊重作品，这样才能使阅读成为与作者的对话。

举个例子来说。初中语文课本编入了杜牧的《赤壁》："折戟沉沙铁未销，自将磨洗认前朝。东风不与周郎便，铜雀春深锁二乔。"对这首诗从不同的层面起码可有三种不同的解读。

从史学的层面看，它说明战争的成败与客观条件有很大的关系。倘若不是东风，赤壁之战的历史就要改写，曹操就会一举灭吴。

从哲学的层面看，它说明客观与主观的关系，主观的成败与客观条件密切相关。如果不是东风，周瑜就无从建功立业。

从人学的层面看，它是发泄了对怀才不遇的怨愤。诗人是在说，周瑜凭什么可以建功立业？是靠的东风。"我"之所以没有建功立业就因为没有"东风"！

这三种解读都是合理的，都是诗中所含之义，而如果我们回到作者那里去思考一下，便能发现杜牧的立意是在"人学"的层面上。杜牧有经邦济世之才，通晓政治军事，他也懂得周瑜的胜利并不完全在于东风，而故意夸大客观的作用，用意还在于自负知兵，借史事以吐其胸中抑郁不平之气。

尊重作者，读懂本意是很重要的。如果连作者的意思也不弄懂，阅读又怎能展开"对话"呢？

三、反对阅读"霸权主义"

我们曾经遇到过一种很奇怪的阅读现象：以主观解读为中心的"霸权主义"，即不管作品本身说的是什么，而我认为它是什么它就得是什么，如果作品不符合主观要求，那就粗暴地去篡改它，改得它符合主观目的。例如朱自清的名篇《荷塘月色》，把它定调为反对白色恐怖，开篇的"颇不宁静"就是因为白色恐怖。文章中有些不合这个主题的就把它删去，如删去写荷花"又如刚出浴的美人"，删去作者回忆采莲"那是一个热闹的季节，也是一个风流的季节"，又删去《采莲赋》一段，对原文进行了野蛮的阉割，目的都在于让客观符合主观，强迫作品符合解读的意愿。这是不文明的解读，不能列入我们今天所提的"多元解读"之内。这种解读之所以能够存在，甚至统治语文教学，主要是依附了特定的政治背景。幸好这个时代已经成为历史。

四、做好大考命题的技术处理

高考、中考是带有选拔任务的大规模考试，在目前录取比例有限（尤其是高考）的情况下，必须严格评分标准，以便阅卷公平操作。这就得有唯一答案，尤其是选择题；即使简答题，也常常是把一个答案分解成几个要点，按要点赋分。这种命题涉及语文知识，如字音、字形、成语一般不会有问题，但涉及阅读理解有时就会因多元解读的存在而发生碰撞了。因此命题必须做好两件事。一是回避，二是宽容。

先说回避，即凡是可能出现两种以上理解而又都具有合理性的，不要列为题点。这一点容易取得共识，且都在尽力执行，无需多议。我要讨论的是"宽容"。即一道题出来，如果可以有多种答案，即使是命题人考前没有预计到的，而考生回答了出来，那就应认可。

举个例子来说，1985年高考语文考题中的文言文阅读，选文是《史记·周亚夫军细柳》，有这样几句："上自劳军，至霸上及棘门军，直驰入，将以下骑送迎。"要求翻译加线的这句。标准答案是"将军以下骑的礼节迎进送出"。有些考生却译成"将军以及属下军官都骑着马来迎进送出"。某省阅卷时就认同了这个答案，也照样给分。应该说这个翻译是不完全正确的，它不符合当时礼仪方式、军营规矩，但这是对语言理解以外的问题，就凭借语言接收信息来说它没有错误。这样翻译的考生具备了语言的能力和潜质，所以认可了。我很赞成这个思想。而且有些书里对此句也就是这样翻译的。如黄肃秋、李知文两位先生编注，由山西人民出版社1979年所出的《历代散文选》就是一例。那么我们有什么理由去苛求一个高中毕业生呢？于是我就联想到2005年某省高考题，选用了《记旧本韩文后》一文，要求考生对文中词语理解的正误作选择判断，有一项是"因怪时人之不道，而顾己亦未暇学"，命题就认为这个"怪"只能解为"以……为怪"，而解成"责怪、责备"就是错误的，这就很不"宽容"了。其实这里理解为"责怪"也能很顺畅地翻译过去，在陈莆青先生编的《韩愈文集》中就是把它解为"责怪"的。当对语言的理解出现两可的情况时，考试就不应只固执一端了。

谈个性化阅读

　　为什么在文学作品的阅读中提出个性化阅读和有创意的解读呢？这里有两条理由。

　　首先从作品本身来看，它是用形象来表达思想的，并且常常用含蓄的手法来隐性地、曲意地表达思想，或讲述一个故事，或塑造一个人物形象，或描绘一个画面，或抒发一份情感，作品并不直接宣示它的主旨，这种含蓄的形象化的内涵就可能从不同的角度提出不同的理解，这就是平时所说的"形象大于思维"。一篇《阿Q正传》，从史学的角度来看，它指出了封建制度崩溃的必然性，又总结了辛亥革命的软弱性的教训；从人物的分析来看，它同情下层人民的痛苦，指出阿Q本质有革命的要求，但又存在自私、愚昧的劣根性的弱点。这两种解读都符合原文，都能成立。由此可见，生活是丰富的，反映生活的文学作品，也就可以有多元化的解读。而论述类作品就不是这样，它总是明确地提出一个论点：或是一个观点，或是一条意见，或是一个主张，或是介绍说明一个事物、事理。文章主旨很确定地写在那里，例如《人的正确思想是从哪里来的？》就是论证一个道理：人的正确思想是从实践中来的。这样旗帜鲜明，如果谁还要解读出别的什么意思来，那就是误读了。

另外，读者的情况又是千差万别的，有性格爱好、观念见解、文化教养、人生经历种种的不同，面对同一作品就会产生不同的认识、理解和感悟。这就是所谓仁者见仁，智者见智。又因为有视点和角度的差异，就有了"横看成岭侧成峰，远近高低各不同"的现象，有横看的，有侧看的，有远看的，有近看的，本是一个立体的山，就看成各种不同的风景了。

以上作品的特点和读者的差异就成了个性化阅读合理存在的前提。

那么面对一个作品到底如何去实现个性化阅读呢？

一、从多角度多侧面去审视作品，视点多了，每一个视点都可能引出一个认识，得到一个结论，获得一种感悟。个性解读，就是从这众多的视点中选取自己最喜爱的、认识较深的、感悟较丰富的一点去作出解读。如下面一则短文。

被谋杀的小天使

大画家詹姆斯·惠斯勒年轻时曾被西点军校录取，那是19世纪50年代，军校的教授为这个固执的"差等生"伤透了脑筋。

有位工程学教授让同学们设计一座桥。惠斯勒的设计图上是绿草如茵的河岸，一座充满浪漫色彩的小石桥，还有两个儿童在桥上垂钓。教授命令惠斯勒重画，批示："把那两个孩子给我从桥上撵走，这是军事桥梁！"几天后，惠斯勒交回作业。钓鱼的孩子被从桥上转移到了岸边。教授气急败坏，批示："把这两个孩子去掉，从图上彻底删除，否则你的成绩将是不及格！"

下午惠斯勒交来修改图，图上果真不见小孩踪影，但河边多了两个小坟头，墓碑上刻着："永悼被独裁者谋杀的小天使——吉姆和埃娃。"

对于这则短文，我们就可以从几个不同的角度来看，得出不同的解读。从教育的角度看，西点军校是局限于军事的眼光去要求评价人才的，惠斯勒画桥梁没有军事的眼光，因此被认定为差等生。但如果从社会的角度去看，惠斯勒不仅不差，而且很优秀，成了画家，成了社会有用之才。所以可得出这样的结论：要不拘一格去要求人才，还要因材定教，因材施教。从人的发展这个角度去看，每个人都应根据自己的兴趣爱好特长去选择适合自己发展的学习专业，去设定自己的人生目标。惠斯勒爱绘画，有艺术天才，就不应去学军事，而应学美术。如果我们再换一个角度，从军事战争与人类关系这个角度去看，就可得出这样的认识：战争与军事从来就是人类自身的一大毒瘤，战争总是与人类和平幸福安宁为敌的，总是破坏社会的发展，是制造痛苦、死亡最野蛮的罪魁祸首，严格地说两个小天使也是因为军事战争的需要而被谋杀的。

以上解读都是源于文本的，是合理的。各人关注的问题不同，就可产生个性化的解读。

二、着眼于作品不同的人物，得出不同的解读。有的作品写了一些人物故事，这些人物在作品中尽管地位不尽相同，但都是不可或缺的，他们展示着各自的性格特征，同时从一个侧面反映社会生活面貌。这样，我们对不同的人物进行分析，就可得出个性化的但又是符合原作的解读来。例如欧·亨利的《二十年以后》写了这样一个故事：吉米与鲍勃原是好朋友，在他们将分开的时候，相约 20 年后的某天在指定地点相会。到了约定的时间，鲍勃先来了，但他已经是个犯了罪的人，正被通缉。接着吉米也到了，他已成为一名警察，于是毅然抓捕了鲍勃。如果着眼吉米，可以看到他在情与法的冲突面前，坚持原则，不徇私情；如果着眼鲍勃来看，应该肯定他信守诺言，尊重情谊，自己犯案在身，知道赴约有被抓捕的可能性，但仍然信守 20 年前的约定，当然他犯罪是应该批判的，但文章没有正面写他的犯罪，只是作一种身份交代，作为赴约的背景情况来写，可见作者也是肯定他这一品格优点的。另外，小说《窗》，大家不妨读一读，对这篇作品，如果从近窗人和远窗人两个不同的人物去分析，对文章的解读就有所不同了：一是重在赞扬，一是重在批判。

三、根据读者的自我感悟进行解读。众多读者的观念、志趣、爱好、教养，乃至阅读时的心境都存在程度不同的差异，各人根据自己的情况去理解作品，就出现个性化的解读。例如卞之琳的诗《断章》：

> 你站在桥上看风景，
>
> 看风景的人在楼上看你。
>
> 明月装饰了你的窗子，
>
> 你装饰了别人的梦。

这首短诗完全是一种客观形象的意象呈现，它的旨意是什么，作者自然有他的设想，但意象却给读者提供了广阔的拓展想象的自由空间，往往超越作者的预设，产生出作者所没有意识到的东西，读者就在这时出来发言了，陈述出自己个性的解读和感悟。对于这首诗作者的意思是说事物的相对性，世间万事万物相互关联，平衡相对，彼此依存，含有哲理的意义。这意思是怎样表达出来的呢？你看风景，你又成了别人观赏的一道风景；明月装饰你的窗子，你又成了别人梦中的装饰品。这就是相互依存。可是作家李健吾却解读为："这首诗'窗'有无限的悲哀，着重在'装饰'两个字。"一个人只能是别人梦中的一个依稀的存在，道出的是悲哀、感伤、飘忽、空寂、凄凉等复杂的情绪。这样去解读，自然也是合理的。对这首诗还有一说是爱情说，是对一种错了位的爱情的遗憾。A 爱上 B，B 却爱上 C，（明月装饰了你的窗子，你装饰了别人的梦）。这种解读，也能从诗的意象中引申过去。这些不同的理解，就是由读者个性的差异，引出的多元解读。

此外，还可从不同的价值取向和从不同的情节、情境引出对同一作品的个性化解读，这里就不展开讨论了。

个性化的解读，有一条要特别注意的是必须源于文本，从文本中能找出依据；如果离开文本，任意说出一个见解来，那就只能是一种误读了。例如过去流行的说法认为《荷塘月色》这篇文章是对白色恐怖的控诉，这就是一种牵强附会的极左观念的产物了，是离开了文本强行粘上去的政治标签，不足为取。

语文教学与创造性思维的培养

邓小平同志提出教育要"三个面向"这个根本性的方针，其核心是面向现代化。要适合现代化的需要，就必须努力培养具有创造能力的人才，教育只是为了"授业"，培养"两脚书橱"式学者的传统教育思想，已经无法适应新的形势。社会的发展，对"人才"的含义不断更新着内容，提出新的标准。封建社会，生产力的发展长期停滞不前，人们的生产方式也基本相对"凝固"，谁能断文识字就可称为人才；产业革命发生后的近代社会，生产力有了较大的发展，自然科学技术对社会的进步显示出前所未有的积极作用，因此对"人才"有了更高的要求，而其中科技人才在总量中所占比例空前增加；现代社会，科学技术的发展已经异常迅猛，新的发现，新的发明，新的突破在频繁地急剧地出现，因此真正的人才必须是站在时代潮头推动时代开拓前进的人。

时代在呼唤着创造力、四化在渴求着创造型人才。而创造型人才必须具有丰富知识和创造性思维能力。培养创造型人才这个课题对语文教学提出了什么要求呢？

首先要求语文教学要更好地完成培养学生语文能力的任务。语言是思维的直接体现，语言能力不强，条理混乱，语病百出，在很大程度上反映了思维的混乱，一个语言能力很差的人决不可能是一个创造思维很发达的人。同时，创造思维的活跃，必须靠多方面接受新信息的刺激，而信息主要靠语言（电脑也离不开语言）来运载。要培养创造性思维，必须努力教学生学好语言。

其次要突出培养学生自学能力，告诉学生学习的方法，使之受用终身，现代知识的迅速更替，决定了人们不可能在受教育上搞"一劳永逸"，必须终身学习。而创造者要使自己的创造具有时代的先进性，必须善于广泛地猎取新知识，而这种猎取的手段主要依靠自学，因此创造性思维的发达，紧紧依靠自学的能力和习惯。

此外，语文教学还直接担负着培养学生创造性思维及探索精神的重要任务。当然创造性思维的培养是所有教育、教学活动的共同任务，但语文课程涉及面广，内容丰富，思想深刻，学生接触和运用的时间多，因此必须充分发挥它在这方面的积极能动作用。

语文教学培养学生创造性思维应该从以下几方面着手。

一、培养学生丰富的想象力

想象是创造的先导，没有想象就没有创造。想象决不是客观已有的事物的复制，而是带有程度不同的独创性，有的甚至是根本性的突破。创造无一不始于某种想象。一个人想象力的高低既与知识的贫富有极密切的关系，但想象力又是一种相对独立的能力。知识基础等同的人，想象力不一定是一致的，有的甚至出现

"反差"：某学识深的反不如某学识浅的人想象力丰富。爱因斯坦曾说："想象力比知识更重要，因为知识是有限的，而想象力概括着世界的一切，推动着进步，并且是知识进步的源泉。"因此在教学中要有意识地去引导学生发展想象力。

想象力大体有这样一些特点：善延伸，对一件事知其始能想其终，对一物知其局部会设想整体。会迁移，能由此及彼，触类旁通，这种联动性甚至带有大幅度的跨越性和扩散性，如人体、动物的生理构造仿生而用到工业革新，由现实发展的趋势而科学预知未来。能虚构，不拘于已知事物，能巧于构思，提出新的甚至奇特的设想。易触发，接受刺激后反应灵敏，迅速形成灵感，点燃想象的火花。

语文教学要着意培养这些能力，我们可以引导学生由语而知形，让学生依据文章的语言描绘，在自己头脑里构想出一幅幅具体的图景，并可不断补充、丰富其中的细节，使之逐步地成为自己想象的产物。如教毛泽东的词《长沙》，其中有"鱼翔浅底"一句。即可要求学生想为什么用"翔"不用"游"。有的会说"翔"表现自由自在，有的说表现轻快活泼，泳行迅速，而我则遇到过一位同学说，江水清澈，水中倒映着蓝天白云，鱼儿在其中穿行就像在云天中飞翔一样，这就用阅读的想象充实了诗词的蕴蓄。要重视文学因素的教学，培养学生的形象思维能力和强烈的感情因素，以那些富于浪漫主义色彩的作品（如郭沫若《天上的街市》等）去引导学生开拓那广阔的奇丽的幻想世界。还可由实而虚，引导学生神思纵横驰骋于未知世界，如布置学生写作《在未来世界里》《理想中的××》《过了二十年我们再相会》。甚至让学生习作童话、寓言，有时也可把感知的生活虚构成小说，尽管虚构不是中学生作文的主要要求，但让学生作少量虚构的练习，对培养创造性思维能力是有积极意义的。

二、培养学生严密的逻辑思维的能力

创造性思维不仅要有海阔天空的想象，而且要有严密的逻辑推理，想象只有载以科学的内容才能变成神奇的创造，否则就会陷入空想。所以训练逻辑思维能力仍然是培养创造性思维的一个重要内容。

逻辑思维能力主要表现为：准确的推理，善于分析、综合、归纳、演绎、比较，能准确了解事物之间的内在联系，由原因而结果，由结果而原因，由个别到一般，由一般到个别，由此及彼，由表及里，善于推知事物的发展变化，这是使思维纳入科学轨道的一个重要的素质。思维的条理性一方面反映了对客观事物规律性的认识，另一方面是思考本身的条理化。我们强调思维的条理，并不排斥认识的飞跃、思维的跨越和想象的奇特，思维的跨越和奇特的想象正是条理性思维的省略形式和产物。如果没有条理，只有跨越；没有精密，只有奇特，那只是思维混乱的反映。

在语文教学中培养逻辑思维的能力要特别注意加强思路教学。思路之于文章：宏观着眼是布局谋篇，从什么说起，怎么接下去，如何结尾；微观着眼是讲局部安排乃至语序，一个场景的描绘，一个形体的勾勒，一个推理过程其顺序是怎样安排的，一个语段的几个句子是如何组合的。常引导学生去研究以上语言和文章现象，揣摩为什么这样，有什么好处，并把自己的构思与之对照，从而学会选定思路，就可避免阅读陷入盲目的境地而降低效率。总之，每个语言训练的步骤都要深入到思维价值中去衡量和设计。

要抓好思路教学，教师要有明晰的科学的教学思路，全期计划，单元计划，一课书、一节课教学步骤的设计，课堂练习和教师讲解的内容层次安排，都要表现出一定的线索。这不只是便于学生循序渐进地学习知识，而且是给学生以思维条理化的直观示范。让学生长期处于这种特定环境中，容易使思维无形中被规范、引导上逻辑的轨道。

三、培养学生求异思维的能力，突破思维的定势和单向性

求异思维是一种发散性思维，不受思维定势的束缚，善于另辟蹊径，多角度多方位去寻求变异。常规性思维(有的称求同思维)习惯于在已知的老路上徘徊，遇的新问题往往因无例可循而陷入"山重水复"的困境，求异思维则不囿于成规，四处探索，往往达到"柳暗花明"的新天地。

求异思维的特点：一是不满足于常规常理，往往好"反弹琵琶"。如作文要求写《知足常乐》，他可以写出"不知足常乐"来。又如写《一棵被摧残的小树》，大多学生都批评破坏校容不讲文明的行为，有一个学生却写小树被包扎被扶正，重在赞扬爱学校讲文明的思想。这些独特的观点和表现形式使文章产生了新意。二是不用定势来束缚自己。有的学生写作时在确定一条思路，在解题时确定一种方法以后，就只知朝这条"胡同"走，甚至撞了南墙也不会回头，这就是"定势"的表现。举个语文智力题为例：有一座独木桥，有南来北往的两队人要同时在这桥上走过，请想想该

怎么过桥"。思维单一，形成"定势"，就只知从加宽桥梁，加快速度等方面去想办法。而求异思维就会另找门路，发现南来北往完全是同向而行，在桥上依次通过便是，毫无冲突。其三是由此而产生的，必须善于否定自己、不断发现自己思维的差错，加以修正，择优汰劣，臻于完善。

培养求异思维，要求语文教学处理好程式和创新，写作教学处理好"入格"和"出格"的辩证关系。教学过程存在一定的程式这是不足为怪的，如教一课书，先了解背景，再扫清字词障碍，读通文句，然后分清层次，再归纳主要内容，提炼中心思想，最后对其思想内容和表现形式予以分析，提出肯定或否定的看法，这才达到了读懂文章的要求。一般地说，这个教学程式反映了学生认识文章的过程，问题不在于要不要程式化，而在于如果不管文章体裁，不分时代远近，不分语言深浅，千篇一律，统统如斯，就难以训练思维的灵活性了。

就作文教学而言，在初学某种文体某种方法时，可以强调一下"入格"。但"入格"本身并非目的，目的是"出格"，会自如地运用各种"格"去写作自己的文章。如果由"格"而导致"僵化"，那是对培养学生创造性思维不利的。

此外教师的讲解要语汇丰富，思想活跃，使学生听来有眼观六路耳听八方之感。问题的提出要善于变换角度，考试的题型要灵活机智，这就更容易带动学生，使思维活跃起来。

四、要培养学生敢于创新的精神

前面三点主要指思维能力，这一点着重说心理品质。这两方面既有联系又相区别，创造性思维能力的高低往往与创新精神的强弱密切相关。这种心理表现为独立性、开拓性、抗压性的特点。一不"人云亦云"，也不因面对多数人的不同意见就放弃自己正确的观点。二不服"历来如此"，对传统的观念、习惯要敢于叛逆。作文就是创造性劳动，其成果的优异往往在于观察的敏锐，思想的独到。如果离开内容只有语言的流利、形式的完整，甚至新颖，仍不能算好作文。所以授作文之法，就必须授观察、分析、积累之法。一面告诉"做饭"，同时指导"备米"，这样才能培养出善写作的"巧妇"。

因此我们还有一个观点是，既要让学生写自己熟悉的东西，也要有意让他们写写并不太熟悉而应该了解的东西。要用作文去引导学生开拓生活面，关心社会，关心科学，关心世界，关心未来。不能只是限于窄狭的范围去命题。

现在的问题是在教学思想上重教轻学。从大面积来看，教师考虑的是"我怎样讲好课"，而没有直接落到"学生如何学得更有效"上去。教学中把教师摆在主要地位（不是主导地位），把学生活动（包括思维活动）摆在次要地位。学生由于处在被动状态，因此兴趣不高，积极性难以调动。而怠倦的情绪、呆滞的精神不能迸发心灵的火花，也无法形成创造冲动，实际是对创造思维的窒息。

总之，我们认为语文教学要从加强思维训练的方向来寻求改革的出路，而创造性思维的培养，又是其中一个亟待加强的重要课题。

（原载《语文教学阵地》1988 年 3 月）

语文教学中培养学生自学能力的认识和做法

应该说所有各学科的教学都需要培养学生的自学能力，由于语文是其他各学科知识的载体，所以自学语文的能力又是自学其他各科知识的基础。在语文教学中怎样培养学生的自学能力，下面谈谈个人的认识和一些做法。

一、培养学生运用工具书的习惯和能力

运用工具书是掌握自学的武器，要教学生自学，就必须教他们善用工具书。教生字新词应引导学生自己去查字典，自己根据语境去选择词语适合的义项，然后连贯全句理解它。

对生字新词的教学，我们可以这样比较：甲班教师始终抄给学生背，乙班教师坚持让学生自己查字典。两班学生到期终统考时，在死板的考题考核下，甲班平均分数也许不会低于乙班，甚至还会暂时稍高。然而，区别在于离开学校和教师之后，遇到了疑难字词时，甲班学生束手无策，而乙班学生则应付自如，可以熟练地运用工具书解疑释难。这种能力的悬殊，远不是一两个考分所能显示的。如果对学生终身负责，理当督促学生坚持使用工

具书，消除学习上的依赖、等着"灌"的消极心理，积极培养自学能力。然而许多教师并不坚持实行，指导思想就在于，反正它对考试没多大意义。所以，这实际上是个社会责任感的问题。

方法在于坚持。要求学生每节课都带字典，每课书都用字典。还可以开展速查字典比赛、介绍查字典的方法等活动。

二、培养自能揣度词义语意的能力

作为自读而言，理解词语除查阅字典以外，还要靠根据语境去揣测它们的意义。词语教学，不应该只停留在生字新词这个狭小的范围里，而应该注意让学生理解它们在句中的地位。久而久之，就具备了由句（语言环境）而推及词义的能力。譬如："但是确实存在着这种（极坏的）典型，而且为数相当地多，为害相当地大，不可等闲视之。"根据前面"极坏的典型"可以推测，"等闲视之"就是"忽视它"，"马马虎虎看待它"的意思了。读文言文也一样，《谏太宗十思疏》里有一句："求木之长者，必固其根本；欲流之远者，必浚其泉源。"这个"长"字，如果只就这个分句来看，读 cháng，解为"高大"也说得通，读作 zhǎng，解为"生长"也说得通。然而把阅读视野扩大一点，看下一句相对应的是"远"字。远，形容词，长远的意思，取其对仗，上句的"长"就只能是 cháng，解为"高大"了，亦属形容词词性。

以上算是初步的理解，只是正确掌握词句的含义。再深一层，就是理解语言的表现力。这也需要有意识地培养，使学生逐步学会揣摸语言在课文的特有的深刻丰富的内涵。

如鲁迅在《秋夜》的开篇写道："我的后园，可以看见墙外有两株树，一株是枣树，还有一株也是枣树。"为什么要这样写，干脆就是"有两株枣树"不就行了？对此，学生自读不能解决问题。在教学中老师就不宜直接告诉他们一个简单的答案。我启发学生思考：如果你们初到某地，在食堂里，一连吃了两顿饭，都是萝卜做菜。对此你可能有两种表述方法。一种是："我们在这里吃了两餐饭，都是吃的萝卜。"另一种是："我们在这里吃了两餐饭，上餐是萝卜，下餐还是萝卜。"请想这两种表述反映的情绪有什么不同？学生马上体会到，第一种表达只是很冷静地描述了客观事实，而第二种表达则在描述了事实的同时，表露了对食物单调的不满情绪。由此推及鲁迅的"枣树"之说，也正是表露了寂寞孤独之感。

总之，教学的目的不只是告诉学生一个知识，一个答案，一个结论，而是要设法指引他们去寻找答案和结论，熟悉猎取知识的途径和方法。

三、培养学生自能分析评价的能力

语言只是建筑文章的材料，理解语言只是阅读能力的基础。高层次的阅读能力还在于整体性的阅读，统摄全篇，能分清段落层次，把握文章的思路，概括内容和中心思想。这种能力达到熟练的程度，就形成"文感"，即对文章直接感受的能力，通文脉，知文旨，懂文趣，这就是掌握文章的脉络、主题、风格和情趣等。

这些能力由初步技能到熟练技巧，是学生从反复实际操作的自我体验中获得的。为此，我们从初中一年级开始就着意让学生自己去多作划分段落层次、概括段意、分析中心思想的工作，而不是由教师抄给他们，让他们去背诵以应付考试。

培养学生概括归纳的能力，方法是很多的，如依课文编提纲、作表解等就是常用的方法。此外，采用图解法和比较法是很有效的。

图解就是把文章的结构用线条、图像，清晰简要地勾勒出来。它的优点在于快速、明晰，展示内部结构的关系和篇章的整体框架都优于文字表述，具有较强的直观性。如用折线图表示《变色龙》中警官对人与对狗的心态变化；用波浪线图表示《驿路梨花》中寻找茅屋主人构成的跌宕情节；用坐标抛物线图表示《荷塘月色》中"我"的行踪的情绪变化；用环流式图表示《为了六十一个阶级弟兄》的求药、找药、运药、投药、用药的过程；用轮辐式图表示《人民的勤务员》的中心思想与各事件的关系；用阶梯式图表示《风景谈》中谈"风景"的步步上扬等等。学生如能根据文意画出图来，就足以证明他们已掌握了文章结构。

用比较法，其优点是让学生在辨析中提高思维能力。如对段意和中心的概括，可以由教师设计几个不同的结论。也可以由学生提出几种不同的意见，然后比较选择。比较法的优点是不仅使学生懂得"是这样"，而且懂得"不是那样"，进而懂得为什么是这样，为什么不是那样。在否定中求肯定，就可以使结论更有依据，掌握更牢。例如教鲁迅的《一件小事》，要求学生比较，以下对课文中心思想的几种归纳，哪一种正确：

A. 这篇小说记叙了一件小事的经过，赞扬了车夫的高尚品格，批评了"我"的自私心理。

B. 这篇小说赞扬了车夫正直无私、勇敢承担责任的高尚品质，表达了"我"对军阀统治的蔑视。

C. 这篇小说表现了"我"严肃的自我批评精神和对军阀统治的蔑视。

D. 这篇小说赞扬了车夫勇于负责、正直无私的高尚品格，肯定了"我"严肃自我批评的精神。

以上四条所述在课文中都能找到依据。否定谁，肯定谁，依据什么去取舍，这就需要辨析。教师应引导学生掌握要点：一看概括是否全面；二看是否抓到了主要内容；三看作结论的角度、分寸是否准确。根据第一点，可排除 C，因为 C 没有提到车夫，显然不全面。根据第二点可以排除 B，因为 B 说"表示我对军阀统治的蔑视"，这不是主要方面，只是附带渗透于文中的一种情绪。根据第三点又可排除 A，因为 A 说"批评自私心理"，对"我"侧重于贬，所作结论的角度、分寸都掌握不妥。就这篇小说的写作时代来说，正处 1920 年"五四运动"后不久，这是反映知识分子认识劳苦大众，表示愿意向劳苦大众学习的第一篇作品，其意义在肯定知识分子的进步，所以应选择 D。

这样去引导辨析，在辨析中运用方法，掌握方法，就打通了走向"自能"的途径。

其效果远远不是抄抄背背所能企及的。

四、培养学生丰富活跃的联想能力

要写好文章，首先取决于拥有材料。但有的人虽拥有材料，却很呆滞，写作时调集不来，这是由于平时缺乏联想训练的缘故。

培养学生的联想能力，先要交给他们几条联想的思路，善于由此及彼延伸开拓。常见的联想有这样几条途径。

相似联想：由一事物联想到与它在某方面相似的另一事物。如，由平川联想到海面（形状相似），由朝霞联想到红绸缎（色彩相似），由雷锋联想到白求恩（精神相似），由甘蔗联想到白糖（味道相似），由脂粉联想到香花（气味相似），由松涛联想到音乐（声响相似）。

相反联想：由一事物联想到与它在某方面相反的事物。如由红联想到绿，由香联想到臭，由大联想到小，由高联想到矮，由失败联想到成功，由一马平川联想到崎岖坎坷，由黑暗联想到光明，由假恶丑联想到真善美。

相关联想：由一事物联想到与它在某方面相关的事物。由汽车联想到公路（作用上相关），由粮食联想到土地（因果上相关），由生病联想到制药厂（供需相关），由红领巾联想到小朋友（特征相关），由一个班级联想到整个学校（局部与整体相关）。

意象联想（又可叫虚实联想）：由具体的事物联想到抽象的道理，或由抽象的"意"，联想到具体的"象"。如，由红太阳联想到共产党，由沙漠联想到贫乏、枯燥，由国际主义精神联想到罗盛教烈士。

经常指导学生联想，可使学生思路活跃广阔：读，开掘更深；写，题材更广。如作文题《青山颂》，学生一接触题目，就会开展如下联想，调集足够的写作素材：从相似方面联想到海浪，军装，音乐；从相反方面联想到低谷，枯黄，沙漠；从相关方面联想到游击战，开掘矿藏，生态平衡；从意象方面联想到高风亮节；生气蓬勃；十年树木，百年树人等等。

　　总之，培养学生自学能力，首先要有这种意识，要有这种教育思想，才会着意去探索实践，总结出有效的方法来。

（原载《中学文科》1990 年 12 月）

教给学生逆析的方法

——兼谈我对《〈呐喊〉自序》的教学

经常阅读作品的人都有这个体会：在分析过程中，有时并非规规矩矩地完全按文章的结构自首至尾一步步往下走，可能"跳跃"前进，也可能从中间找出个问题向前后扩展，有时还可能由后往前步步逆推。把这些方法教给学生，既有一定的实用价值，又可培养逻辑推理的能力。于是我在《〈呐喊〉自序》的教学中，就作了引导逆析推理的尝试，受到了学生的欢迎。

先让学生通读课文，弄清文章的层次脉络。分析第一部分仍按课文的思路，即抓住记叙的时间顺序往下理。因为这一部分主要是记叙作者自己的生活和思想经历，顺着读下去条理清楚，浑然天成。

第二部分主要写了鲁迅先生在 S 会馆居住时的寂寞，朋友来劝他写文章，于是他一发而不可收，终于编成一集，称之《呐喊》。这五项内容密切相关，环环相扣。我指导学生分析时便抓住结尾逆推上去。

最后一段写道："所以我竟将我的短篇小说结集起来，而且付印了。又因为上面所说的缘由，便称之为《呐喊》。"

于是我引导学生从这里发源："读过这段话，你能提出几个问题来?"

学生答:"两个:一是为什么竟将小说结集起来付印;二是为什么称之为《呐喊》。"

我要求学生从课文中找这两个问题的答案。逆推一段就找到了第一题的答案。分析这一段我让学生从众多的答案中加以辨析,结集付印主要是由于:①到今日还能蒙着小说的名;②有成集的机会;③悬揣人间暂时还有读者。经分析,学生选择了第③点。为了回答第二个问题,又上溯一段,要求学生归纳几条理由:①未能忘怀当日自己的寂寞和悲哀,有时仍不免呐喊;②慰藉猛士,使他们不惮于前驱;③不愿以苦的寂寞传染给青年,所以要呐喊。

这样,阅读就上溯了三个自然段。

接下去再问:他是怎样开始写起小说来的?(敷衍朋友们的嘱托)。他过去不愿写是受什么思想支配?后来接受了朋友们的哪些意见和观点?要解答这个问题,就又要上溯一层弄通最为艰深的一段文字:"假如一间铁屋子……你倒以为对得起他们么?"从中找出两个要点:一是黑暗的旧制度无法摧毁,二是不要让人们觉醒起来,明白自己受压的地位而痛苦,让他们麻木地安详地死去。最后在朋友的启发帮助下,他认识了"说到希望,却是不能抹杀的",因而"终于答应他也做文章了"。

这样,阅读分析又上溯了三个自然段。

接下去再开掘一层:在这以前鲁迅先生不是感到很寂寞吗?既然如此寂寞,又为什么这样容易奋起,一触即发呢?

这就又要上溯到他产生寂寞感的原因:"我虽然自有无端的悲哀,却也并不愤懑,……我决不是一个振臂一呼,应者云集的英雄。"他看到了自己过去的狂热和认识的简单，看到了革命的复杂性和艰巨性。他一面确有所消沉，一面又是冷静下来，更深刻地分析、寻找革命之路。如果没有后者的思想基础，是不可能立即振奋起来再呐喊的。

可见，这里用逆析的方法，把分析一步步推向了深入。

由这个例子，我再讲到普遍的方法。所谓逆读，当然不是读回文诗似的一字字一句句倒着读，而是一段一层由后向前分析。逆析常常是为了由果推因，由结论推及条件，便于一步步把问题深化。

逆析要以按文章的思路初步阅读为基础，要有了对文章整体的印象，才能找准问题，层层剖析，如果拿了文章就倒着读过去则容易断章取义，见木不见林。

当然也不是所有的文章都适宜逆析，都需要逆析，那些记叙性的文章，分项说明的文章，一般不需逆读。常作逆析的大多是结构较为复杂的议论文。

（原载《语文教学与研究》1988 年 7 月）

语文课的自我迷失

——初中语文听课札记

　　有机会连续听了一些初中语文课，其中有许多是由在地区竞赛中获奖的优秀教师所讲授的，自然让我获得不少收益和启示。但确实也发现有许多问题需要研究，其中一个严重的问题是语文课的自我迷失，即教成了"没有语文的语文课"。（黄耀红语）

　　李海林在《语文学习》的"语文百年问题"的访谈中讲了这样一句话："其他课程学的不是文本本身，而是文本所负载的内容，唯有语文课，它主要不是学习文本内容，而是文本本身。"我们的一些语文课毛病恰恰就出在这里，它不是指导学生去学习"文本本身"，而是去放谈"文本所负载的内容"。这种自我迷失的现象主要表现为以下两种情况。

　　一是只重"道"而忽视"文"。不管文字、文句、文章，直奔主题，甚至只要抓一点与文章相关的思想内容，就由此展开其思想价值的讨论、阐发、拓展，教成一堂思想课或政治课。这种现象近年有所抬头是有着一定社会背景的：中学语文教学界在批评了"工具论"，提倡人文性，实现"人文关怀"以后，不少只会从字面上去肤浅地进行曲解的教师，似又在重复过去的错误倾向。这种倾向在公开课上比平时教学显得更严重，因为他们要力图表现

"高档次"，强调要有"导向性"；这种倾向在粗学了一点而又好哗众取宠者那里，比沉沉稳稳地教学的教师那里也显得更为严重。他们或者是并没有真正领悟先进教育思想的真谛，或者是虽然理解，但又没有好的方法去实践它，只是在破与立之间进行迷茫的探索。他们大胆地过头地否定，认为在教学字词句基础知识上花了时间，便是"传统型"教学，没有新意，读读背背只是机械训练，没有创造；而只要用了多媒体便是现代化，只要组织了学生讨论，便是尊重了"主体"，只要是粘上了思想主题，谈认识，抒豪情，说壮志，表决心，便是体现了"人文性"，于是乎，教学就出现了远离文本、抛弃文本的偏差。

如对初一学生教学蒙田的散文《热爱生命》，面对这位法国文艺复兴时期的思想家在经历了丰富的人生体验后所说出的感悟，今天中国的"红领巾"们不仅有辽远的时空之隔，语言、文化之异，还有年龄阅历的天壤之差，要彻悟是不大可能的。我们的教学该怎么做呢？首先就应该认认真真地去读懂文章，指引学生去探究他说了些什么，是怎样一层层说下去的，他说这些话表露了哪些思想观点，含有怎样的感情。他的这些思想感情是怎样表达出来的。总之，先得把文章理解清楚，这才能实现文本与读者的对话，即通过人与人（师生）的对话来达成人与文（文本）的对话。可惜的是，我们所听的课却完全离开对文章本身的解读，只是借了"热爱生命"作为话题，去与学生展开对人生哲理问题的讨论，去放谈生命体验、生活态度。课堂思维的旅行就从"热爱生命"出发，讨论：①为什么要热爱生命？②怎样才算是真正地热爱生命，生命的价值取向是什么，我们应该有怎样的生活态度？于是引出许多名人名言，少不了有外国的奥斯特洛夫斯基那段闪光的话，有我国的雷锋精神，有古代的文天祥，有当今的邓稼先……这样的教学既是在空中建造人文楼阁，又丢失了基础"工具"，一举两失，把教改引向了误区。

总的看来，这种倾向在文言文教学中比现代文教学的程度要轻一些，限于字词句的拦路石，不得不在教学中先去扫清障碍，因此弃置文本而去放谈思想内容的时间就比较少一些。但仍又担心别人批判教学理念不够先进，所以蛇足般的东西是偏多偏重。如有一堂课，用一节课的时间教完《公输》，本来具体的语言教学任务就相当繁重了，老师花了 35 分钟时间教完了它，接着赶忙用了 8 分钟的时间要学生讨论，怎样像墨子说服楚王"非攻"一样，去说服美国总统布什放弃进攻伊拉克。老师以为有了这一招，既有了思想性，又有了时代感，必然是为课堂平添了一道亮丽的风景线。其实这种远离具体学习任务而随意附加的东西，不可能有什么实在的思想教育的效果。要说人文性，不如让学生多读几遍课文，增长文言语感，接受熏陶，积累语言智慧，领悟墨子的辩才和反战非攻的思想，这样才可能于文道融洽之中丰富人文教育的成效。

另一种自我迷失的情况是说明文教学，重在教文章所载的科学知识，而忽视教语文。相当多数的老师一教说明文，视点就落在文章所介绍的知识本身上，教学目标也就定位在学懂所介绍的科普知识上。有一堂课教《食物从何处来》，教师在教案上写的"教学目标"是："介绍科学知识，引导学生欣赏语言，培养学生知识迁移能力。"所写的"教学重点、难点"是"光合作用的原理，文章的语言，知识迁移能力的培养"。说来说去，首位的是课文所介绍的知识本身，也就是懂得食物从何处来的这一科学常识。

这个定位就是非语文的，这就是典型的"不教文本本身"，而教"文本所负载的内容"。目标一旦偏离，随之一系列的东西：教学内容的确定、教学程序的安排、教学措施的选用就都为已偏离的目标服务了，语文又这样迷失于教学思想杂乱的草莽之中。于是教学就着重介绍什么是"自养"、什么是"异养"、生物界的食物链等等。虽然教学也讲了一些语言知识，比如用语的准确性、生动性，运用比喻来说明等等，但这都是零碎地撒播在一堂课中，没有把学生表达放到适应特定的内容需要这一背景下来完成。这种语文知识只是动物标本式的语文知识，而不是活的动物，是一种离运用有较远距离的孤立的知识，是一种缺少智慧含量的知识。

那么应该如何教呢？首先目标定位应该矫正，不是学这个科学知识本身，而是学习怎样去阅读这类科普文章，学习它怎样把这些知识恰当地生动地介绍出来。这就是读说明文、写说明文的能力。围绕这个目标，教学就应确定这样一些具体内容：①这篇文章都介绍了一些什么知识？这是实实在在让学生理解课文内容的一步，又是进一步学习读与写的基础。②课文为什么要写这些内容？这个问题就要花一些力气来探究了。标题是"食物从何处来"，要正确回答这个问题，必须搞清楚生物界获取食物的两类方式：自养与异养。可是这是写一篇文章，而不是考场作简答题，所以它可以把内容展得更开，从容地从能量写起：生存需要能量，能量又从食物中来。这就是说食物对生命的重要意义。于是文章第一二段先讲这层意思，以引起读者对食物问题的关注。那么，文章在介绍了自养、异养后，为什么又还要讲兴办农业、饲养业呢？把文章所写的内容及作用弄清后，接下来就有个顺序安排的问题，如为什么先说能量，再说取食，最后说农业；为什么先说自养，再说异养，等等，都有它的道理，这就是需要与文本对话、向作者讨教的问题。

在弄清了内容及思路，还有表达方法的问题之后，教学这一项，最怕生吞活剥。如问："本文用了哪些说明方法?"这样的问题是拙劣的，只能把学生引到对概念的认识上去，纠缠于名词术语之上，而不能教学生学会表达，懂得在什么情况下用怎样的表达方法。学表达要从具体的文句中开发学习资源。如文中写生物链一段文字是这么说的：

野兔靠吃野草来生活。狼以野兔为食物。狼一旦碰到了老虎，也就成了牺牲品。老虎死后，又成了细菌的乐园；不用多久，尸体就分解得精光，变成了二氧化碳、水和无机盐，回到大自然中，又成了植物制造食物的原料。

这段话共4句，每句讲一对吃与被吃的关系，可是4句话句式都不相同，为什么不以排比的形式说成一个样呢？如："野兔靠吃野草来生活。狼靠吃野兔来生活。老虎靠吃狼来生活。细菌靠吃老虎来生活。"因为这样写，首先，有的不合事实，不准确，最明显的是第4句，同时第3句说得也不够准确，老虎也不完全靠吃狼来生活，它还吃别的动物。因此这样表达不严密。其次，句式无变化也给人呆板的感觉，不如有点变化显见其灵活性。

总之，要抓住课文中一些具体实在的语言现象来分析归纳出规律性；不要先提修辞学、文章学的一些名词术语，再从文中去找例证。前者是学语言，后者主要的是记教条。

语文课就是学语文的课，必须忠实地凭借文本，不要异化，不要游离，不要忘"本"。

（原载《中学语文教学参考》2003年6月）

对当前语文教学的浅见

当前，大家都感到语文教学效率太低，学生花了不少时间，可是仍然没有学好。原因何在？愚见以为是：一、片面强调了古人的某些经验，二、编选了一些实用价值不大的教材，三、流行着繁琐呆板的教学方法，考试命题不当。

一

我们的语文教学，特别是古文教学，受几千年来的传统影响是很深的，前人的思想和经验，那些有效的部分成了我们今天丰富的营养，这是很宝贵的；然而片面地看待前人的经验，甚至把一些夸张的诗句也当作口号、指导思想，这就难免失之偏颇。

如强调读的作用，就搬出"读书百遍，其义自见"，忽视必要的分析讲解；如强调背诵的作用，就搬出"熟读唐诗三百首，不会吟诗也会吟"，于是大量布置学生背诵课文；一强调写文章要用词准确，就搬出"吟安一个字，捻断数茎须"，只要求推敲字词，忽视扩大学生视野，丰富知识，端正思想，解决写作的内容和观点问题。

谁都知道，古今历史条件大不相同，漫长的封建社会里，科学的发展是缓慢的，自然科学根本没有列为学校学习课程，主要就是读些"子曰诗云"，这种现象一直持续到清末。他们有足够的时间可以摇头晃脑地去"读书百遍"。今天，即使是专学中文科的学生也不能把知识面缩小在这个圈圈里了，中小学阶段都有那么多的自然科学基础知识要学，怎么允许去"熟读唐诗三百首"呢？我们得有适合今天时代的、更有效率的学习方法。

二

目前使用的统编教材，仍有一些缺点：我认为问题之一，是编进了一些实用价值不大的东西，增加了学习的难点。如逻辑知识，主要也就讲了点名词术语，学生通过这点知识的学习到底获得了多少东西，对提高听说读写的能力有多大帮助？又如语法知识，有的东西简直不是语文学习中的拐杖，反而成了一个附加的包袱。我觉得中学阶段所学的语法，只要能让学生用来辨析句子的正误就行了，不要太繁难。多重复句就作用不大。古汉语中的使动、意动、为动用法，讲了到底又有何作用？不搬出这个名词术语，把具体文句的关键动词意义讲清了不就行了吗？何必又要加一些概念去让学生记忆呢？

人们辨析一个句子是否正确，首先点是从直觉开始的，通过阅读，凭借语感，一看就能知道句子有无毛病，毛病在哪里。有一定语文水平的人写文章说话，大都遵循语法规律，主要是靠从平日大量的阅读、说话、听讲中训练出来的。并非学好了语法才会说话写文章。因此我认为中小学语法知识教学，越简明越好，越能直接为听说读写服务越好。

文言文的编选要紧扣读通浅近文言文这个目的。中学阶段只可能这样，特别是将来学理工科的学生也只需要这样。《谋攻》这样的作品，语句中那繁多而又特殊的省略形式，不详加注释的话，不是具备一般古文能力的人所能读通的，就可以不入选。古汉语中那样多通假字，本来就是文言文中的一个瘤子，有的是因古代文字不够，有的也可能是作者的误用，我们现在是否可以把它更正，一律用本字呢？以后重印古籍也可将其勘正过来，这能省去许多不必要的麻烦而又无伤于原作。古文中许多繁体字现在不都印成了简体字吗？通假字又何尝不能"革命"？

三

教学方法上所存在的问题就更加严重一些了。近年来强调基础知识教学以后，取得了一些成效，但有的一下又跳到另一个极端，死记、呆背、繁琐、肢解的现象流行起来，有这样几种表现。

要求超量背课文。小学且不说，有的高中甚至要求见古文就背。

词语教学离开语言环境去搞孤立的注释，抄下一条条的词语解释要学生背，从小学起就普遍这么搞。我看过一个小学三年级学生的笔记就光抄着这些东西。如"盯着——集中眼力注视"这样的解释，越解越难。明明在课堂上只需老师一个表情就可解决的问题，偏偏要下条定义去给学主背。原因在哪里？就在于应付考试。

不把思考权交给学生，教师越俎代庖满堂灌的现象仍较普遍。一味嚼烂了去喂，久而久之使学生失去了"咀嚼"的习惯。消退了"咀嚼"的能力。分析问题，概括段意，归纳中心思想，都由老师一套套地念了出来抄给学生去背，从小学三年级起，学生每期就要背诵几十条中心思想，但要学生自己去分析又抓不着要害。我以为让学生呆背十篇文章的中心思想，不如启发学生自己分析一篇更有效果。

四

在教学实践中我们都深深体会到：从中央到地方的各级统考统测题是对教学最权威的指挥棒，影响之大有甚于以任何形式颁发的文件。因此改进教学，就必须改进考试命题。

1980 年高考语文题有了较大的改进，这是很可喜的，但我也认为考查学生掌握篇章结构、掌握课文的内容的能力的题目太少。字词句，固然是获得能力的重要基础，但不是能力的全部，还有重要的一面是分析归纳文章内容领会掌握文章思想的能力。这种能力不是单靠掌握字词句所能代替的。因此，我认为这方面的考题应加重分量。

至于近年来，各地所出的统测题，问题就更多一些了。考词语偏重解释，考成语偏重分析词素的意义（甚至小学就这么搞），要求默课文，默中心思想，划分多重复句层次的考题也不少，考改病句，命题时就把句子的错处弄得愈隐蔽愈似是而非愈好。这很有点像学医，专门对那些初级学员讲治难症而不讲治感冒。现在越是小考、段考越搞得难一些，以为定要在难度上越过高考才能应付高考，老师们为了争高分，就只好围着这根"指挥棒"来转，有时明知有偏差，也得违心去搞。这样的考题是教学的枷锁，使生动活泼的语文教学僵化了，窒息了！

（原载《语文教学》1981 年 6 月）

"揣读法"在文言文阅读中的运用[①]

我是赞成"猜读法"的。这不是无根据地瞎猜，而是由已知到未知，经分析推理而得出结论，获得新知。猜读可以成为一法，它不仅能帮助读者读通文章而且有助于培养分析能力，提高阅读水平。

但我又认为，名之为"猜"，似有欠妥，不如改为"揣读法"，揣，揣摩之意，比猜更多含思考分析的成分，名实更为稳妥。此法，古已有之，就今天阅读古文，断句标点，也仍然还在"揣"。揣读，首先得有一定的基础，即是懂得古字词的一些含义，懂得古语法的结构形式，特别是那些特殊句式。基础越雄厚，对文章已知的东西越多，揣读也就越容易准确。

怎样"揣"？我在教学中常常引导学生从这样几方面去加以注意：

一、依据上下文意进行揣读。首先要揣摩准字词的意义。包括生僻的字词和多义词。如"（岳飞）师每休舍，课将士注坡跳壕，

---

① 《语文教学通讯》在 1984 年第 5 期上发表了《猜读法在文言文教学中的运用》一文后，引起了不小的反响，有人对它表示赞成，也有人质疑。于是编辑部从读者来稿中选编了二篇刊登出来，本文是其中的一篇。

皆重铠习之。子云尝习注坡，马踬，怒而鞭之。卒有取民麻一缕以束刍者，立斩以徇。"（《宋史》）

"注坡"是什么意思？从"将士注坡"可以揣测"注坡"是个动宾词组，注，已知有"注意"、"关注"、"灌注"等义项，在此由"灌注"再引申一下，便是"冲"的意思，这里可理解为"在山坡上俯冲"。那么，"马踬"是冲坡时所发生的现象，联系下文"怒而鞭之"来看，就一定是不顺利，有闪失，可揣为"跌倒"。

"子云"何指？根据"子云尝习注坡"来判断，这肯定是一个人，而不是"孔子说"或"您说"。从文意来看，这一段是表现岳飞执法如山的，后面说了"卒"犯错误严惩不贷，这里讲"子云"，就一定是当官的亲人或亲信了。故可揣测这个"子"是儿子，"云"则是名字。

其次，要联系上下文意揣摩出文中的省略，并准确加以补充。如上面的"怒而鞭之，"到底是谁鞭谁？按现代汉语的习惯，应该是承上一个分句的主语省，那就是"子云……怒而鞭之"，指"子云鞭马"。然而一细揣，依据全段来看是说岳飞治军严厉的，省略的主语就当指岳飞了，"鞭之"，即鞭岳云，才能同后文"立斩"的是取民麻之卒相连贯。

二、依据语法结构规律揣读。由词语所占的位置，可以推知它的词性，有助于揣摩词义。如"上胡不法先王之法？非不贤也，为其不可得而法"（《察今》）中的三个"法"各是什么意思？我们凭借语法规律得知，第一个"法"字置在谓语位置，带有宾语，自然是一个及物动词，所带的宾语就是第二个"法"字。把这个动宾结构紧缩一下，就是"法法"，就应理解为"效法法规"，同样可推知"为其不可得而法"，这一句中能愿动词"可得（可能）"，并未担任谓语的任务，而是作状语起修饰作用，所以主要动词谓语仍然是个"法"字。这句的意思便是"因为不可能效法（它）。"

根据字词所占的语法位置，还可揣摩到词的活用。如："惠子相梁"。显然这个"相"不是副词"相"（xiāng），因为副词是不能摆在名词之前来修饰名词的。那么这三个名词连在一起怎么组句呢？它还缺少一个动词谓语，由此可揣摩到这个"相"是名词活用成动词，作谓语，"担任……宰相。"

审察词语的语法功能，可揣知一些倒装的特殊句式。如"曾子曰：'臣闻之，受人者畏人，予人者骄人。纵子有赐，不我骄也，我能勿畏乎？'"（《说苑·立节》）语法规律告诉我们，副词"不"是不能直接修饰名词和主谓词组的，所以"不我骄"不是一个一般句式的句子。按古汉语否定句中，代词宾语往往置于动词之前这一习惯，可揣测为"不骄我"，意为"不在我面前骄傲。"

三、依据文言文常用的修辞手法来揣读，文言文特别讲究音韵的和谐，节律的鲜明，组句的工整，所以常用排比、对偶修辞手法。在这方面，议论文比记叙文更讲究，赋体比散文更严格，这给文言文词语解释和断句标点带来了很大的方便。如"暑极不生暑而生寒，寒极不生寒而生暑。屈之甚者，信必烈；伏之久者，飞必决。故不如意之事，如意之所伏也；快意之事，忤意之所乘也……消与长聚门，祸与福同根。"（《魏源集》）以上加点的暑、寒；屈、信；伏、飞；不如意、如意；快意、忤意，消、长；福、祸等词都是反义对举，因此就可由一个已知词的词义推及另一个未知词的词义。信，屈之反义，与"伸"同，不是"信用"；不如意，如意的反义，不是"不像""比不上"等义项。

文言中借喻、借代手法也是普遍采用的，如"举世混浊，何不随其流而扬其波？众人皆醉，何不铺其糟而啜其醨？何故怀瑾握瑜，而自令见放为？"（《屈原列传》）这里的"随其流而扬其波"以及"铺其糟而啜其醨"都是借喻的手法，本意是指随着世俗的潮流转。而"怀瑾握瑜"则恰恰是不随世俗转移，用瑾、瑜这种美玉来比喻高尚的节操。学生不善于依据比喻的修辞手法去理解，最易产生望文生义的错误。

揣读的过程，就是不断地假设，判断和选择的过程，所以说，教给学生揣读是有利于发展他们智力的。

（原载《语文教学通讯》1984 年）

对成语教学的我见

一

成语教学是语文教学中的一个重要内容。近几年来，由于强调加强"双基"教学，尤其引起重视。但我认为，目前比较普遍采用的教学成语的方法是存在着较严重弊病的，那就是：过分强调拆字诠释，忽视对整个成语的理解和运用；离开语言环境去孤立地讲解，忽视从众多的语句中去比较玩味；企求一次成功，忽视反复见面。一句话，灌得太死，抓得不活。

举个例子，《中学语文练习》编写组所编的高中第四册《中学语文练习》，共编进成语练习213条，练习的方式主要有两种：1. 解释成语中的形同异义词：玩物丧志，专心致志等，这种练习共67组，168条；2. 给成语填空，然后解释所填文字：方兴未＿＿，自怨自＿＿＿，面面相＿＿＿等，这种练习共两题24条。两种共192条，占总量的90%强，都是搞的拆字诠释。

这套练习是较有权威性的，它既代表着目前流行的教法，又给教学以较大影响。当前大面积从小学高年级起就用这种方法教成语、考成语，让学生背诵词素的注释。

我认为以此作为教学的主体方法是不足取的。第一，拆字诠释增加了知识的难点；第二，它不符合学习成语（乃至一切语言素材）的规律。人们学词语一般是在说话、阅读中根据语句去领会它的意义的。例如"一概而论"这个成语，略具语文水平的人都能理解运用，可是硬要拆开来说，"概"是什么意思就很少能说得清楚了，谁会在阅读时去思考：概就是过去量米麦时用来刮平斗斛的工具。死抠这个字到底有多大实际意义？岂不是舍简就繁，舍易就难，有点设置障碍么？第三，拆字诠释难于记忆，因此巩固率很低，效果差。

　　我在一个高二班作了个调查，考了 10 个成语：一概而论、分道扬镳、如火如荼、责无旁贷，万籁俱静、破釜沉舟、乌合之众、惩前毖后、想入非非、忠贞不渝。要求解释其中加点的字，并用这些成语分别造一句。评阅了 50 张试卷，两项各以 100 分计，成绩于下：（见下表）

命题形式	解字	造句
全班总分	1470	2540
每人平均	28.14	50.8
单项最高分	50	90
个人两项相差最大的	10	70

　　两项分数相等的两人，解字高于造句的一人（解字 40 分，造句 20 分）。

　　应该说明的是，这些加点的字都是我曾解释过的，这还是考在籍学生，如果是考具有同等水平的在职干部、工人，两项得分必将悬殊更大。

"责无旁贷"，因"贷"字讲过不久，解对了的有 35 人，用对了的只 21 人，错用的主要有这样两类型："实现四化是我们每个青年责旁无贷的责任"，或"对于四化建设，我们不应责无旁贷"。"一概而论"，用对了的 32 人，可"概"字没一人解对，大多解作"律"，"乌合之众"也是同样情况，大多把"乌"解为"污"或"乌七八糟"。由此可见，能诠释词素的不一定就能抓准整个成语的含义，更不一定就能运用；反之，能运用的不一定能准确诠释每个词素。因此，诠释词素并不是教学成语的有效方法。

二

我的意见是，成语既然是一个固定的特殊词组，一般就可以把它当作最小的语言单位来教，不再过多去分讲词素，有时讲一讲，也不必硬要求学生死记，而以对整个成语的理解与运用为主要目的。

例如教"如火如荼"，就可说这是形容大规模的斗争进行很得炽热、激烈，让学生依据"如火"去类推"如荼"的含意。再造句举例："世界各被压迫民族解放斗争风起云涌，如火如荼，方兴未艾"。顺势指出它的适用范围，必须是形容一场规模很大的斗争；两个人发生争吵，即使再激烈，也不能说"如火如荼"。然后指出学生容易忽略的地方，"荼"，不要写作"茶"。这样去讲，加上以后阅读中多次见面就能巩固了。是否硬要从诠释"荼"入手呢？荼，古代指茅草开的白花，白花又怎样来表示为激烈呢？又要讲《国语》：（吴王）令"万人以为方阵，皆白裳、白旗、素甲、白羽之矰，望之如荼"。说了这七七八八，学生还是记不住（因为以后没有单独接触这"茶"的机会），而且也不能解决怎样运用这个成语的问题。

也许有人会指责我的意见是让学生"不求甚解"，"只知其然而不知其所以然"。我认为对一个人掌握知识的深度要求，应视其需要来决定，需甚解的就求甚解，不需求甚解的就不必求甚解，甚至还要提倡对一些与自身工作关系不太密切的知识不求甚解。例如我们不能要求所有用电视机的人对其原理、构造、生产、修理等知识都求甚解；对汽车司机也不能因为他要用汽油，就要求弄清石油的勘探与提炼。中学生学语文是为了提高听说读写的能力，那么对成语只要能放在句中理解意思、运用得当就行了，对有的成语甚至只要能会意，说不出准确解释也可以，不必像对汉语专门人才那样去要求他们，更不能把辞书编撰者的任务交给他们去做。

能甚解不是更好吗？当然更好。但是知识的海洋宽阔无边，用过多的精力去求甚解那些不甚紧要的东西，就妨碍了学更多更有用的知识，不合算。处处求甚解，这也是造成语文教学效率不高的一个因素。

何况有些成语的构成本身就说不出一个科学道理来。如"驰名中外"与"蜚声中外"，含义一样，"名"与"声"在此也基本同义，"驰"与"蜚"（可解为"飞"）又都是动词，取用引申义有时也可交叉互换，可是在成语中却不能说成"蜚名中外""驰声中外"，"九牛二虎之力"也不能说成"十牛三虎之力"，为什么？习惯规定而已。这种情况也很难盘根问底去细究出个所以然来。

话又要说回来，教学是无定法的。我所不赞成的是以诠释为主，并不是一概反对诠释。有的成语抓住一个关键词顺便解释一下确有好处，特别有的成语是由一个故事概括出来的，如"一枕黄粱""一夔已足"，三言两语把故事讲出来，生动、有据，能激起学生学习兴趣，又便于巩固记忆，特别有的在现代文中出现频率不高，接触机会少，就更有必要讲讲故事了。

三

诠释教学为什么这样普遍流行、广泛采用呢？传统的经验源远流长是它的远因，近年提出加强"双基"教学，错误理解"扎实"，这是它的近因。特别值得一提的是，流行的考试命题方式又为它起了推波助澜的作用，各级统测题中解成语中加点的字是极为盛行的，这就指挥着、迫使着教师把注意力往这上面转移。

如何教，是教学思想的反映；如何改，同样是教学思想的反映。因此根本措施是端正教学思想，尽量避免和舍弃那些因循守旧、繁琐低效的方法，探求科学的高效的方法，使教学和考试都紧紧地从目的任务出发，而又向这个焦点归宿，问题就易得到较好的解决了。

（原载《湖南教育研究》1981 年 10 月）

展开语文学习的双翼[①]

一

学习语文，靠的是"得法于课内，得益于课外"。当然，"得法"本身也是"得益"，这里之所以分开来说，无非是强调积累语言材料，丰富语文素养，掌握语言规则，从而形成较强的语文能力，这主要是靠通过大量的课外语文实践活动来实现的。而课内的语文学习则重在掌握正确的学习方法，培养良好的学习习惯，以便科学地、有效地指导广泛的语文实践活动，包括阅读、写作和口语交际等。如果只靠听语文课，只靠学好那些课文，是远远不够的，而且必然产生语言贫乏，思想肤浅，悟性低下，表达呆滞的教学后果。因此课内课外，就好像一只鸟儿的两个翅膀，缺一便不能腾飞，就好像一驾车的两个轮子，缺一便不能前进。

课外语文学习内容非常广泛：自我阅读，写作练笔，言语交流，听报告，看电视，参观调查等，都属课外语文学习的范畴，其中特别重要的又是增大阅读量。新的中学语文教学大纲对此有

---

① 这是为《高中生中外名著导读》写的序言。此书由北京教育出版社出版，欧阳砥柱主编。

语文教育散论

明确的要求：初中要求课外自读每学年不少于 80 万字（其中文学名著 2~3 部），高中课外自读文学名著（10 部以上），科普书刊和其他读物，不少于 300 万字；高初中段各推荐背诵文言文 20 篇、古诗词曲 50 首（其中有的并未选入教材）；同时，列出了高中段推荐课外阅读的文学名著 20 部，初中段 10 部。由此可见，《大纲》对中学生进行课外阅读予以空前的高度重视。

二

为什么这样高度重视、大力提倡课外阅读呢？学习语文的目的在于获得运用语言的能力，而语言能力的提高主要靠实践。大教育家夸美纽斯曾经说过：学习母语，通过实践学习比通过法则来学习要有效得多。这可谓至理名言。当然，我们需要积累厚实的语文知识，但这些知识的积累主要也是通过语言实践来实现的。例如要积累丰富的词语，但谁都不会去通读通背《辞源》《辞海》，而是在听别人说话、读文章作品的过程中逐步增加的。我们也需要掌握一点语言的法则——语法，但这仅仅只是一种手段，目的还是要会运用语文。背离了这个目的，去死背语法条文，陡然增加了学习的难点，空费了宝贵的时间。更何况对语法的活学活用，也只可能在具体的语言活动中去完成。听多了，读多了，便自然形成一种语感，凭直觉就知道话该怎样说才符合规律，别人的谈话、文章含有什么意思，特别是能感悟它所隐含的那些意思。语感强了，对于片断性的语言就能把握了。对于成篇文章的阅读，特别是长篇的阅读，光有语感不够，还要有文感，形成熟练的直接感知全文的能力。会读文章的人，一经读过，对于全文的文旨、文脉（思想、结构）、文情（文章的感情倾向）、文风（文章的风格）乃至作者的文气（所表现的作者的文化底气和素养）都可说出个八九不离十，这种阅读臻于娴熟，效率很高。要能如此，也主要靠在大量的阅读中揣摸、领悟，在阅读实践中使技巧得到升华。

语文运用的能力，除了接受以外，还有表达。表达又分说和写。写较之于说是一种更慎重的表达方式，也更复杂、更趋于技巧化，难度也更大。因此，大家特别重视写作能力的提高。怎样学写作呢？重要的一条还是大量阅读，有效阅读。写文章也有技法，但这种技法也只有在读和写的过程中相机学习才会有效。在阅读中分析人家是怎样写作的，把这些经验吸收而内化为自己的语文素质，于是便可运用自如，得心应手。否则，即使你背熟了一本文章作法，知道了几十种如何开头，如何结尾的"秘诀"，写起作文来还是一片茫然。总之，作品特别是那些优秀作品，是语文学习的主要源泉，而阅读，将这些源泉引来滋润你干涸的心田。学习语文就是一个领悟—积累—运用的过程。读得多了，感悟丰富了，积累充实了，语文的运用能力就自然提高。除此之外，没有什么投机取巧的捷径。

如果我们对阅读和写作现象再作一个深层次探讨的话，便可发现阅读和写作的成果不只与语文能力有直接关系，还有一个起制约作用的因素，那就是人的文化、精神和人格。语文是承载文化，传承文明的。当我们去阅读一些文章，有时觉得读不懂，并不是阅读能力上的障碍，而是不理解它所表述的内容；当我们想要写出一个故事时，感到有困难，主要是因为阅历不够，生活材料不丰富；想要论证一个道理时，感到有困难，很可能是认识不深刻，自己的思想、思维都不清晰。这样看来，要通过语言去完全掌握别人传达的信息，或者自己要生产出好的语言成果，除了提高语文能力外，还要提高自己的综合素质，特别是人文素质。要有广博的知识，深刻的思想，丰富的经历和人生体验，高尚的情趣，完善的人格。这种综合素质的提高，固然不是语文一个学科可以全部承担的，但从语文学习中获取这些素养又有特殊的功效。特别是对情感的熏陶，人格的净化，所产生的潜移默化的效能，更是别的学科无法替代的。为此，必须提倡多读书，多读好书。

实践也雄辩地证明了这个道理。且不说古往今来的大文豪、大学者，都是博览群书的饱学之辈，就看当代中学生，语文成绩优秀，写作才思敏捷，文采飞扬的一群，无一不是广泛阅读、博取营养的读书迷。就以教学改革的成果来看，山东高密一中的"语文实验室"，湖北宜昌的"课内外衔接"都是以指导学生大量阅读为核心内容的。高密一中，每周只用两课时教学完规定的课文，其余每周用4课时让学生进"语文实验室"阅读指定的名家名作，进行写作训练。实验效果良好，成绩令人瞩目。

由此看来，积极扩大课外阅读，是提高中学生语文素质的一条必由之路，是进行综合素质教育的一条重要途径。中学语文教学大纲向广大中学生推荐一批中外文学名著，正是这一教学思想的体现。

三

这批推荐阅读的中外名著，主要是靠同学们课外自己阅读的。要提高阅读的效率，真正能从阅读中吸取更多的营养，读了有用，就还要改进阅读方法，从阅读中学会阅读。对此，根据广大中学生的阅读状况，我们提出以下建议。

既懂情节，更会感悟。不少中学生阅读有一个偏颇，就是凭兴趣出发，喜欢追求情节，越离奇、越有刺激性的越爱读，喜欢读武侠小说就是这种阅读心理的反映。凭着这种心理，就是阅读名著，也容易满足于对故事情节的掌握。当然，读过一部小说后，需要掌握它的情节，但如果只停留在这个层面上，显然是很不够的，对于提高我们的读写能力和文化素质作用都不会很大。我们还应该向更深层次发掘——学会感悟。感悟的内容其本身是全方位的，包括理解所揭示的社会面貌，了解各色人物的性格特征，鉴赏结构、手法、语言的艺术风格等等。即使我们还不能对它作全面的深刻的感悟，但总要有意识地向这些方面努力，尽可能获取较大的收益。

要能正确地解读作品，除了需要一定的文字阅读能力外，还要有较强的思想认识水平。这就要求我们用正确的观点、健康的审美情趣去读作品。例如《红楼梦》，从作品的篇幅来看，写男女情爱所占比例很大，有的人就可能认为这是一部爱情小说，写卿卿我我、悲悲戚戚的感情纠葛。这就走进了阅读的误区。其实它是通过写封建贵族青年贾宝玉、林黛玉、薛宝钗之间的恋爱和婚姻悲剧，展现了当时具有代表性的贾、史、王、薛四大封建家族的兴衰，反映封建社会后期的种种黑暗和罪恶，指出它必然崩溃的命运。如果我们的阅读只停留在自认为津津有味的描写上，尤其是比较抑郁的学生，高度欣赏甚至效颦于林黛玉多愁善感的性格弱点，那不是未受其益，反取其害了吗？

　　　　　　　　　　　　　　　　　语文教育散论

既要浏览，也要精析。高初中共推荐阅读的名著有 30 部，约有 2000 万字，平均每年要读 300 多万字，全部精读当然办不到，必然会要浏览一些。但是只有浏览，又容易囫囵吞枣，收益甚微。那就必须精读一些章节和篇什。怎么去精选读的内容呢？一、选精粹。所谓精粹，或是整部作品的关键部分、高潮部分，或是艺术含量最高的章节。前者有提携整部的地位，后者标示着全书艺术的高峰。应该反复咀嚼，仔细鉴赏。二、选"代表"。例如读《水浒传》，书中人物众多，梁山好汉就聚集了 108 将。他们上梁山的道路虽各有不同，但大致可分为几类。我们可从各个类别中选出一二个代表，细读描写他们的有关章节，由一个人的经历、生活道路，去看他们的性格发展，从而看出社会原因。三、凭爱好。这 30 部都是名著，长篇小说居多；但也有剧本、诗集，还有美学理论性的著作。有古代的，更有现代的；有中国的，也有外国的。你喜欢哪一类，便可多精读一些，有利于爱好和专长的发展。

联系课内，延伸课外。从课内学得了一些学习方法，迁移过来，运用于自我阅读之中，这是一种广泛的延伸。为了使这种延伸得以自如，教材中还编进了一些自读课文，这种自读课文就起到延伸的桥梁作用。在教师指导下自读这些课文，再进而离开教师的指导，完全由自己阅读课外名著，把方法用于实践，形成能力。还有一种延伸，是就阅读的内容来说的。所列推荐阅读的名著中有许多是鸿篇巨制，高初中语文教材中节选了其中的一些章节作为课文，例如从《欧也妮·葛朗台》《三国演义》《红楼梦》《水浒传》《雷雨》中都有节选。这些节选虽都能独自成篇，但毕竟是全书中的局部，要想充分地、深刻地理解这些局部，往往还需要根据整体来分析。因此，当我们学习这些节选时，结合阅读整部长篇，对了解全书社会背景、情节发展、人物性格都有重要的意义，既有利于课文学习，又有助于整体阅读。

四

推荐课外阅读书目，的确是件好事；但现实地看，中学生要全部读下来，又还存在不少困难。首先，是购书的困难，且不说要每个学生把全套买齐，经济上负担不了，就是现在农村中学的图书室也不一定都有这一套完整的推荐读物。其次，也还存在难读懂的问题。对于《论语》及中国古典四大名著，可能还有字词的障碍；此外，这30部书都不是当代作品，且不说莎士比亚、巴尔扎克等所写的外国社会与我们的文化背景有较大差异，就是中国现代的《子夜》《家》所写的时代，也让我们感到陌生，增加了阅读的难点；还有，我们的思想认识能力、艺术鉴赏水平，也还难以正确理解、赏析和评价这些作品。针对这样的现状，我们编写了这本导读性的书，以期能对同学们有所帮助。具体地说，对所推荐的中外名著，每一部都从这样几个方面来"导读"：

作者简介。这一项除简介作者的生平、成就外，还简介写作本作品的背景、缘起，可帮助同学们从作者的世界观、生活经历等方面去寻找解读作品的依据。

内容梗概。对全书的内容作概述，如果是长篇小说，则缩写全书的故事情节，帮助同学们在尚未通读全书的情况下，掌握全书基本内容。

鉴赏指导。这是重点内容，意在告诉同学们用什么样的思想观点和方法去认识分析作品，如何鉴赏作品的艺术性，诸如分析人物形象，剖析思路结构，概括写作特色，领会语言风格。这样可对大家阅读起到导向指津的作用，解决一些阅读上的困难。

华章选读。这一项先选出原作中的精粹章节，是短篇集或诗集的，则选出代表作，原文印出。然后，再作类似于分析课文那样的"讲析"。编写这一项，有助于大家通过精读来指导泛读，做到如我们在前面所说的泛读和精读相结合。

当然，阅读名家名作，重在读原著，力求完整地阅读。我们编这本书，并没有取代原著的意思，恰恰是为了帮助同学们更好地读懂原著。也不排除有这种情况，有的同学（特别是农村学校的同学）实在找不到原著，或者虽然能找到书，又因一些别的原因，终没有按要求把推荐的作品全部读完。那么，在这种情况下读这本书又是一个补偿，总能让大家粗知作品，并能精读部分章节，从而获得较好的收益。

讲春联

要讲春联，就得先了解对联。我由趣联讲起，引发学生兴趣。一边讲故事一边出示对联。

旧社会某财主借做寿为名，搜刮农民钱财，强迫人家送礼。一个有骨气的穷秀才，给他送了一副对联：

大老爷做生，金也要，银也要，铜钱也要，红黑一把抓，不分南北

小百姓该死，稻未熟，麦未熟，高粱未熟，青黄两不接，哪有东西

两个书生去游千佛寺。和尚出了一联，要书生作对：

万瓦千砖百匠修成千佛寺

书生当时怎么也没想出来，返程时坐上一小舟，划到了一座石桥前，抬头一看，"四仙桥"几个字赫然入目，他顿时来灵感，对道：

一舟二橹三人摇过四仙桥

接着我又举了一副拆字联：

冻雨洒窗，东两点西三点

切瓜分片，横七刀竖八刀

这是在搞文字游戏，但很能揭示对联这种形式的规律，再加上在《改造我们的学习》一课所学的"墙上芦苇头重脚轻根底浅，山间竹笋嘴尖皮厚腹中空"，一共有了四联。在此基础上，我再引导学生归纳出两个明显的特点：

1. 用词、组句对仗工整。就像修辞手法中的对偶一样，要求很严格，两联字数必须相等，相对应的句式、词组结构形式和词的词性都要求一致。如：

百（数词）匠（名）修成（动）千佛寺（名）

三（数词）人（名）摇过（动）四仙桥（名，偏正式构词形式亦同于"千佛寺"）

不仅如此，高明的对联，词义也讲究对仗，或是同义类比，或是反义对比。如"小百姓该死"，为什么不用"老"而用"小"？从意义上来说可以讽刺当时的等级观念及轻视劳动人民的反动观点，同时从形式上"小百姓"也更好与"大老爷"相对。

2. 音韵和谐，富有音乐美。限于学生基础，这一点不可能讲得很细，我只着重讲了如何凭音韵来区分上下联。凡末尾一个字是仄声的，就是上联，又叫出联，贴在右手边；凡末尾一字是平声的就是下联，又叫对联，贴在左手边。这样仄起平落，才给人一种收束、安定的感觉。我边讲边结合举例印证，这样叫学生去掌握规律，他们就不感到枯燥了。

春联就是对联的一种，它比一般对联有什么特色呢？就在于它是用来迎春接喜的，所以它的感情色彩应是喜悦的，多褒扬。特别是党的十一届三中全会以来，确实出现了一派大好形势，尤其是广大农民，个个欢欣鼓舞，这时贴上一副春联，以表现他们的思想感情。如：

政策归心，虎跃龙腾创奇迹

劳动致富，山欢水笑换新装

接着我又讲，在旧社会民不聊生，对广大穷人来说，过年就叫过年"关"，他们只有忧愁愤懑，没有喜庆欢乐，也就有人用春联来抒发这种感情。如有一教师，在兵连祸结中终年东奔西走，不得温饱，就写了这样一副春联：

年年难过年年过

处处无家处处家

因此，同是春联，在不同的时代，不同的人写来，就会反映出不同的感情色彩。

我告诉学生，古人说："言为心声。"春联也是表达人民思想感情的。我们作对联，首先就得讲究思想内容的正确与健康。我用了胡耀邦同志改对联一例来作说明。最近北京有人对某问题有情绪，模仿东林书院对联的形式另写了一副：

风声雨声不吱声，了此一生

国事大事不问事，平安无事

胡耀邦同志认为它太消沉，改为：

风声雨声悲叹声，枉此一生

险事难事天下事，争当勇士

这样一改变动虽不很大，思想境界就迥然两样。我们写春联，首先就必须表现健康积极的情绪，能鼓舞人心，有利于四化。

（原载《语文教学》1983 年 1 月）

对话理念的具体诠释

——兼评姜梅《陈奂生上城》的教学

　　自从新颁语文课程标准提出"阅读教学是学生、教师、文本之间的对话""语文教学应在师生平等对话的过程中进行"以后，语文教学界对"对话"进行了很多有益的理论性的探讨。理论终归要落到实践上才能产生力量。怎么去操作呢？最近听了姜梅老师的《陈奂生上城》一课，觉得她在实践这种理论上做出了一些成绩。

　　"对话"是什么？词典义应该是"两个人以上相互交谈"。可是这里的"对话"已不限于这层意思，它已引申到一个哲学层面的含意，那就是双方思想与情感的交流。它是无形的，看不到也听不见。遇到了一个人或相视一笑，或冷淡相向，这里有"对话"；听音乐，观画幅，乃至观赏大自然，一面在倾听着对象的"诉说"，一面又引起情思的涌动，这也是"对话"。那么，阅读自然就包含着对话：一面听作者慷慨陈词，或娓娓道来，我们的心思情感不断做出回应：评价、联想、感悟、自省，这便是"对话"。

　　拿到阅读教学中来观照，对话也就有了两层含义：一是对教学行为的描述，谈话、问答、讨论，这是显性的；一是对教学内容的描述，解读、评价、感悟、联想、再造，这本身是隐性的，只有通过教学行为的表演才呈现出来。既然把"阅读教学"理解为文本、教师、学生三者的对话，那么，拆开来看，"阅读"它是文本与读者(学生与教师)的对话，而"教学"则是教师引导学生与文本对话(其中自然也有教师自身与文本的对话)，而这种引导又是通过显性的对话(问答、讨论)来实现的。

我们把阅读分为两种境界：完全阅读和不完全阅读。完全阅读是指已有心灵的沟通，即实现了"对话"；不完全阅读则是知道了文本之所说，也约略懂得了作者通过文本传递的思想感情，但谈不上智为所启，情为所动。阅读教学改革，把"训诲—训化""传授—训练"改为"三者对话"，就是要引领学生进入完全阅读的境界。

怎样才能实现完全阅读，让学生与文本对上话呢？这里有一个基础和前提：读懂文词、文句和文章。文章是双方沟通的桥梁，文章都没读懂，像不懂文言的面对四书五经，像不懂哲学的面对黑格尔的原著。能产生心灵的沟通吗？所以我们提倡阅读教学要实现三者对话的时候，不要忘记了作为读者的中学生还存在阅读能力不强这一特殊性。因此，普通高中语文课程标准在谈到必修课程的"阅读内容"时，第一条就指出："从整体上把握文本内容，理清思路，概括要点。理解文本所表达的思想、观点和感情；根据语境揣摩语句含义，阐发文本内容，研究表达形式。"简言之即是读懂读通文本。如果在文本尚未读懂，还不知作者直白之意和隐含之意的情况下，就想去实现心灵与文本的沟通、对话，这只是企图构建空中楼阁。当我们用美好的想象去憧憬灿烂前程的时候，别忘了脚下现实的土壤。

那么，对话式的阅读教学就不能实现了吗？当然还是可以的，只是要求真务实。就学生而言，学段有差异；就文本而言，难度有差异。对于阅读能力较差的学生，对于文辞、思想较深的文本，更要把读懂的基础夯扎实。

我以为，"新概念阅读"研究课题组在《利用"阅读期待"，拓展阅读空间》①一文中所阐释的阅读理念是符合"阅读教学是三者的对话"这一思想的。它把阅读的思维空间概括为"四重视界"，即"解文""知人""论世""察己"，这便是"对话"教学内容的落点。这四重视界中基础的也最要紧的还是第一视界——解文。那就是"由整体到部分，由义理到辞章""由表层语义深入到内层意蕴，全面理解文本的思想内容"。分项说具体一点，就是前面高中语文课程标准所引的"第一条"：①把握文本内容、理清思路、概括要点；②理解思想、观点、感情；③揣摩语义，阐发文本内容，研究表达形式。

我们的教学首先就要引导大家（包括教师自己）来做好这步工作，千万不要踏空了这一步，这毕竟不是游览语文、观赏语文风光，而是要扎扎实实学习语文，不要一强调人文性就把语文课又教成思想文化课了。

怎样解文呢？学生并非什么都不懂，当然只是需要对症下药，抓住难点和重点。高中学生读现代文难点主要是对用曲笔所写的含蓄的、富有深刻哲理的文句的理解，对文章思路内容的把握，尤其是文学类作品中人物形象的社会意义的把握，以及对作者隐隐地渗透于文中情感的领悟。就如《陈奂生上城》，难点就在于陈奂生这个人物形象的社会意义和他性格生成的社会环境，其

---

① 参见《中学语文教学参考》2002 年第 6 期。

次是文章是如何来表现这些内容的，作者在文中蕴含着怎样的情感。姜梅老师的教学就重点抓住了这几个问题。如分析陈奂生，开头几位同学的谈话都停留在印象的、显见的层面上，对戏剧性的报复也只觉得有趣，有点阿 Q 味；直到步步引导，看到陈奂生潜在的羡慕、崇拜、敬畏达官富贵的封建等级观念，深入到人性的劣根性这一点上，才认识到这个典型形象和社会意识的病态一面，接触到作者诉诸形象的深层含意。

本小说对社会环境的描写，则是学生阅读的一个"盲点"。起初大家瞧不起陈奂生，后来对他刮目相看，"大队干部对他的态度也友好得多"，对此，小说着墨并不多，学生读来也就浮光掠影一带而过。于是老师在此设问引起学生思考，认识到这看似轻描淡写的一笔，却含有很重的分量，说明当时广大农民包括大队干部的思想意识与陈奂生都处在同一水平线上，这就成了一个严重的社会问题，让人意识到精神文明和政治文明建设刻不容缓而又任重道远。

阅读教学就必须这样首先让学生读懂文章，接受作者传来的信息、思路、情感，才有对话可言。为了更好地读懂文本，便于与作者对话，我们就还有必要"知人"，即走近作者、读懂作者，了解作者的生平、际遇、性格以及写本文的历史情境，这样"便于读者与作者交友""使阅读时空与写作时空出现某种重合"。对作者，当然是研究得越深入越好。然而，这是中学的课堂教学，又得考虑一定的条件限制，了解作者要契合在阅读文本最需要的关键点上。像教本文了解高晓声，最紧要的是他当了二十几年农民，深深了解农民，了解农村问题；他写的陈奂生系列小说，是十一届三中全会后中国农村处在改革开放初期的历史画卷；作者给小说主人公取名"陈奂生"的用意。了解这些都有助于我们由"知人"而"知文"，并与作者沟通情感，互诉心声。

"论世"与"察己"是一体的两面，都是指的读者阅读的收获，是阅读的感悟：即情感和思想受到的感染和启迪。不同的是，"论世"指客观世界，"论"之所获是知识的提高；"察己"是指主观世界，"察"之所获是心灵的陶冶、人格的完善。两者有时难以截然分开。因此，教学实施上，这两项内容有时融为一体是可以的。就像《陈奂生上城》的教学中，最后一个环节"察己"，而学生讲到的是对社会问题的认识，这其实是对自己思想水平的审察和提高。

这一环的引导关键在于说真话，动真情，要有心灵的震动。切忌死抠程式，流于形式。每教一篇课文，大家都来对照文本作检查，那只能使人厌倦语文，畏惧语文。审美体验、陶冶性情、涵养心灵是一个潜移默化的过程，大多靠读者宁静的体验，有时甚至就有那么一丝灵动而又难以表达，但它已无形地渗入了情感的素养之中。这方面课堂在于引导，在于形成氛围，真正内省的工作，是在阅读时自我完成的。姜梅老师这堂课的教学，适时地作了一些开启心扉的工作，当是引导对话的有益的倡导。

附：

《陈奂生上城》教学实录

师：我是在农村长大的，农村的一切牵动着我的心。风调雨顺，我就会为农民高兴；旱涝灾害，我又为农民捏一把汗。每年春节前后的民工潮时，我看到扛着大包小包的民工像鸵鸟一般地行走在大街上，看到他们与这个城市是如此的不协调，我就忍不住为他们的卑微、为他们的坚强而感叹。

今天我们一起来学习高晓声的农村题材小说之一《陈奂生上城》，仍然运用"解文—论世—知人—察己"的阅读模式，一起来解读文本，解读农民，审视我们自己。

（幻灯：阅读模式：解文—论世—知人—察己

解读文本—了解背景—解读作者—审视自我）

师："解文"，就是解开文本的篇章意义，包括解词、析句、分段、理篇。在小说中就体现为理清小说的故事情节，分析典型人物的形象。

（幻灯：课文——解读文本）

师：请同学们快速默读全文，注意依据陈奂生的活动和心理轨迹，简要复述其进城的情节，分出段落，并给每个段落概括出一个小标题，概括时尽可能使用文中原词。

生上黑板板书：上城卖油绳　患病卧车站　住进招待所　负气买帽子　神气还家门

师：概括得不错。谁还可以加加工吗？

生：我概括成四部分：上城卖油绳　感冒遇书记　愤悔招待所　神气还家门

师：说说你的理由好吗？

生：因为"书记"在文中起到了推动情节发展、有助于揭示小说主题的作用。正是有书记的出现，才有后面的住招待所的经历和人们对陈奂生的刮目相看。"负气买帽子"的情节不需要概括出来，因为这不是主要情节。"愤悔招待所"比"住进招待所"信息容量更大，概括了陈奂生当时的心态。

师：这个补充很有见地，在第一位同学回答的基础上有了进步。

一般来说，小说总是通过典型情节刻画典型人物的典型性格。本文作者塑造了陈奂生什么样的性格？

（幻灯：解文　分析人物形象）

生：我觉得陈奂生还是新社会的旧式农民。党的十一届三中全会，农民得到了第二次解放，物质生活水平提高了，心情也痛快了，但精神生活没有相应提高，精神面貌没有显著的改变。

生：本分，忠厚老实。因住招待所花了五元钱的大价钱在老婆面前报不了账而无计可施。

生：还可看出他的节俭。花了五元钱而"感到肉痛"。

生：精神空虚。他的愿望就是能遇到一件别人没有经历过的新鲜事，讲给大家听，就神气了，就可以在众人中炫耀。

（幻灯：本分、忠厚老实、节俭、精神空虚）

师：前面几位同学概括得比较准确。是不是还有什么特点我们还没有体会出来呢？陈奂生的哪些行为给你印象最深？请同学们找出这些段落，读一读，议一议。

生：陈奂生住旅馆前后的动作描写形成强烈的对比（朗读原文 P64、P66 段落）我觉得这一段写得很有味，很滑稽。陈奂生自认为赔了五元钱上了当，又没地方出气，就狠压沙发，采取这些报复行动。

师：透过这种报复行为，表现了他什么样的意识、品格呢？

生：从中可看出他还有些自私狭隘。

生：面对陈奂生我们似乎看到了阿 Q 的身影，他以糟蹋旅馆物品求得心理的平衡，每一次在遇到不尽如人意的事的时候总是设着法子自我安慰，这其实是自欺欺人，以致后来自认为花了五元钱买了一番动人的经历而感到"值透"。

师：已经赔了钱，为什么又反而觉得"值透"呢？这反映了他灵魂深处的什么观念？

生1：他虽赔了钱，但坐了吴书记的车，住过高级房间，这就成了他的政治资本，大大提高了自己的身价。反映的不只是追慕虚荣，而且是深层次的封建等级观念。

师：说得很好。如果把大家的意见归纳一下，对陈奂生的性格我们可以做出这样的概括。

（幻灯：本分勤劳、善良节俭、渴求尊重、追慕虚荣、见识浅薄、自私狭隘、善于自欺。）

师：这里既有性格层面的内容，也有意识层面的，还有政治观念层面的内容。

师：人，都是社会的人，不可能离开特定的社会环境而生存，他的思想意识和行为都是特定社会背景下的产物。正因如此，作者写人，总要把他置于社会环境之中，从而以典型形象反映社会现实；读者也就应通过认识形象而去认识社会。这就是我们所说的"论世"。

（幻灯：论世　了解时代背景）

师：谁来说说《陈奂生上城》所处的时代背景和当时的社会环境？请根据课文注释作个介绍。

生：这篇文章写于1978年党的十一届三中全会胜利召开以后，改革开放首先在农村展开，党的农村政策使农民们渐渐地富裕起来。新时期的农民在物质生活刚刚得到改善以后，也开始了对精神生活的追求。就在这一过程中，长期以来在他们身上积淀的自由狭隘和落后愚昧更为明显地暴露了出来，一方面是摆脱贫苦后的喜悦，一方面是新的追求中的尴尬。《陈奂生上城》就是在这样的背景下创作而成的。

"幻灯：邓小平十一届三中全会讲话(图片)。农民的喜悦(图片)"

师：说得对。注释是客观的介绍和评价。下面我们还是到文中具体感受一下。请同学读一读文章第二段，然后说说你从中感受到了什么。

生：(读第二段后)这里写了陈奂生在十一届三中全会后，生活好了，可以自由做生意了，心情也轻松高兴了。

师：感受准确。你是从哪些语言感受到作者传递的信息的？

生：微风轻轻吹，太阳暖烘烘。吃得饱，穿得新，干净的旅行包，三十里，经不起他几晃荡，如游春看风光。——他日子好过了，心情好了，劲头力足。

师：分析很正确。寒潮、清风、暖阳怎么理解呢？

生：寒潮似乎象征刚结束不久的"文化大革命"这个灾难的历史时期，清风暖阳象征社会的兴旺。

师：我也是这样想的，这应该符合作者的思想。社会环境不是抽象的，陈奂生周围的人物就构成了他的生存环境。你怎样认识这些着墨不多的周围人物？

生：起初，人们瞧不起陈奂生，认为他见识浅，嘴巴笨，从来说不出什么新闻故事。这使得陈奂生自视低贱，做不起人，于是他佩服说书的陆龙飞，只想有朝一日能讲点故事给大家听，"神气"一回。

师：这其实是小说的一个伏笔，后文有照应没有？

生：有。陈奂生终于仅"花了五元钱就买到了精神满足""像一阵风到了家里"，于是"身份显著提高了"，别人也对他刮目相看，大队干部对他的态度也友好得多。农民们都用羡慕的口气传讲着他坐吴书记汽车、住高级房间的神话。

师：作者以寥寥几笔就由点到面，指出陈奂生身上的封建等级观念和落后愚昧心理，在他周围的农村干部和农民身上同样存在。因为陈奂生坐过县委书记的汽车，住过五元一夜的房间，人们马上对他友好、羡慕、尊重。可见这样的社会环境是陈奂生的落后面的生存土壤。陈奂生不只是孤立的一个，而是代表了一群。作者似乎很轻松地写出了这个细节，你认为作者当时是一种怎样的心情？

生：沉重。为农民现有的精神境界、阿Q意识而感到沉重。

师：作者戳穿了社会心理的阴暗的一面，目的在于唤起农民觉醒"引起疗救的注意"。这就是小说当时的现实意义。今天，这些精神病态是否还有呢？

生：有。明年我们就要高考了，大家都像陈奂生一样想挤上"大学城"。其实，只要我们努力了，上不去也无愧于心，但我们自己和周围的人都希望我们能"坐进吴书记的汽车"，很难说都是为国为民，更多的是想高人一等，令人刮目相看。我们都面临着来自周围人和自我的沉重压力，一点也不比陈奂生轻松。

师：说得好。这就是这篇小说在今天看来仍具有的现实意义。从十一届三中全会至今，又过了二十多年，我们社会有了很大的发展，特别是物质文明方面更是有目共睹，然而，精神层面的进步却相对滞后，因此，十六大提出全面建设小康社会，建设物质文明、精神文明和政治文明。

师：现在再让我们走近作者，了解高晓声，也许更有助于我们与文本的交流。

（幻灯：知人——了解作者）

师：请哪位阅读面广的同学，结合注解介绍一下这位作家。

生：略

（幻灯：高晓声生平）

高晓声(1928—1999年)江苏武进人，1950年毕业于无锡苏南新闻专科学校。1957年被划为右派，后回武进老家，当过中学教员，但大部分时间在家务农。小说《陈奂生上城》获1980年全国优秀短篇小说奖。

"陈奂生系列小说"包括《"漏斗户"主》《陈奂生上城》《陈奂生转业》《陈奂生包产》和《陈奂生出国》等。作者创作的总的主题是"使人们的灵魂完美起来"。

师："陈奂生系列"塑造了新时期中国农民的典型，主要写一个农民陈奂生在党的十一届三中全会前后的巨大变化。有人如此概括这篇小说的主题："这篇小说描写了新时期的农民在物质生活得到改善以后，对精神生活的追求，以及追求过程中的喜悦、苦恼和尴尬，表现了作者对新时期的农民终于前进的高兴，对他们还没有从因袭的重负中解脱出来的慨叹。"

师：高晓声在农村20年，大部分时间是当农民，而且戴着"右派分子"的帽子，其实是一位忧国忧民的有识之士。这个经历对他会有怎样的影响呢？

生：正因为高晓声并非为"体验生活"而扮演农民，不是农村戏台下的看客，他曾是地地道道的农民，因而对农民有最真切的了解，才能写得这样深刻。

师：对。我们再来看看"陈奂生"这个由作者取的名字，试图作一点考证。陈——陈旧的"陈"，生——新生的"生"，奂——"唤"的谐音。那就是说"旧唤新"，这种分析有点索引派的味道，如同鲁迅说阿Q姓赵一样，但实在又很符合作者的创作立意。

师：高晓声通过这篇小说，用形象把他的认识、见解告诉了我们。既然阅读是读者通过文本与作者的对话，那么，我们又从文中得到了一些什么启发、感悟，或者以文为镜来审察我们自己呢？

（幻灯：察己——审察自我）

生：在这篇作品中，我认识到了读小说就是读社会。过去看小说，偏爱情节的惊险、离奇，人物的生动有趣，这样去读陈奂生，就只觉得他有趣，很阿Q，深入了解了作者的用意，才有了沉重感。

师：这是一个很重要的收获。不只学会读这一篇，而且学会了读这一类。对吗？

师：前面在讨论这篇小说的现实意义时就有同学以陈奂生为镜子，勇敢地进行了自我批评。大家还有很多话要说，就请同学们留到课后的随笔本上一吐为快。其实，陈奂生现象在社会上也普遍存在，你能不能找到，然后加以分析呢？这也是提高自己认识水平的重要方法。

生：陈奂生的生活目的除了满足物质需要，就是个人出风头，想受人尊敬。如果是他当了官，作风上就会是官僚主义，品格上很难说不成贪官。

生：我想到了前一段震惊全国的"马加爵事件"。马加爵的心理与陈奂生同源：渴望被尊重。马加爵不是想凭优异的成绩或创造发明，而是指望打牌时不被人嘲笑，不被那些有钱的同学视为"乡巴佬"；陈奂生渴望尊重也不是指望凭诚实劳动当劳模或凭科技致富，而是指望凭借说东道西，妙语惊人。当这种目的没达到时，陈奂生就作贱招待所的物品；而马加爵更将同学杀害，这其实是陈奂生报复心理的暴力化、极端化体现。

师：马加爵渴望被尊重的目标偏斜了，因而酿成了悲剧。可见一个人在成长过程中选择正确的奋斗目标多么重要。你从新的视角、从社会心理的角度来探讨这个问题非常富有新意。

师：同学们不仅能用陈奂生作镜子，照出自己思想中存在的弱点，而且试着用作者高晓声的眼睛来审视社会。用高晓声的头脑来反思社会。一部好的文学作品总是能让我们看到当时社会的影子。巴尔扎克的一部《人间喜剧》让我们了解了整个法国 18 世纪的社会现实，曹雪芹的一部《红楼梦》使我们看到那 250 年前的封建社会，高晓声的"陈奂生系列"让我们了解了党的十一届三中全会以后中国农民的现状，体会他们的喜和忧。我们不能让时光倒流，但我们可以借助这些文学作品开阔眼界，了解社会。今天我们以"解文—论世—知人—察己"的方法来学习课文，有助于提高阅读能力，同时提高思想境界。

（原载《中学语文教学参考》2004 年 11 期）

把解读权交给学生
——评《石壕吏》的教学

　　毛咏梅《石壕吏》教学的最大特点是：把解读权交给学生。根据问题的难易，可分为学生自学解读、合作探究共同解读、教师启发学生解读三种情况。其目的就在于扎实地提高学生自读文言诗词的能力。

　　这节课的教学从内容上划分，可以分为三个阶段：读通读懂文句，理解本诗内容，理解诗人的感情。其中每一个阶段都是以学生自己研读为主来完成的。第一步读通读懂文句，这是文言诗文教学中必须攻克的第一关，也是费时最多的一关。本节课在揭示课题后就让学生听读、正音，然后由学生试读，评议订正，让大家基本上能正确朗读。接下来理解文句，又给时间让学生对照注释自我研读。《石壕吏》是一首叙事诗，有情节和对话，为学生理解提供了方便；加上用语较浅易，句式不复杂，大多数学生在自己研读后就能逐句翻译出来。还有同学对少数地方不够理解，于是由大家提出问题来，合作讨论加以解答。例如，学生对"怒"理解为"凶狠"而不作"愤怒"，"且"理解为"暂且"而不能解为"尚且"，就都说得很准确。第二步是理解原诗的内容。教师提问：这首诗写了一件什么事？发生在什么时间、什么地点？然后开始对诗章内容进行分析，分析了层次，分析了人物的语言、行为表现，认识到诗人所揭示的战争给人民带来的极端痛苦。

别的课差不多同样会教这些内容，这堂课的特点，主要在于实现这一教学目标所凭借的手段——学生自读、合作探究。每个环节都是让学生自己研读、求解，如果有了疑问则再提出讨论，还是主要由学生互相帮助找到答案。这样做，不仅让学生学会了读这一首诗，更重要的是养成了自己研读的习惯，逐渐积累，提高了阅读文言诗词的能力。

与之相反的常被采用的方法就是串讲，对古诗文尤其爱串讲，因为它每字每句都有内容可讲，难字难句密度大，讲起来一气呵成。讲，固然可以讲得学生读通本诗，差异就在于没有调动学生自我学习的积极性，不利于自学习惯和自学能力的养成，这就损失大了。因此，两者相比本课的教法是科学的、先进的。因为文言诗词教学重点在过语言关，教学程式较易规范，这堂课的教学似乎可成为一个一般性的模式：学生自读求解—学生质疑、合作解疑—学生疏讲（讨论订正）—归纳内容（讨论订正）。

本节课的教学还有一个亮点，也能证明老师始终重视学生自学，善于启发学生思考。就是最后老师提出一个问题：本诗标题是"石壕吏"，而为何又不正面描写石壕吏，更直接揭露、批判"吏"们的凶狠呢？这是一个难度极大的问题，学生思考一会儿仍无人回答。处在这样的情况下，有的老师就是消极等待，等一会儿仍无人发言，或回答不对，就怕耗费了时间，因而急躁起来，索性直接把结论宣讲出来。本节课不是这样，而是设法给学生启发，一定要启发得学生能回答出来。这样做，最大的意义是不只让学生知道了这个问题的答案，更重要的是让他们学会了思考的方法。在得到"鱼"的同时还学会"渔"。老师是这样启发的，要学生看注释①，了解时代背景，知道石壕吏强抓兵丁是代表朝廷方面扩充军队以平叛。再问学生，杜甫对安史之乱的立场、态度，使学生知道他也是痛恨叛乱，支持朝廷平定叛军的。由此。学生就找到了答案，杜甫没有从正面更强烈地谴责"吏"的理由就在于原则上支持朝廷，甚至赞颂老妇自请服役的精神。但目睹了民众被强抓壮丁之苦，又十分同情、痛心，因此对"吏"只是侧面地作了含蓄揭露、批判。

整节课教学，教师千方百计给学生自己解读的机会，有困难时又给以合作帮助和教师指导，这就提高了学生认识、分析的能力。

附：

《石壕吏》教学实录

毛咏梅

一、导入新课（略）（板书课题）

二、合作探究

1. 读准字音，读出停顿。

首先，让学生听录音，注意字音和停顿。然后给黑板上生字注音，再由一个学生试读全文，学生讨论订正。

根据大家提出的朗读要求，再指定学生朗读后让学生集体朗读。

2. 读懂文意。

师：我们学习古诗文，不仅要读准字音，读出停顿，还要读懂文意。现在，请同学们根据注释以及所积累的文言知识，弄懂文意，有不懂的地方可以小组讨论，若讨论解决不了，就请提出来，全班讨论。

（学生解读全文，并讨论）

师：对于这首诗的理解，同学们还有没有问题？

生1："存者且偷生"的"且"字怎么解释？

生2：我认为是"尚且"。

生3：不对，应该是"暂且"。

师：大家同意哪一种解释？把整个句子翻译出来，看怎么理解更合语意。

（学生翻译，解答）

师：对，在这里"且"应该是"暂且"的意思。

生1："老翁逾墙走，老妇出门看"。不知如何把这两句的意思连贯地说出来。

生2：应该是"老头子越过墙走了，老妇人出门察看、周旋"。

师："越过墙走"准确吗？

生3："走"在文言文中是"跑"的意思，在这里应该是"逃跑"。

师：很好，其他同学还有什么问题。

生1："天明登前途，独与老翁别"的人是谁？是诗人，还是老妇？

生2：是诗人。因为老妇头天晚上就已经到军营服役去了。

生1："吏呼一何怒，妇啼一何苦"怎么理解？

生2：差役的叫声多么愤怒，妇人的哭声多么悲苦。

师："怒"在此是什么意思？是不是"愤怒"？

生 3：是"凶狠"，不是"愤怒"。

师：很好！这样翻译感情色彩就准确了。现在，老师想请同学们判断一下，这是一首叙事诗还是一首抒情诗？

生齐答：叙事诗。

师：它写了一件什么事？事情发生在什么时间，什么地点？

生 1：它写了官吏在一个夜晚到石壕村捉人的事。

师：是"官吏"捉人吗？

生 2：是"差役"，这里的"吏"是指差役。

师：对。对这个"吏"字，课文下边有注释，是指"小官"、"差役"，这首诗写的是差役趁夜捉人的事。那为什么用"捉人"而不用"征兵""招兵"呢？

生 1：因为这不是正常的"征兵""招兵"，而是"强抓"。

师：那为什么要在晚上来捉人呢？

生 2：因为白天人都干活去了或者都躲起来了，抓不到，只好晚上来抓人。

师：有道理，夜深人睡正好来抓人。那老妇一家的遭遇又怎样呢？我们一块来看第三段。第三段写的什么内容？

生：写老妇的哭诉。

师：老妇的哭诉有几层意思，你们能分析出来吗？

生(默看后回答)：三层。第一层是说她三个儿子都被抓走了，第二层是讲他们家再没有其他人了，第三层是讲老妇请求服役。

师：第二层是讲他们家再没有其他人了吗？不是还有孙子、媳妇吗？ 生(齐答)：是再也没有其他男丁了。

师：对，"室中更无人"的"人"是指"男丁"。从这里可看出当时是怎样的现状?

生 1:兵役残酷。

师:"残酷"这个词一般用来形容什么?

生 2:"残酷"一般用来形容统治阶级的压迫或"刑罚"等,"兵役"应该用"繁重"来形容。

师:不错,"兵役繁重",另外还可以说"兵役苛酷"。那"二男新战死"又告诉了我们什么情况?

生:说明战争激烈。

师:说得好,战争不仅让人们骨肉分离,给人们的生活也造成了极大的破坏,诗歌对此有交待吗?

生:有,从"出入无完裙"这句可看出。

师:"无完裙"是什么意思?

生:是指"没有完整的衣服"。

师:对,战争使得老妇一家过着衣不蔽体、食不果腹的生活。老妇人为何要向差役哭诉这些事情呢?

生:因为她想博得差役的同情,希望差役能网开一面。

师:她有没有达到目的?

生(齐答):没有。

师:在这种情况下,老妇为保全家人,只好挺身而出,自请服役。这个饱受战祸的家庭又遭沉重的一击,家人心中的凄苦、悲愤可想而知,从诗中哪句话可看出这种感情?

生(齐答):夜久语声绝,如闻泣幽咽。

师:诗人此刻又是怎样的心情呢?

生 1:十分悲伤。对这家人的遭遇十分同情。

师:说得好。

生 2：我觉得，还可以看出他对石壕吏的愤怒。

师：你觉得石壕吏在文中是一个怎样的形象？

生 2：十分凶狠、残暴。

生 3：冷酷无情。

师：都很正确，你们是从哪儿看出来的？

生 1："吏呼一何怒。"

生 2：从老妇的话中也可看出，因为老妇的话肯定是差役逼问之下一步步说出来的。

师：从诗歌标题来看，主人公应该是"石壕吏"，但为何对石壕吏的"凶残冷酷"却着墨不多，不作正面描写呢？这是一个较难的问题，你们思考一下再回答。

（生沉思，一时无人作答。）

师（启发）：请同学们仔细看注释①，了解当时的时代背景。

（学生看书）

师：思考这些差役是朝廷的差役还是叛军的差役，他们抓兵去和谁作战？

生：是朝廷的差役，这些人抓去是为了和叛军作战。

师：杜甫对这场战争持什么样的态度呢？

生：杜甫饱受战乱之苦，颠沛流离，他一心希望赶快平息叛乱，所以他对朝廷的这次战争在思想上是支持的。

师：再想想为什么杜甫没有对"吏"们作正面的揭露和谴责？

生：差役抓人是为了补充兵力，尽快平复叛乱，杜甫认为这对人民是有好处的，所以对差役的凶狠冷酷没有作详细的描写，没有从正面去多加谴责。

师：分析得很好。一方面，他为战争给人民带来了巨大的灾难而深感悲痛，对人民的遭遇深表同情；另一方面，他认为当前这场平叛战争是国家和民族的安危所系，大敌当前，人民应当为此作出牺牲，正是出于这种考虑，他赞扬老妇自请服役的精神，而对统治阶级爪牙的残暴只是含蓄地予以揭露。由此，我们也可以看出，诗人当时的心情是十分矛盾的。

3. 读出感情。

师：我想，同学们对诗歌的大意应该有了一个清楚的了解。在此基础上，我想请同学们有感情地朗读课文。首先，请同学们分析一下文章的重点部分——第三段，该如何来读？

（学生提出朗读意见，老师范读，学生作朗读训练）

师：读得很好，但不知大家是否能将这首诗歌背诵下来？注意，可根据故事情节的发展和老妇说话的层次边记边背。

（学生齐声背诵，结束后教师鼓掌，全班学生一齐鼓掌）

三、拓展延伸

师：你们真不错！现在老师还想考考大家，你们不是说老妇人的话是差役逼问之下一步步说出来的吗？你们能否将差役逼问的话用文言形式表现出来呢？

（学生讨论）

生1："汝家有男丁乎？"

生2：我觉得可采用《陈太丘与友期》里的句式，"汝家有男丁否？"

师：意思对了，但应注意差役问话的语气。

生3：差役是十分凶狠的，所以应该用"男丁何在？"这样才能体现"吏呼一何怒！"

师：非常好！还有谁能补充第二句问话？

生1：我觉得应该是"有他人否？"

生2："有他人否"还是柔和了一些，应该是"可有他人？"

师：太好了！只剩最后一句了，谁说说？别错过了这个机会！

生1："必出一人。"

师：很好，很干脆！没想到大家这么优秀！好，现在请同学们一个扮演老妇，一个扮演差役，试着用现代文给大家表演一下。

（学生练习，后表演）

师：这堂课，同学们学习了杜甫诗歌中的名篇《石壕吏》，其实，杜甫的名诗还有许多，请同学们课后每人搜集一首，明天大家互相传阅。好，下课！

（原载《湖南教育》2006年1月）

当学生答问"卡壳"的时候

　　现在中学的课堂情况大致是初中较"活"，高中较"死"，学生年龄越大，课堂气氛越沉闷。原因何在？主要是因为学生大了，自尊心、羞愧感更加强了，恐惧心压倒了发表欲，害怕说错了，批评、挖苦、哄笑一齐压来，无地自容。在这种心理支配下，他们对自己的发言失去了信心和勇气，说话结结巴巴，吞吞吐吐，欲言又止。即使有一个正确的见解，也表达不出来。

　　这种心理状态的产生与教师的教学关系密切，学生答问"卡壳"，是教师缺乏热情帮助的结果。须知教师的态度即使有一点怠慢，也会在答问的学生甚至在全班同学的心灵里留下不良的影响。所以，这时切忌"急""逼""替"。急，就是不给学生以充分的时间，使他们来不及思考和组织语言；逼，就是硬催紧逼，不善启发；替，就是连忙一个接一个地换人，一下子叫起来一大片学生，形同变相体罚。这样做效果是很不好的。根据实践，我们体会到这时必须热情地、千方百计地为学生排忧解难，使之能圆满地解答问题。我们的做法是：

一、分解难点，化难为易

课堂提出的问题有的比较大，比较复杂，要用较多的话才能回答清楚。学生要概括地说，一时又抓不住要领，组织不好语言，要详细地说，又觉得啰嗦，担心不中肯精要。这时教师就宜把这个大问题分解成若干小问题去提问，帮助学生从纷繁的问题中理出一个条理来，难点分散了，就容易突破了。

如《谈谦虚》有这样一段文字：

①研究学问也是如此。②没有一个学者是全才全能的，像旧小说所写的"诸子百家，无所不晓，九流三教，无所不通"，这样的人物只能是虚构的。③在科学日益发达的今天，学术分工愈益细密了，不但通晓各种科学的人并不存在，就是对于自己所专门研究的学科来说也还是有大片空白园地、广大的未知领域存在。④不认识这一点，学术的进步、提高就会受到损害。⑤因此，学术研究工作者也必须抱谦虚、谨慎、严肃、认真的态度。⑥首先要承认自己不够，才能去探索、研究这未知的领域，并且要下定决心，不怕失败，要从不断失败中丰富知识，把未知的领域逐步缩小，从而提高学术研究的水平。⑦在这个问题上采取自满的态度也是不行的。

如果我们提问学生：这一段文章的思路是怎样的？请把它的结构顺序说一说。这时若学生"卡壳"了，我们就把它分解成下面几个问题：1. 请想想这一段话的中心说的什么意思？哪一句话概括表述了这个中心？（第⑤句）2. 前面四句说的什么意思，它与这个中心有什么关系？（它是为中心句打基础的，分析为什么要谦虚、谨慎的原因。第②句讲人们的主观原因，没有真正的全才；第③句讲客观上的原因，科学本身领域广阔，任何人无法通晓。)3. 中心句后的第⑥⑦两句又说的什么，它们与中心又有什么关系？（第⑥句是中心句的发展，讲怎样做到谦虚谨慎；第⑦句则是对中心意思从反面再加以强调。)4. 请你将刚才回答的内容归纳起来说一说全段的思路。这样学生就能圆满作答了。

二、转换角度，另辟蹊径

学生回答问题遇到困难，不能解答，教师也可引导他从另一角度去想，使其能产生一种豁然开朗之感。譬如提问文章的思想内容，学生答不上，就转而问结构，问思路，迂回地导出思想内容；问难句的含意如果答不上，可转而从语法的角度去提问，帮助析句，从而使学生了解其意义；解释词语的问题回答不好，就多提供一些嵌有这个词语的文句，让学生通过语言环境去揣摩词义。

如《六国论》有这样一句话："不赂者以赂者丧。盖失强援，不能独完。"我要学生意译，学生先是卡了壳，继而又答错了，说"不赂秦的国家因为赂秦的灭亡而失去强大援助……"我看出这一句从意义上一时难以辨清，于是转换角度，从语法方面来提问："请注意丧字后面是个句号，前边是个完整的句子。可以肯定其动词谓语是'丧'，请找出主语，是谁丧?"学生便找到是不赂者丧，这就顺利地译出了全句："不赂秦的国家因为赂秦的国家（赂秦，而被）灭亡。原来是因为失掉了坚强的援助而无法单独保全（自己）。"

三、类比启发，触类旁通

有时学生对所提的问题一时无法解答，教师可退一步从已学的知识中找出同类的问题让学生思考。这时学生就容易将旧知迁移，并通过类比来解决新问题。

如教《春鸟》时，遇到"歌声，像煞黑天上的星星，越听越灿烂"一句，我问这是什么修辞手法，这种手法的特点是什么，学生一时答不上。我转而就问："《荷塘月色》里'微风过处，送来缕缕清香，仿佛远处高楼上渺茫的歌声似的'，用的是什么手法？"学生根据这个旧知，并对这两句加以类比，就知道了这叫通感，又叫移觉，是把一种感官所得到的感觉，移到另一感官上。

又如《伶官传序》中有一句："盛衰之理，虽曰天命，岂非人事哉！原庄宗之所以得天下，与其所以失之者，可以知之矣。"我先要学生翻译，他把"原"字解成"原来的、过去的"，联系前后文看显然错误，我没有硬性否定、直接纠正，而是让他回忆《原君》的"原"作何解释，于是他恍然大悟，将这个"原"字解为动词"推究"。这样"原庄宗……"就成了动宾结构。遇到难题时这样给以"旁敲侧击"，就易收触类旁通之效。

四、肯定成绩，步步引导

学生回答问题，有时说了几句，但不中肯，这时教师也不要连忙否定它，中止它，而要肯定他回答中正确的部分，哪怕是很细小的成绩也要肯定，最后得出正确答案来。

如我们教《夜》这课，总结课文时要一学生概括这篇小说的主题思想。学生回答说："说明了老妇人对反动派推行白色恐怖的痛恨。"这是很不中肯的，我便因势而导，作了如下的谈话：

师：是的，这里的确写了老妇人对反动派的痛恨。再请你想想，作为一篇小说它主要是反映一个人的问题，还是反映社会的问题？

生：是反映社会生活的。

师：对。那么《夜》也当是反映一个社会问题了。

生：是的，老妇人只是当时群众的一个代表。

师：你这个认识就深化了，接近主题了。再想《夜》反映了广大人民的觉醒，那么是什么使她觉醒的呢？

生：革命者的教育鼓舞，反动派屠杀的残酷现实。

师：很好。这就说明了反动派想用屠杀来巩固其统治，结果怎样？

生：结果加速了它的灭亡。

师：好，再请把这些意思归纳起来完整地表述清楚。

这样学生稍作思考，就比较准确地把主题思想概括了出来。

总而言之，一经把学生请起来回答问题，就不要轻率地使学生难堪地坐下去，而要让他光彩地坐下去，想方设法让他说话，让他答正确。这样，既使他得到了知识，发展了能力，又使其积极性不受挫折，敢于在课堂上发表意见。

（原载《中学语文》1984 年第 2 期）

运用比较法突破难点
——《拿来主义》教学体会

选入高中二册课本的鲁迅作品《拿来主义》，是学生较难理解的。文章所论及的问题是学生不大熟悉也不甚关注的问题——我们应以怎样的态度对待外国文化；其表现手法——多用借喻，没有直接说明观点，而且用作喻体的事物，又离学生今天生活较远，什么鱼翅、鸦片、烟枪、烟灯、姨太太等，使他们在理解上增添了困难。我们运用比较法教学，引导学生突破了这两个难点。

一、思想内容方面的比较

文与文之间相似类比。在布置预习时，我们就先向学生介绍本文写作的时代背景：三十年代，国民党反动派对革命文化实行"围剿"，文化界，封建复古主义和"全盘西化"等错误思潮一时甚嚣尘上；就是在左翼作家中，对怎样看待外国文化问题也有激烈争论。《拿来主义》就是谈应该怎样对待这个问题的。我们要求学生在预习时思考鲁迅的观点是什么，并与毛主席《民族的科学的大众的文化》有关段落进行比较。教师在学生温故知新而得出的结论的基础上进行板书：

《民族……文化》　　　　　　《拿来主义》

对外国文化——　　　　　　　得了一所大宅子——

凡属今天用得着的都应吸收　　不敢走进去，烧光，是昏蛋

不能毫无批判地吸收　　　　　吸剩下的鸦片是废物

必须排泄其糟粕吸收其精华　　拿来主义者全不是这样

　　——直接议论　　　　　　　——用借喻说明

　　通过比较，学生不仅理解了新课文的思想内容，同时也掌握了不同文体（前者为一般议论文，后者为杂文）的不同风格和所用的不同写作方法。

　　段与段相反对比。本文按内容可分为前后两个部分。我们要求学生比较，这两段内容是怎样围绕一个观点，从正、反两个方面来论证的。反对什么，赞成什么，为什么要这样？通过对这些问题的比较、分析，我们作出如下板书：

"送去" ⎧ 表现：捧着，挂过去
　　　　⎨ 态度："丰富"、"大度"（反语）　　⎫ 反对
　　　　⎩ 实质、危害：丧权辱国，子孙讨残羹冷炙 ⎭

"拿来" ⎧ 方法：自己拿，占有，挑选
　　　　⎨ 要求：沉着、勇猛、有辨别、不自私　⎫ 提倡
　　　　⎩ 意义：成为新人，成为新文艺　　　⎭

　　通过对比，学生不仅掌握了全文的思想内容，并认识到前者是批判，后者是立论，认识到本文从破入手，破中求立，旗帜鲜明，对照强烈，有力地表明了作者的观点，具有雄辩的说服力。

二、词语含义的对比

本文有几个关键性词语都是用的比喻意义，这些词有的甚至就是成双地对比提出来的。要弄清一个词还有赖于对另一个词的理解，所以用比较法教学为宜。

如"拿来"与"送去"。"拿来"的意义比较明确，是吸收外国文化中有益的成分。这里含着有利于我的意思。"送去"是指大量输出我国的文化珍品，这并非是发展友谊的"礼尚往来"，而是有害于我的屈膝奉送，所以要反对。这就是"送"在这里的特殊含义。

又如"送来"与"送去"。同是一个"送"字，而送的目的、态度、方法是完全不同的。"送去"是出卖，"送来"是侵略，这一点可让学生看英国、德国、美国他们送来的是什么货色和我们对送来的东西所抱的恐怖心理就清楚了。所谓"送来"，完全是强加于我的灾难，"送"只不过是一个反语罢了。

再如"抛来""抛给"与"拿来"。三个"来"都有接受的意思，而"抛来"是指随意的，没有险恶用心的一种行动；"抛给"（即"送来"）就是指有意的掠夺、侵略活动。这两个"来"的共同点是，我们是被动的，只能任外国佬"抛""送"；而"拿来"则是主动的，为我所用，取我所需，特点是"自己来拿""占有、挑选"任我所为。

三、几个比喻含义的比较

文章的第二部分先用比喻提出我们要"拿来"以后，接着用四个比喻进一步具体说明应该怎样来拿。这是精彩的然而是难懂的一段文字，因为它全用借喻，没有阐明所议事物的本体。教学时，我们先让学生弄清鱼翅、鸦片、烟枪、姨太太的本义，弄清在这里喻指的是什么；然后，再相互比较，就可以清楚地看出"拿来主义"对待四种不同情况所采取的不同处理办法。

挑选 {
　鱼翅：不抛，吃掉，不宴大宾
　　　（艺术性强，思想倾向不良的文艺品）
　鸦片：不摔进毛厕，送到药房，不兜售，
　　　（有某种价值但主流不好的文艺品）
　烟枪：送一点进博物馆，其余毁掉
　　　（历史的陈迹，如今无用的文艺品）
　姨太太：走散为是（没落反动文人）
} 不然未免有些危机

最后，把本段与上一段"得了大宅子"又进行比较，可以发现：两段同用比喻手段，上段是一喻到底，这段是四设比喻分项说明；内容上，上段讲"占有"，这段讲"挑选"。综合起来就论证了必须大胆地、批判地吸收中外文化遗产这个论题。

（原载《中学语文》1984 年第 6 期）

把语文课教成语文课

——兼评方西河《新型玻璃》教学实录

语文课缺少语文味不成语文课，这种现象在我们的教学中总是比较严重，除了通常的人文因素缺欠，情感因素缺欠，语言因素缺欠等情况外，尤为严重的是科技常识说明文、议论文两类文章的教学，常常是教学目的本身就脱离了语文的宗旨，把它改变成常识课或政治课。教学常识类课文就是让学生掌握所介绍的常识内容，教议论文就是为了灌输文章的思想观点，至于语文因素，语文能力的培养却总是这种课堂的缺席者。

方西河教小学四年级《新型玻璃》一课却不是这样。他把语文始终放在教学的首席。

首先是教学目的的定位，其首要目的不是"使学生了解掌握几种新型玻璃的有关知识"，而是通过学习本文掌握阅读说明文的方法。会理清段落中语句间的关系，会抓说明的要点，同时积累文本中的生字新词。以上的区别反映两个不同的教学视点，两种不同的教学理念。前者不是从学语文的角度去教学语文，基本上是非语文的；后者是以文本为例子，不重在直接获取所介绍的科学常识，而是藉此例子学习读说明文的方法，教学的目标直指语文知识和语文能力的培养，这才是具有真正的语文意识。

不同的教学思想就表现出不同的教学实施。以教《新型玻璃》为例，重常识的就直接盘问这样几个问题：文章写了哪几种新型玻璃？这些新型玻璃各有什么特点和作用？这些内容让学生弄清了，记牢了，就完成了任务。教的重点在此，考的重点便也在此。总之，落脚点就在文章所介绍的常识内容上。

重语文的又该怎么教呢？这里可以引出方西河的课例来说说。他重点在告诉学生文章是怎样把这些内容表达出来的，我们该怎样去读这类文章。如文章介绍了五种新型玻璃，每种所介绍的内容大致相同，都有这样几项：玻璃的名称、它的特点、它的作用。那么五段文章都按这个顺序说下来，虽然很明了，但都如填写表格一样，会显得很呆板，所以各段就有不同的写法，其不同之处又特别表现在段首引入上，所以教者抓住这一点让学生解读五段话的四种不同的开头：先讲故事（"夹丝网防盗玻璃"），先讲特点（另一种"夹丝玻璃"和"变色玻璃"），先讲人们的需求（引出"吸热玻璃"），先讲生活环境存在的问题（引出"吃音玻璃"）。这样指导阅读，不仅使学生学会了阅读方法，也懂得写文章该怎样有些变化，力避死板。这就是学语文。

再深入到一段话的阅读，教者以第三段"变色玻璃"为例，分析出这段话共分为四句，又找到每句所说的内容，再分析各句间的联系，然后提出全段的结构。这就是进行段落的逻辑训练，而不是说逻辑性强、条理清楚等空话套话。训练多了，就能使学生知道怎样铺排一段文章，句子之间怎样衔接。这也是重要的语文能力训练。

本节课教学中的语言训练也是很落实有效的。"特点""作用"这两个概念对四年级小学生来说也许还比较抽象，难于分析。老师叫学生把"能报警"与"能防盗"用关联词组联结起来。学生说出"因为能报警，所以能防盗"，教者由此指出规律：表达的原因就是它的特点，表达的结果就是它的作用。因为有这个特点，所以就产生这个作用。这样去引导理解，对小学生而言，比给词语下一个抽象的定义实在得多。

在讲文句时，教者把原句"变色玻璃还会随着阳光的强弱而改变颜色的深浅"故意抽去"深浅"两个字，问学生这样说行不行。学生发现这样说只表述了"改变颜色"，但没表明如何改变，所以表述得还不明确，这就是对思维的严密性进行训练。这个小小的训练设计，闪现了教者教学的智慧。

上面说了段与句的训练，再说词语教学。课前布置学生预习，进课堂后检查预习，了解学生对字词的理解情况。但是教者没有忘记词语是要在文句中生根的。所以，总是结合具体的语境，解读出它的语境义来。如教"安然无恙"就是这样。有的词语是没办法让学生弄透彻的，那就适可而止。课文中有一句"街上的声音为40分贝时，传到房间里就只剩下几分贝了。""分贝"是什么？对小学生来说只要知道是测量音量的单位就够了，到底1分贝是多少，说不清，暂时也无需说清。

说来说去，我都是说的这堂课的语文含量高，是一堂名副其实的语文课。当然他也教了常识内容，关键就在于不满足于掌握自然常识，而是透过语文去学会读常识类文章，这就是语文课与常识课的分界线。

附：

《新型玻璃》教学实录

师：今天，我们学习《新型玻璃》，请问，"新型"是什么意思？（板书"新型"）

生：我查了《现代汉语词典》，"新型"就是新的类型、新式的意思。

师：这说明它在原有的、一般的基础上又有了改进。现在就以玻璃来说，一般的玻璃具有怎样的共同特点？

生：透明。

师：那么"新型玻璃"除了透明之外就还有别的特点。现在我们就来学几种新型玻璃。（板书"玻璃"，完成课文标题板书）

（接下来检查学生预习情况，学生读讲生字词：陈列、急促、犯罪嫌疑人、特殊、安然无恙、藕断丝连、噪音、分贝）

师：现在字词弄清楚了，请一位同学把课文完整地读一遍。大家注意听读，看它介绍了哪几种新型玻璃。（学生读课文后对话）

生：课文写了五种新型玻璃，它们分别是夹丝网防盗玻璃、夹丝玻璃、吸热玻璃、变色玻璃和吃音玻璃。

师：请大家看到课后的第二题，这个表已经填写了第一栏。现在请大家想一想，表中的特点与作用如何区分呢？

生：（无人回答。）

师：那么我们来看个例子，课文怎样介绍"夹丝网防盗玻璃"呢？（出示要填的表格）

新型玻璃的名称	特点	作用
夹丝网防盗玻璃	自动报警	防盗

生：它能"自动报警"，能"防盗"。

师：这"自动报警"与"防盗"可以用一组什么关联词语组合起来？

生：可以用"因为……所以……"组合起来。因为夹丝网防盗玻璃有自动报警的特点，所以，它能防盗。

生：还可以这样说，因为夹丝网防盗玻璃能自动报警，所以，它能防盗。

师：大家说得很好。从刚才大家说的这句话中可以看出，表示的原因就是它的特点，表示的结果就是它的作用。请大家默读课文，完成其他的表格。

生：（自由练习，可以小组交流，教师指导）

师：请大家发表自己的意见，请注意把话说完整。

生：我认为"夹丝玻璃"的特点是非常坚硬，作用是安全。

师：课文怎样说明它的坚硬的？谁能找到这句话读一遍？

生：受到猛击仍然安然无恙。

师："无恙"本来指无灾无病，这里指不会受破损。请注意这后面为什么用一个分号呢？

生：它表示另一种情况，一方面说它很坚硬，不易打碎；另一方面说，即使被打碎了，碎片也会藕断丝连地粘在一起，不会伤人。

师：对，两种情况并列，都表示它的特点，所以用了分号。请大家再想一想，"即使"是什么意思呢？它可以换成哪个词？

生："即使"可以换成"就算"。

师：对，它有退一步说的意思。谁能用它来说句话看看。

生：我们上课要积极发言，即使答错了，也不要紧。

师：请大家读第三段，接着说另一种新型玻璃——变色玻璃。

生：我认为"变色玻璃"的特点是反射阳光，它的作用是从室内看外面很清楚，从外面看室内却什么也看不见。

师：不错，作用方面能不能再说简单一点。

生：它的作用是只能从室内看清楚外面。

师：这样说好不好？

生：这样说不好，好像是在说它的缺点一样。我觉得可以这样说，它的作用是不让别人从外面看清楚室内。

师：这样一换就好了。因为，我们在室内时，很多时候不希望别人看到室内的隐秘。课文对变色玻璃还介绍了什么吗？

生：课文中说它还会随着阳光的强弱而改变颜色的深浅。

师：就这句话来看，它的又一特点和作用是什么呢？

生：它的特点是随着阳光的强弱改变颜色的深浅，作用是调节室内的光线。

师：好。大家请听清楚，如果这句话这样说：变色玻璃还会随着阳光的强弱而改变颜色。大家看好不好？

生：还是不明确。因为这句话没有说清楚阳光强和弱时颜色都是如何改变的。

师：对。大家跟着说，阳光强时，玻璃颜色——（生：深）；阳光弱时，玻璃颜色——（生：浅）。

师：谁能说一下为什么阳光弱时，玻璃颜色要变浅。

生：阳光弱了，如果玻璃颜色还是深的话，那么光线就透不过来，就太暗了。如果颜色变浅，室内就亮些。

师：你看，这真是一种神奇的玻璃，难怪人们把它叫"自动窗帘"呢！现在我们一起来分析这段话。它共有几句？每句说的什么意思，各句又是如何联结的？

学生讨论，共同总结：本段四句话，第一句说这种玻璃的名称和一个特点，第二句讲它的一项作用，第三句讲另一个特点和作用，第四句小结，人们由它的作用给了它一个比喻性的名称。这四句先总说，接着分说，最后总说。

（第四段、五段课文的讲读，略）

师：好。我们已经把五种新型玻璃的特点与作用弄明白了。下面我们来研究一下，作者是如何介绍这五种新型玻璃的呢？请大家想一想，它们的引入方法各有什么不同，你最喜欢哪一种引入方法？你能不能给它们取个名字？

生：我最喜欢的引入方法是"夹丝网防盗玻璃"，它先写一个警察抓小偷的故事，一下子就吸引我了。我给它取的名字叫"故事引入法"。

师：这个名字不错，不过，请你想一想，这个故事是介绍它的特点还是介绍它的作用呢？

生：是介绍它的作用。

师：我们也可以给它取名"作用引入法"。

生：我喜欢"夹丝玻璃"的引入方法，它是就着上面的"夹丝网防盗玻璃"说的，它说：另一种"夹丝"玻璃不是用来防盗的。第一，它说的是"另一种"，与前面的区别开来；第二，它说"不是用来防盗的"，又把它与前面的作用区别开来了。我给它取的名字是"区别引入法"，还可以叫"比较引入法"。

师：两个名字，真棒！不过，请你也想一想，这个引入是介绍它的特点还是介绍它的作用呢？

生：是介绍它的特点。

生：我喜欢变色玻璃的引入方法。文章直接把它的特点说出来了。它也是"特点引入法"。

生：我喜欢"吃音玻璃"的引入方法。它是把噪音的危害说出来，再引出"吃音玻璃"来。我觉得可以给它取名为"列举危害引入法"。

师：这个名字也好，不过，既然讲了危害，而它又有消除害处的作用，也就说明是从它的作用方面讲的。

生：我喜欢"吸热玻璃"的引入法。它是先说人们的要求、需要，再引出"吸热玻璃"。它也是从作用方面讲的。

师：综合大家的发言，可以看出课文每介绍一种新型玻璃，要么先说它的名称，要么先说它的特点，要么先说它的作用，或者讲一个与新型玻璃相关的故事。这样写法上有变化，读起来就有新鲜感。课文学完了，我们也可以当一个小发明家，发明几种新型玻璃。

（学生踊跃发言。课外布置学生写短文，介绍自己发明新型玻璃的设想）

附学生习作

有人想，窗户上要有一个自动玻璃就好了。因为有了这样的玻璃，你叫一声"开"，窗户就开了，叫一声"关"，窗户就关了。对了，这个自动玻璃还有一个特点，就是夏天的时候，如果室内很热，室外很凉爽，窗户就会自动打开；如果室内很凉爽，室外很热，窗户就会自动关上。 （成鑫）

晚上到了，小宝宝正在睡觉。这时，一只蚊子飞过来，正准备叮小宝宝，突然，蚊子被吸到玻璃上去了，不一会儿就消失了。这就是"吃蚊玻璃"。它可以把蚊子吸到玻璃上，然后"吃掉"它。 （黄鑫宇）

夜深人静，一个小偷到一户人家的门口，准备进去偷东西，不料这户人家的门没有插钥匙的地方。小偷连连叫苦，警报器突然叫了起来，小偷被当场抓住。你可能不会相信，报警的不是小区的门卫，而是门。那门是由一种特殊的玻璃制成的，买回后，对它输入家庭成员的声音，以后，只要是家庭成员，对着门说"请开门"，门就自动开了。其他人无论在门前站多久，门都不会开。并且，对于形迹可疑的人，玻璃还会自动报警。 （刘贤东）

（原载《湖南教育》2006 年 3 月号）

我教《谈生命》

　　《谈生命》是冰心的作品，选入九年级下学期语文课本。这是我应长沙市芙蓉二中许美良校长的邀请，为九年级学生教学的实录。课堂这样开讲——

　　师：同学们好。我今年78岁了，你们15岁，这两个数字把我们摆到了生命的两极，今天我借冰心老人的《谈生命》来和你们对话，这是暮鼓与晨钟的对话，是夕阳与朝阳的对话，夕阳告诉朝阳说，生命，就是在蓝天里划过一道美丽的弧线。现在我们再来看，冰心奶奶又对生命作了怎样的诠释，又作了怎么样的比喻。

　　为了学好这篇课文，我们先学习以下的字词：

　　休憩(qì)　枭(xiāo)鸟　荫(yìn)庇　芳馨(xīn)　云翳(yì)

　　师：先请一位同学把课文朗读一遍。这篇文章没有分段，请大家边听读边思考，划分几段，每段的主要意思是什么。另外思考这篇文章是什么体裁？

　　(听读后，通过讨论，把文章分为4段)

　　第一段：就是第1句话，总说，提起下文。

　　第二段：到"也不敢信来生。"把生命比喻为东流的一江春水。

第三段：到第 2 处"也不敢信来生。"把生命比喻为成长着的一棵小树。

第四段：到最后。议论生命的意义和应该怎样对待生命。

小结：宏观来看，本文还是一个总—分—总的结构式。先总提，然后二、三段两个比喻并列展开，最后总结，揭示文章的旨意。

师：这篇文章是什么文体呢？

生1：议论文。

师：说它是议论文，依据是什么？

生1：文题是"谈生命"，"谈"，就是议论的标志。

师：对。标题上明白提出了"谈""说""论"一类字眼，表明是要对某事物、某问题提出自己的看法、意见、主张，是说道理的，所以是议论文。可是这篇文章前面两大段用的比喻，记述小溪、小树，为什么还要看作议论文呢？

生2：最后一大段是议论，前面记叙是为议论作基础的，文意的核心还是最后一段。

师：说得好，那我们就来研读正文。第一句"我不敢说生命是什么"，作者为什么用"不敢"这个词呢？

（学生沉闷）

师：（启发）老师提了问题，你们"不敢"回答，为什么"不敢"？

生：怕说不好。

师：对。作者也有这层意思，怕说不好，那是因为生命的含意太丰富太复杂了。这是她用"不敢"的一个原因。另外，如果她开篇这样说："生命是什么，让我来告诉你们吧，你们都要认真地听。"这样表述好不好。

生：不好，有教训别人的味道。

师：那你应该知道用"不敢"的另一层意思了。

生：态度谦逊，与读者平等沟通，这样很亲切，容易被人接受。

师：是的。作者用一个词好像很随意，细心领悟就能体会。

师：我们先学第二段。大家齐读一遍，注意这段里面可以分为哪几个层次。

（学生读）

师：像一江春水，特别加了"向东流"，文章就按这流程写下去，我们顺着这个标志梳理下去，一层层地看写的内容，看作者对此表达的感情态度。

师：（提示）如果你们觉得一时抓不住要领，那老师就告诉你们一条途径。这一段写的"流程"，第一层写"发源"，最后一层写"终结""归化"，中间写过程，这过程分层，有一个明显的词语标志"有时候"，共有几个"有时候"？4个，每个"有时候"引领一层，说流程中的一个阶段。现在，你们按这个提示把本段划分为——（学生：6层）。对，6层。我们先分析两层，看文章是怎么写的。

师：先看第一层，写小溪流的发源，要能壮大，关键是聚集许多细流，它往下奔注，它的情绪、姿态是快乐勇敢。（随着讲述出现字幕：发源　聚焦奔注　快乐勇敢）

师：老师已经带头分析了第一层，哪位同学来分析第二层，也就是第1个"有时候"那一层。

生：小溪流遇到巉岩，就奔腾向前冲，它的行为情态是怒吼、激愤。

（以下由学生逐层讨论，回答，随机便出现了以下的字幕。）

像溪流			
	发源	聚焦奔注	快乐勇敢
	遇到巉岩	奔腾	怒吼激愤
	经过平沙	静静地流	快乐羞怯
	遇到暴风雨	拼搏	心魂惊骇
	遇到晚霞	催促向前	温暖
	终结	融入大海	平静坦然

师：这段最后还有一句，说海水又可蒸发结成雨点，雨落到水里形成江流，再来一个循环。如果这还是用来比喻生命，那是指什么？

生：死了还可复生，生命轮回。

师：生命真的可以轮回吗？不行，这是迷信。那么我们再来看这句话："我不敢说来生，也不敢信来生！"这里又用了两个"不敢"，"不敢"说来生，为什么"不敢"？

生：害怕。

师：你没说错，"不敢"因为害怕，那么为什么害怕？（学生沉默）如果她说，我们都信来生，那会产生怎样的影响？

生：作者害怕说来生，是怕影响读者去相信那不存在的迷信。

师：对，她根本不信有来生，害怕用这虚无的思想贻误了自己，贻害了别人。那么，不敢信来生，就是要我们怎样？——

生：做好今生。

生：珍惜今生，把握今生。

（老师带大家鼓掌）

师：大家学得很好，现在第三段就由你们自己独立完成，像第二段一样，按小树成长的过程分成层次，然后每层也提出几个关键词，完整掌握这段的意思。

（学生自己作业，老师行间巡视。学生完成后，开展课堂讨论，然后逐层得出以下字幕。）

破壳(萌发)	聚集 生力 挺立	勇敢快乐
茂盛的中年	荫庇 结果	甜美芳馨
秋天	庄严 成功	宁静怡悦
冬天	抖落 归化	平静坦然

师：这段末也有一句话，说果子可以再长成小树，又一次循环。但她还是说"不敢说来生，也不敢信来生"，像诗歌一样反复咏唱，强化了这个生命理念——珍惜今生，把握今生。

师：我们再来学习最后一段。这是一个议论段，它议论了有关生命的两个问题，根据内容也就可划分为两层。

生：到"不生长的便成了空壳"是第一层。

师：对。那么这一层的意思是什么呢？

生：生命是卑微的，渺小的。

师：没错。有这个意思。但后面有两个重要句子，"不是每道江流都能入海，不是每一粒种子都能成树。"这可不是说的卑微、渺小呀，谁来补充一下？

生：这是说生命是不容易的，是可贵的。

师：两个人说的合起来就完整了，一面看，相对宇宙、大自然而言，生命是卑微渺小的，但生命又是可贵神圣的，这就告诉我们要珍惜生命，要敬畏生命。

师：第二层是讲生命的苦乐观，特别重要的是哪几句？

学生找出句子：快乐和痛苦是相生相成的。在痛苦中我们也要感谢生命。痛苦又何尝不美丽？

师：冰心老人说"痛苦又何尝不美丽？"你们怎样理解这句话？

生：老人说了"快乐与痛苦是相生相成的"，痛苦完了就是快乐，就是美丽的。

师：有例子吗？（无人举手，稍停。启发——）有一次某同学病了，他痛苦，全家人都一同痛苦，后来——

生：后来很快治好了，大家好高兴，痛苦就变成了美丽。

师：回答得很好。补充一下，这里面还有一层意思。我先说一个故事。有一位朋友，是个中层干部，他得了癌症，有次我去看望他，他说，我不再想提拔当官，也不再想赚钱挣利，只要能治好病，保住这条命，哪怕是去挖土方也好，拖板车也好。他在痛苦中所望所求的就是生命。人生最珍贵的就是生命，当还能感知痛苦，就还有生命在，有生命在，痛苦也是美丽的。这一层，处在你们的年龄不容易想到。作者说这句话就更深化了本文的主旨。

师：文章最后一句，"世界，国家和个人的生命中云翳没有比今天再多的了。"为什么这样说？她是说我们现在所处的"今天"吗？

生：应该不是。

师：不是。文章写于 1947 年。抗日战争胜利不久，蒋介石政权又发动国内战争，战火纷飞，民不聊生，这就是当时的"今天"。后来共产党领导全国人民进行英勇的解放战争，才迎来新中国的建立。课本编者应该注明一下写作时间，你们就容易理解了。

师：总括全文，这里要提出的一个问题是：作者在文中体现了怎样的生命观？这生命观都有哪几方面的含意？

生1：要珍爱生命。

师：对。还补充一下，要敬畏生命。要爱自己的生命，也要珍爱别人的生命，任何损害别人生命的尊严，危害别人生命的安全，都是最大的罪恶。

生2：生命有快乐，也有痛苦。

师：对。我们还可以把这个表述改一下，"既要珍惜生命的幸福，也要迎击生命的痛苦"，这样表述有什么不同？它的含意更丰富一些，不仅告诉了人们生命有幸福和快乐的存在，更告诉了人们应该怎样对待幸福与痛苦。

师：作者生命观还有什么含意吗？

（学生沉默后，老师启发）

师：我们来看两句课文："他伸展出他如盖的浓阴，来荫庇树下的幽花芳草，他结出累累的果实，来呈现大地无尽的甜美与芳馨。"这两句告诉我们，生命的意义是什么。

生3：要有奉献。

（小结，下面是逐条出示的字幕。）

作者生命观：

1. 要珍爱生命，敬畏生命。

2. 要珍惜生命的幸福，更要迎击生命的痛苦。

3. 要追求生命的价值和奉献。

师：那么作者是怎样践行她的生命观的呢？

（简介作者）1900年到1999年，她生命长度等于一个世纪。现代诗人、散文家、儿童文学作家。有独特的艺术风格，有强烈的爱国精神。特别爱孩子，写了《寄小读者》等很多孩子们喜爱的作品。终身笔耕不辍。92岁时，记者问她，一天做些什么，她幽默地回答"坐以待币"（字幕），意思是每天都等着报刊及出版社寄稿酬来，这就是说她还在不停地写作。她大爱生命，毕生奉献，正是自己生命观的实际体现。

总结：这课书我们学完了，不仅要增长阅读能力，更要增长珍爱生命的美好情怀。生命中有幸福，不可避免会有痛苦；幸福，我们会觉得短暂、清淡，而痛苦显得那么沉重、漫长；享受幸福自然容易，而迎击痛苦就很艰难。这里送大家一句话，作为学本课的结束语：用痛苦的铁锤，锤炼出我们人生的美丽！

（字幕。学生齐读。下课）

教后记

我教这课书，力求实践自己的一些教学理念。

1. 教学生阅读，必须紧紧依据文本，要依从文本走，特别要弄清文章的思路，看它是怎样一层层展开的，切忌讲空话套话，不依照文章本身去泛泛而谈。教这篇，就带着学生先分段，再分层，把条理梳得清清楚楚。这样的训练多了，学生自会提高分析能力。要依从课文学语言、领会句子有哪些具体的含意，既训练了阅读能力，也学习了怎样用语言表达自己的意思，这便是有用有效的训练。

2. 学生是学习的主体，一定要他们自己动脑学习。教师可以开条路，带一程，但总要让他们自己走。我教完第二段"像小溪"，就让学生自己照样分析"像小树"那一段。和学生对话，就是思想的对接，他们回答问题有时卡壳，或者没想通，或者只想了一部分。他们回答不完美是正常的，这时教师的责任就是启发他们思考，或者改变提问方式，降低问题难度，或者教师讲一半，述而不全，让学生接着讲下去，或者讲另外相似的事物，让他类比，或者引具体文句让他提炼。如讲生命观，要有奉献，学生一时想不到，我就用"荫庇""结果"的句子，让他们由具体提升至抽象。总之要让学生自己动起来、学起来，他们才会有长进。千万不要由教师把段落大意、主题思想之类写在黑板上让学生去抄，去背，去应考，那是没有任何实际意义的。

3. 我们讲求文以载道，进行思想教育，这是不可或缺的。但阅读课上的思想教育必须是文中应有之义，不是额外不着边际或者旁征博引的空话大话。我教本文，着意提出文中之义，生命观，用文本的这一情感内涵去感染学生，浸润他们的心灵，增进正确的人生观，正确对待生命，走好人生这条路。语文课讲思想教育，不要讲得太多，讲得太远，重要的是渗透、熏陶。

2018 年 4 月

写作
教学篇

我的写作观和写作教学观

一、写作是一种生命活动

写作是一种生命活动，是生命力的张扬，是心灵的外显，是寻找生命环境的改善和拓展。词典解释说"写作是写文章，创作文学作品"，这是词面意义的解说，只说明了写作是什么事；我们说写作是对思想的表达，这是对写作的行为任务的解说；而写作是一种生命活动则是对其本原、本质的一种解说。人的生命不只是躯体的存在、寿命的延续，总是有生命力的放射，那就是创造、活动与交流。这种交流表现为，自己有一种思想，需要告诉别人，希望得到别人的认同；当自己产生了某种情感，需要向别人诉说，希望能得到别人的同情与共鸣；当自己遇到了困难或不幸，需要向别人诉说，希望能获得支持与帮助。这些"诉说"就是表达，通过口语就是说话，通过书面就是写作。

这种生命的写作观对写作实践的要求和影响是什么呢？那就是"真实"。凡是优秀的作品必然诉诸真情实感，而不"真实"的作品必然都是失败的。闻一多的《最后一次演讲》，是生命正义感与激情的迸发；杜甫的"飘飘何所似，天地一沙鸥"，是穷困潦倒的真实哀声；李白的"安能摧眉折腰事权贵，使我不得开心颜"，是一身傲骨的展示；李煜的"问君能有几多愁，恰似一江春水向东流"，是他生命最大失落的悲叹；就连巴金的《小狗包弟》，也是他对自己在政治高压下人性扭曲的真实而深沉的忏悔。可以说，好文章都是生命的律动。一切杜撰的、虚假的、矫情的、装腔作势的、鹦鹉学舌的文章，它们都只是为了某个目的而拙劣地"制造"，不曾有自己真实的生命活动。

这么说是不是把写作限得太窄了呢？只有记个人经历过的事，写"回忆录"才是真实的写作吗？当然不是，人在生命的过程中除了自身经验外，还在与外界的接触中不断地增长见闻、增进知识、陶冶情操、丰富生活积累、积累人生智慧，这些积累和长进，渐渐地就融入他的血肉，融入他的性格，内化而为素质。也就成了其生命的一部分。识，已是自己的识；情，已是自己的情。原本是别人的经历，但经过渗透情感的体验，也就有了身临其境、身历其事的感受。把这些内容写出来，当然是真情实感的表达了。

二、写作是生活的写作

生活的写作有两个含义：一是源于生活，二是服务于生活。源于生活，这个"生活"是广义的，包括经历、认识、情感，这与写作是生命活动的观念有其一致性。服务于生活，表明写作的目的性，是为了工作、学习的需要，是为了交流思想、联络感情的需要，总之是为了生活的需要，我们才去写作，从这个意义讲，写作是一种工具。

因为是生活的作文，所以写作总有一个真实的目的，有一个真实的写作情境，有一个或一群真实的读者对象。真实的写作目的，例如向别人陈述一个思想观点，提出一个主张、建议，交流情感，或者具体地传达一个信息，大到长文、报告，小到广告、短信，都有其目的性；有的如文学创作，似乎没有一个很具体的目的，其实也是凭借形象去把自己的思想情感告诉社会以影响人、娱乐人，这就会产生一个真实的社会效果。真实的写作情景，是指激发自己写作的缘由，写作时所面临的客观环境、自身境况。真实的读者对象，广于社会大众，窄于某个人，面对的读者不同，制约着同一内容也就有不同的写法。对国家、单位工作人员当说得严谨、严肃些，对百姓，特别是农民，当说得生活化一些；对成年人可以带些理性，对儿童便只能说些"童话"；一篇科学文章，如果是向学界陈述，可以专业化一些，深奥一点；而对普通群众宜写成"科普"性的东西。

离开了这"三真"的写作总是容易失败的，考试作文就是这种状况。不少考生没有找到写作自身真实的目的，目的就是应考；没有真实的写作情境，面临的情境就是紧张的考场，而没有营造出并进入到一个与写作内容、情感相关的境界中去；没有真实的读者对象，似乎只有一个公共的对象——阅卷老师，所以尽量揣摩他的兴趣，想方设法搞些华词丽句去投其所好，在他们心目中，阅卷老师应该都是爱漂亮的。这种离开了"三真"的作文，当然就难出佳篇了。也有写的很不错的，起码一条他必然进入了自我的写作境界，在那里随心所欲地道说自己的真知真情了。

与应考作文相似的就是长期训练中的限题限时作文，教师凭自己的喜爱给个题目，或者什么根据也不要，就因为必须要一个题目而任意给出一个题目来，让学生据题作文。这种题目不是钻到学生心眼里去命题的，自然很难符合学生的生活积累，让他们都有话可说；就是很好的题目，也不见得能符合全班学生的生活积累，让人人都有话可说。这样看来，这是命题作文本质上的缺陷——难以引领学生进入写作的"三真"境界。

那么就索性取消命题作文训练，每次写作都任学生根据自己的情况写一篇随笔、随感式的自由作文好了。这样做，学生拿出的文章一定会质量高一些。然而，不能这样。因为学生作文是一个学习过程，是一种训练，在中学阶段他们必须学会几种主要文体的写作：记叙、议论、说明等。如果只任凭他们选自己爱写的去写，不爱写的就会形成空白，无法全面完成学习任务，这就好比说你不爱数学就不学数学，不爱英语就不学英语一样的不能成立。这就是发挥特长与全面发展的矛盾。怎样解决这对矛盾呢？我的看法是适度兼顾。

首先，教师规定题目的作文训练占一半左右，这是带点强制性的训练，让学生掌握几种常用文体写作的基本方法。其次，可以少量地由学生每学期写几次自由作文，让他们说自己最想说的话，写自己最想写的文章，亮出心中最深切的感受，这样容易接通他们的生活，写出较好的文章来。最后，可以先布置题目，给学生较充分的时间去体验生活，或搜集材料然后写作成篇。在美国作文教学中有这样的例子，老师对四年级学生布置作文题"谈中西文化的差异""谈第二次世界大战的责任"。题目布置后让学生用一个月的时间去找资料，作准备，然后写成作文。让小娃娃写这种大题目，在我们看来似乎是不可思议的事。这里反映了东西方教育思想的差异。不管怎样，它所表现的培养学生自学能力，写作是为生活需要服务等理念是值得肯定的。借鉴过来，我们中学阶段的写作教学，也是可以做几次先布置题目，让学生调查探究写作成文的。固然这种作文完全不符合应试，但它能从根本上提高写作能力，难道我们就不能超越应试的藩篱一小步吗？

三、对文章来说，思想和内容是第一位的，形式次之

"文以意为先"这是我们的共识。好文章共同的特点应该是思想深刻，内容丰富，具有新意，再辅以文章形式的完整，语言表现力强。但无论如何思想与内容总是首要的。这一点应该是不会有人从理论上去否定的。但实践上却常有一些与之相悖的做法。有的人特别喜欢文辞的华美，以此作为衡量文章的最重要的标准，这如果作为个人爱好也无可厚非，就像欣赏艺术品一样，满足审美的愉悦；但作为大众的文章、社会的文章，就不能这样了，首先看它有怎样的社会意义，产生怎样的社会作用。

对学生作文的评价在大同之外自然会有些小异，因为中学作文教学的目标是培养学生的写作能力，也就是教他们学会表达，首先要把语句说通，会围绕一个中心组织材料，说得有条理，然后进一步要求立意新颖一点，内容丰富一点，思想深刻一点，有些文采等。写作应该分阶段有所不同，初中重在基础性训练，到了高中，一些写作的基本要求就应该达到了，评价他们文章的优劣，也就要看重思想内容了：思想是否比较深刻，内容是否比较丰富。

因此，我认为到了高中的写作教学，应该重在教学生解决写什么的问题，而主要不是怎么写的问题，在解决写什么的问题

时，同步顺带解决怎么写的问题。高中作文教学应该积极地引导学生提高认识，积累生活，陶冶情感，拓展思维。这些事做好了，语言能力也随之提高。在很多情况下，学生表达不清，根源在于对要表达的内容没有把握，自己对问题认识不透，一片模糊，表达当然无法顺畅；材料不足，说来说去几句现话套话，必然含糊枯燥；思维本身混乱，表达就必然没有条理。文章的丰富，首先是材料的丰富，然后才有语言的丰富；文章的深刻，首先是思想的深刻，然后才有语言的深刻。

可是我们的作文教学总是与之相悖，只教学生怎么写，尽管训练体系有的有所差别，但写作教学的理念是一致的。有的按写作过程为标准组织训练序列：如何审题，如何立意，而后是选材、结构、过渡、照应以及怎样开头，怎样结尾等。有的按文章体裁分序列：记叙文写作训练，写人、写事、写景、状物、写场景，再细分一下，又是一人多事，多人一事等；说明文，抓住特点，运用多种说明方法，定义、诠释、举例、引用、比喻、列数字、绘图表等；议论文，论点、论据、论证，开篇揭示论点，结尾揭示论点（卒章显志），先抑后扬、先扬后抑，横向展开、纵向展开、综合结构，等等，全都落在怎么写上。

到了高三，这种教学理念又与应试教育相汇合，就滑落到非常滑稽可笑的地步。索性训练学生怎样造三个排比句开头，要用第一段吸引阅卷人的眼球，使他为之震撼；行文又怎样用些优美词语，使人觉得富于文采；结尾要用强有力的句子，或者就用"……"收束，使人觉得余味无穷。学生没有素材怎么办呢？那就告诉几则"万能素材"，屈原、杜甫、李白、谭嗣同诸位先贤圣哲的事，任你来什么题目都往上面套。写《谈"意气"》吗？那就"屈原的意气是路漫漫其修远兮，吾将上下而求索；李白的意气是安能摧眉折腰事权贵，使我不得开心颜；谭嗣同的意气是我自横刀向天笑，去留肝胆两昆仑……"写《诗意的生活》吗？那就"屈原行吟泽畔是义愤的诗意，李白明朝散发弄扁舟是潇洒的诗意，陶渊明采菊东篱下是田园的诗意……"你如果要写什么文化传承，人格风范，更加套得上。试问，这样的写作训练能真正提高学生的写作能力吗？总之，这种写作教学理念是纯粹把学写作当成学写作技能，就像告诉徒弟学木工活一样，只能锯刨砍凿，至于做家具要材料，那是木工以外的事，最多带你去捡拾一点旧木料。这种做法当然难以从根本上提高学生写作能力。

鉴如是，我以为高中作文教学应多做些开拓写作源泉的工作。怎么办？

关键是要养成学生关注生活的习惯，始终饶有兴趣地去读社会生活这部教科书。中学生都有了十几年的生活经历，许多孩子同处在大致相似的环境中，可是他们对生活的积累却相差很远，原因就在于对待生活态度的差异，有的孩子养成了关注生活，喜欢观察，喜欢思考分析的好习惯，他们经事不忘，还生成许多感悟，自然就积累相对丰盈；有的孩子对周围发生的事物总是漠不关心，对自然景物，对人物故事也不感兴趣，常常是空着双手度过一天又一天，还不断地生出一种疲惫、厌倦的心态，自然就更谈不上有多少体验了，这就必然形成写作材料的枯竭。

要指导学生学会观察。静态观察，动态观察；定点观察，移步观察，多角度观察；整体观察，局部观察；听其声，观其形，辨其味；明其表象，思其本质等。

比观察更重要的是体验，体验是带着情感进入境界从而获得感悟。观察是客观性的，体验则有主观精神的参与，体验所得更能内化为自己的素养。例如某次一群学生在小餐馆吃饭出来，走到门口，见一小孩在讨饭，店老板不仅没施舍，反而打小孩一耳光，怒骂着驱赶他。学生们看到这事，有人站出来制止老板，回校后写成文章，怒火中烧，义愤喷发；可是有的学生却冷漠相向，旁若无事。就写作积累材料而言自然就有天壤之别，其原因就在于有无情感的投入。这从根本上说就涉及学会做人的问题了。要会体验积累生活，这就不是作文课一项所能承担的任务了，但作文课应当指导学生这样去做，这必定是责无旁贷的事。

此外，要培养学生热爱阅读的习惯和善于阅读的能力，从阅读中吸取写作的营养；要培养学生勤于思考的习惯和敏于思考的能力，从认识和理性的方面去开拓写作源泉。

（原载《湖南教育》2008 年 9 月号）

"感悟作文"说

近年来，中学作文教学和中学生作文正在发生一场深刻的变革。社会上"新概念作文"的冲击，高考中连续多年话题作文的采用，打破了中学作文教学的沉闷，教坛吹进了清新凉爽的风气。这在作文教学中具有解放思想的意义，使之从模式派、技法派的束缚中解脱出来，得以可能去探求具有真正意义的改革出路。

过去我们总是埋怨中学生不会作文，于是检讨其原因在于作文教学存在太多的随意性、无序性。两周一次作文课，老师临上讲台，灵机一动，黑板上写出一个题目就叫学生作文，没有训练的目标，更没有按一定序列制订长期计划。于是有人想"对症下药"，加强作文教学计划性，编制出一个训练序列来。而这个序列大多按写作学的框架去制定，先按文体分成大类，然后每类又按其"要素"去罗列训练点，要求学生点点达标。以为这样周密详尽、教学科学化，必然成效斐然了。可是事与愿违，实践证明，效果并不显著。

现在看来，还是我们的作文观出了偏差，由于作文观的毛病就导致作文教学观的失误。

作文教学要培养学生写作能力，教学生会写作文，这个"会写"是什么意思呢？大多侧重于把它看作一项"手艺"，等同于会做木工，会开汽车，会修理家用电器的"会"。这样，落在作文上第一步就教学生会语言，写出的句子合乎语法。没有语病，然后要求丰富、生动，这如同学木匠，会用斧凿钻刨一样。第二步告诉学生会按文章的体式安排篇章段落，即合文体，会结构，这就如学木匠做出部件而后能组装成家具。所以我们就用教木工的方法来教作文，要求学生学会写作技能、技巧。这里，我们忽视了一个最大的区别：木匠靠别人提供材料，作文则靠自己提供材料。因此，许多"改革"，格式化、序列化等都不能成功，就在于视点仍落在"技巧"上，没有从根本上解决问题。

巧妇难为无米之炊，对写作而言，在具备了基本的语言表达能力以后，第一位的还是在于掌握材料（事实和道理）的多寡以及作者对这些材料所具情感的丰歉。这是颠扑不破的真理，对作家和一般文字工作者是如此，对中学生也是如此（对小学生当更重视把话说准确清楚）。就中学生而言，他们已掌握了用现代汉语来表达，只要不是故意矫揉造作，一般不会出太大的毛病，即使有毛病，也只是第二位的问题。我们完全可以对中学生如是说：你写的作文是否丰富生动，首先不在于语言的丰富生动，而在于内容的丰富生动；你写的文章是否深刻，首先不在于语言是否深刻，而是思想认识是否深刻。对此，我们可以列举大量的事例来证明。学生写在他日记本或随笔本子上的文章总比交给老师的命题作文好，因为他有实在的内容要写，有感受，有感情。笔者教过多届高三学生，他们在毕业前绞尽脑汁写的应试训练文，大多很枯涩，徒具一个框架，有如一副骨骼模型；可是当他们一跨进大学，有的并不曾再上写作课，也不再从写作技巧上接受训练，可是从写给我的信看，写得丰富、深刻多了，其原因就在于生活面拓开了，见识广了，认识深了。这就如陆游所云："汝果欲学诗，工夫在诗外。"

就说语言吧，它也不是孤立存在的，它作为一种特殊的载体，并不像车船等运输工具，也不像计算机那样与所承载的对象毫无联系，而是与所载的内容、思想、情感有着极内在的密切关联。你的思想模模糊糊，语言必不能清清澈澈，一定只是疙疙瘩瘩；你的情感木然呆滞，语言必不能生动丰富，一定是味同嚼蜡。这样看来，我们孤立地进行语言训练也是低效的、非科学的。说到这里，顺便一提，多年来高考语文题中那道仿型造句的试题，就很有一点让考生削足适履的味道，以它来"指挥"中学语文教学，只重视语言格式的训练，是一种"瞎指挥"，是对教学的误导。

因此，我以为中学生作文应提倡感悟作文，中学作文教学应指导学生善于获得感悟，表达感悟。

感悟是什么？感是感觉、感受、感想、感慨，它属于情感领域的活动；悟是觉悟、领悟、开悟，它属于认知领域的活动。感悟是作文的内容，是思想，是情感。感悟是生命的体验，是个性的体现。强调作文的感悟，是尊崇人本思想。

就一篇好的文章而言，内容与形式，总是统一的；就写作过程而言，内容与形式也应是统一的。内容又常常对形式起着制约的作用：内容的丰盈伴随的是表达的流畅；内容的枯竭，便产生表达的无奈。中学生的作文已经是一篇篇完整的文章，不再像学语时期是意念的最简单的直白。小学作文阶段启蒙似乎不太存在表达什么的问题，学表达是教学的主要任务，而越往上走，母语的运用已经基本学会，"写什么"的矛盾渐渐突出起来，而居于主要位置。因此到了中学阶段，作文教学的视点应逐渐转移到开拓写作内容上来，多多感悟，多多积累。我很赞成刘芳扬先生的几句话："写作教学要解决的似乎是'如何写'，但对高中学生来说，'写什么'是'如何写'的灵魂和核心、前提和基础。'如何写'的每一过程，无不是'写什么'的具体体现，从'写什么'的角度去解决'如何写'才是抓中了要害。"①

"感悟作文"是与"技巧派"相对立的。所谓技巧派是把作文教学完全纳入作文技法的训练，基本上按照文章学的体系去确定训练步骤，诸如审题、立意、布局、谋篇、开头、结尾、风格、语言等等。其中的每一项又都落在技巧方法上去讲，如结构，就讲过渡自然、前后照应；纵向展开、横向展开；总分式、分总式、总分总式。在讲这些技法的同时也零零星星举些文例来印证，但总体上并没有完整的内容。在这里，内容只是用来填塞技法的填料，不是对形式的主宰。再如，也讲审题、立意，但并不是讲根据这种审题立意应如何去抓作文的内容，而是讲如何分析文题的方法，使之把握题义，在很大程度上是阅读理解，至于审准题、立好意以后，如何去丰富其内容，活跃其思想，似乎又不去顾及了。"感悟作文"，对此则是一种反叛。它始终以获取感悟、丰富内容为出发点，也指导写作方法，只是针对具体的内容来研究该如何表达。这样，也就没有技法训练的完整与系统，学生也背诵不了那许多写作学的名词术语，但所写出的文章内容会更丰富一些，所用的方法与内容更贴近一些。即就技法学习而言，并不重

---

① 参见《对高中作文教学的几点认识》，发表于《中学语文教学参考》2002 年第 4 期。

在系统性和名词术语，而重在具体的写作过程中去感悟，学以致用，从而转化为能力，转化为素质。

既然"感悟作文"提倡指导学生从生活中获得感悟，丰富写作内容，那么为什么不称为"生活作文"，而要搞一个名词翻新呢？因为它与"生活作文"的理念不尽相同，用"感悟"更能名副其实。

中学生作文所反映的并非完全是生活的原形，更多的是经过自己感悟所得、给予了加工处理的材料。他去写景，是他眼中的景，不是全息摄影；他去写人，是他所了解的、意念中的那个人，不是人事档案中的那个人；他去写事，是经过他"歪曲"了的故事，不是法庭调查的纯客观真实。他源于生活，又不复制生活；包装了生活，但不一定高于生活（对他们不能提出作家创作的要求）。他们的感悟如酒曲渗入生活之中，使生活起了化学变化。所以称"感悟作文"比"生活作文"更为贴切。

再则，学生作文的优劣与掌握生活有很大关系。作文教学的任务重点之一也就在指导学生学会感悟，善于感悟，而不是简单地检测已经积累了多少。既然是教感悟，而不是教如何生活（那是整个教育的事，不是作文一项所能承担得起的任务），所以还是称"感悟作文"好。

从"感悟作文"的这些理念看来，这是否把中学作文教学引上了作家培训的道路呢？这岂不与中学语文教学任务有了分歧？不是。首先我们来研究，作家写作与一般人写作有什么不同。作家创作多用形象思维，他们用人物、事件、生活自身的形态来反映社会。"感悟"作文中的"感"与之有些接近，但"悟"侧重在指导学生明白道理，学会说理，"感悟作文"并不是告诉学生搞文学创作，这是不同点。作家写作的另一特点是较多地用虚构，虚构的思维特征是联想、想象，这是创造性思维的重要因素。如果我们通过作文训练能培养出这样的思维品质来，那又有什么不好呢？即使将来他们并不都去当作家，但这种素质则可在任何地方都有用武之地，受益终身。

作文的教与学一直是困扰师生的大问题，教师苦于无法提高学生的能力，学生难于应付这项苦差。对这一症结的诊治，除了需要教师的探讨外，也应多听听学生的声音，看看他们的爱恶和见解。为了调查，笔者曾在有代表性的三所中学，请高三学生写了篇话题作文。话题为"中学生与作文"，凡是写自己成功经验的，几乎无一不是写自己亲身的感受和感动，而没有一个学生说学了写作技法才使他写出优秀文章来。下面这篇文章可以说是学生观点的"代表作"。引在这里，以作"感悟作文"说的一个佐证。想必这篇文章读起来，大家不会感到枯燥。

心存感动便作文

谢红霞

哲学书说，社会存在决定社会意识，这说法很在理，也很残酷。

花季的天空没有鲜花，只有云，那书垒起的云；雨季的日子没有春雨，只有豆大的汗珠从额上滴落。

以色列一名 13 岁的少年在电脑上成功闯入美国绝密国防部，随时可启动美国的武器装备系统，而我们在应试教育与素质教育对撞的夹缝中挣扎得死去活来。

我们把生存的空间压缩在书山题海里，很难有慷慨激昂、情满山河的文字诞生。我们能写些什么呢？

也曾想过模仿，学舌毕淑敏的深沉，叶倾城的幽思，路遥的朴实，三毛的浪漫；但只是东施效颦，自己看了也别扭。

也曾想过虚构离奇情节，或为赋新诗强说愁，但又连自己都哄骗不了。

到了后来，只好以攻为守，把这些通通抛弃。<u>去寻找自我，寻找自己的感受。捕捉自己心里的灵光。</u>

去年春节，我实在厌烦卡拉 OK 的吼叫和麻将桌旁的喧嚣，又被成堆的习题、作业闷得发慌，一个人走出去，到汨罗江边看到一群孩子正玩得起劲，我被这片天真灿烂感动，忘情地加入到他们的行列，我轻松了，欢乐了，竟拾回了那飘逝的童话中精美的章节。于是顺畅地写出了《一个飘逝的童话》。

这次寒假时，我回了一趟老家，想象中那该是一个怎样美丽的小村子，丛林密绕，鸟语花香。可当我双脚踏上那片黄土地时，我的心仿佛针刺一般，小茅屋，黄瓦房，几丘田稀稀落落地散布在山头山坳，整个村子仿佛已被整个世界遗弃。

半天的逗留，我知道了我的祖辈与父辈在这片贫瘠的土地上是怎样辛勤耕耘，滴血含泪。我不能不低下贫血的头颅。临行时，满叔爷紧紧握住我的手，我的眼泪不争气地掉了下来。

回家后，爸爸告诉我一个故事。一天一个老人吐了几口血，他抡起锄头便到山上去挖洞。别人问他，他说，我死了，不要拖累儿女，自己爬进去。说完，爸爸泪光闪烁，我后来知道，那位老人便是满叔爷。

没有理由不感动、不流泪，一滴滴的泪浸润我干枯的心田。恰好这次月考碰上这个作文题，我忘记了自己是在考试，是在写作文，只是一任放纵心里的感动，匆忙间写了这篇《珍爱老人》。

一天，一位好友对我说，学校有个同学，家里贫苦，每次放月假回家总背一袋红薯来，一餐吃两个红薯。我没有哭，心灵的呼喊远比哭泣强烈。我清楚，苦难没有辩证法，他承受了太多太多。我同情，我感动，我敬佩，在日记本上留下他的身影。

我就这样老老实实记下我心里的感动，也许这些都还很幼稚，但我掏出了心中的话，我很舒坦。

作文课上，有的同学还是一脸茫然，有四处寻找作文书的，有伏在课桌上绞尽脑汁的，就是尘封了自己的感动，乐事也就成了苦事。

什么都可以没有，但不能没有感动。只要你用心灵去贴近生活，其实感动随时都会叩响你的心门：在干枯的荒漠，看细泉孕育一线生命；在孤寂的荒岛，望太阳带来新的希望；在平常的生活，看到美的弧光在眼际闪亮……

什么都可以不写，但不能不记下感动。我不再用别人的言辞去装饰自己作文的门面，在自己最感动的时候提起笔，写下因激动得颤抖而致于歪歪扭扭的文字。

（原载《中学语文教学参考》2003 年第 1-2 期）

浅谈话题作文

全国高考作文，连续三年（1999—2001 年）采用话题作文的形式，于是出现了一个新的作文品种——话题作文。对于这个新概念的内涵及基本规律，我们有必要作些探讨。

一、话题作文与材料作文的区别

从形式上看，话题作文应属广义的材料作文中的一类。它们共同的显著特点是命题都提供材料，而且材料的内容和形式也没有区别：既可以是情境，也可以是言论或图画、图表，甚至还可以是实物、数字；既可以是一则，也可以是多则。把材料作文与话题作文分开来说，那就是指狭义的材料作文了。它们的区别有两点：

1. 从材料在整个命题中的地位和作用来看，话题作文中的材料只是提出话题的背景，材料作文的材料则是特定的观点的载体。也就是说：前者的材料只是为了引出一个话题来，至于就这个话题说什么话，定出什么中心，原材料对此并无直接的制约力，材料与文章是一种疏远的关系；而后者的材料却是写作内容和立意的依据，必须从材料中提炼出一个观点进行写作，离开了材料就是离题，文章与材料是一种很亲密的关系。

2. 从写作的角度来看，话题作文关键是必须围绕话题，材料作文关键是紧扣材料。

下面举例来加以说明。有这样一则材料：

青少年好思考问题，渴望以真实平常的心和社会对话，和父母对话，和老师对话，和自己的同龄人对话，甚至跟大自然对话。

请以"对话"为话题，写一篇作文。

这便是话题作文的命题。这则简短的对青少年心态特点的表述，只是提出"对话"这个话题的背景。这材料本身并不能限制作文必须写青少年与另一方对话，真正起限制作用的是"对话"这个话题，只要所写是"有关对话"的情境、故事、价值意义的探讨，方法、技巧的研究和介绍，都可以。要求：一是要涉及"对"，表明是双方的交流（不只是一方的倾诉，另一方的聆听）；二是涉及"话"，即有声的言语或无声的心语。

如果把上面的命题改换一下：请根据这则材料，联系实际，写一篇作文。——这样，就变成了材料作文的命题。命题明确要求"根据这则材料"，这则材料的中心是青少年渴望交流、渴望理解，作文就限制了范围，要写青少年的群体或个体，不能去写成年人；只能写交流理解，不能写努力学习、追求理想等任何别的东西。现在再来分析忠实地按以下标题所写的文章，可以发现这两类作文对题材的不同要求：

①听雨　②心中有话向党说　③叩问灵魂——读柯蓝作品有感　④我和爷爷话青春　⑤与大山握手　⑥对话的方法和技巧

⑦历史与未来的对话　⑧贫与富的对话

　　①②题只是一方接受另一方，向另一方倾诉，都是单向活动，既不合话题作文，也不合材料作文。③题，典型的读后感，不存在"对话"，与两个命题都不符合。④⑤是对话，符合话题作文；又有"我"（我们）参与，也符合材料作文。⑥⑦⑧只符合话题作文，不符合材料作文。

　　单就这组题目来看，两类作文的题材范围构成了大小不同的两个同心圆。话题作文的圆较大，材料作文的圆较小。如图1：

图1

　　从这里可以看出，此话题作文比材料作文拓开了两个写作内容：（1）关于"对话"的方法技巧的研究、经验介绍；（2）不限制"对话"的参与者。

　　是否所有同材料的话题作文写作范围都宽于材料作文呢？也不一定，具体题目要作具体分析。一般地说，如果材料很简单，只能提取一个中心义项（如上题），便符合这个结论；如果材料很复杂，可以从多个角度提炼材料确定写作立意，而话题作文又只可能限定其中的一个话题，那么它们的题材范围就形成两圆相交的形式。如诸葛亮挥泪斩马谡可引申出：①以"法治"为话题作文；②依据原材料联系实际作文。前者为话题作文，围绕"法治"

可以写很宽泛的内容：除了写形形色色的法治故事外，还可以议论法治的意义、法治与人治、法治与民主、法治与严治、法治与德治、现实的法治情况，还可写学法普法，用法律捍卫权利等。单就这个话题来说。它比材料作文延展得更宽。凡是与法治有关的皆可立意。但是与"法治"无关的立意就都算离题而不合要求了。而本则材料作文还可开辟很多新的角度来写：如就马谡而言，应该理论联系实际，学以致用，不要夸夸其谈；就诸葛亮而言，还可谈怎样识才、用才等等。这些在限定话题以后，是话题作文所不能涉及的。如图2所示：

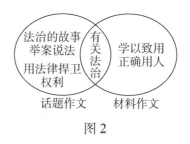

图 2

二、"围绕话题"是话题作文的首要要求

话题作文是一种开放性的作文，它表现为：观念的开放，在重大政治问题和道德准则问题以外，或褒或贬，只要言之成理均可；题材的开放，不论古今中外，社会、自然、现实、虚拟、事物、言论，只要关涉话题，均可入文；文体的开放，不论记叙、抒情、说明、议论，乃至文学样式的小说、诗歌、剧本、相声，也都不作限制了。这为发挥创新意识、展示创新能力提供了良好的条件。教育改革的发展，"新概念作文"的热潮，使学生在写作中想摆脱一切的意识空前地张扬起来。如是便产生了对话题作文

的错觉，认为这是一种随心所欲的自由作文，把"围绕话题"这个唯一的限制也弃之不顾，考卷中出现一批不合话题的离题之作。其表现为：

1. 任意扩大话题的概念外延，写似是而非的近义的内容。如将"诚信"写成忠义、义气，或单纯写成承诺，离得更远一点的写成老实敦厚、默默奉献、严守纪律、不亏待他人等等。

2. 阉割话题，然后取其局部意义。如"答案是丰富多彩的"这明明是一个完整的主谓句：答案丰富多彩。可是在一些考生那里就偷换这个主语。只取丰富多彩。于是去写"生活是丰富多彩的""知识是丰富多彩的""自然是丰富多彩的"，进而一顿胡乱推演，又有了"外面的世界很精彩"等等，这些都离开了话题的原意。

3. 仅仅朦胧地存在相关话题的意念，没有明确的表达。例如写"对话"这个话题，没有言语也没有心语，又没有相互交流，只是自己觉得存在某种感情、体验或者觉得某人、某物有什么心理、有什么思想，就认为这是"对话"。

鉴于此，训练学生将作文纳入话题的规范很有必要。

三、怎样将作文归入话题的规范

首先要准确地把握话题概念的内涵和外延。话题作文有这个要求，材料作文和命题作文同样有这个要求。这涉及对语言的准确理解，是语文基本素质的体现，是长期积累和修炼的结果，不是一个简单的技巧方法问题。在阅读和写作中都要学习准确掌握词义、语义，多与近义的词语作比较辨别，舍彼就此，去伪存真。

其次要有切入话题、体现话题的写作意识，用明确的语言表述，把内容扣到话题上来。思考要以话题为原点展开，使自己找到的材料从"神""形"两方面都符合话题的要求。

最后，在审视材料时，对那些"神"合而"形"不合的内容要通过技术处理，使之完美合题。例如以"对话"为话题来作文，本来读后感是不相合的，既不存在所说的"话"，更没有双方的"对"。单纯是读者接受作者。但下面这篇文章却很巧妙地把一篇读后感写成了"对话"，其处理技巧就很值得借鉴。

叩问灵魂
——与作家柯蓝的对话
刘　馨

当大家坐在电视机前津津有味地观看《神探柯南》时，我正呆坐在小书房里和柯蓝先生一起叩问灵魂。

此柯蓝非彼柯南。我说的柯蓝是一位著名现代作家、散文诗人。他出版了 35 本书，发表了近千万字的作品。而今他已是 78 岁高龄了。但他诗人的心依然真诚、年轻，创作激情依然饱满。从他的文字中，看不到那种饱经风霜后的深刻印痕，看不到那种以长者身份的指手画脚，看不到著作等身所带来的骄横，有的只是一颗善良的心，以朋友的真挚来倾心谈吐。

我和你彼此没有任何口头的或文字的交往，我和你在叩问灵魂之后才有了这互相的信赖。我把我的喜怒哀乐，我的淡淡的忧郁，我的浅浅的叹息，我的小小的喜悦……我的一切的一切打上包裹，背着它们走向你，没有犹豫，没有徘徊。

在你的世界里，没有令人心烦的焦躁，没有令人心扉悸动的故事，没有令人措手不及的问题，有的只是一颗平静透明的心。

你微笑着打开包袱，想轻轻地拾起里面的东西，却发现比你想象的要沉重得多，你惊讶于一个少女竟会有如此沉重的心事，在花一般的年龄里。

你笑了，拉起我的手，走进我们共同的世界。

站在不同的路口，我看到了许多《差异》，当我在人与人之间的差异前抱怨时，你告诉我差异使我们都有一种朦胧的凄美。这是一种人生的境界。

面对无数的《选择》，你告诉我，谁也不能在一年之中，只选择春天或是秋天。当春天与秋天连接青春与成熟，才构成一个完整。于是，我们选择了完整，使春天里有了秋天，使秋天里有了春天；使青春中有了成熟，使成熟中有了青春；使梦幻中有了现实，使现实中有了梦幻。

坐在《驿站》的长椅上，你说这人生大道两旁充满迷人的景色，但它并不是我们追求的终点，并不是我们要到达的驿站。

……

我们叩问灵魂，共读岁月。十二个窗口，我读遍了你真诚的灵魂。决定离去时才发现，包袱里的一切变成了一支快乐的歌。

柯蓝，请允许我这样叫你。对，就像你说的那样，你永远永远和我同在。

这篇文章写的是读后感，但它把阅读当成读者与作者的交流，读者向作者提出疑问，又从书中找到了答案。这就具备了"对话"的"神"——实质意义上的对话。怎样使"形"（表达）也吻合对话呢？文章运用了三个技巧来处理：一是改换人称，直呼作者为"你"；二是虚拟场景，"我"带着包袱去访问柯蓝，这就有了对话的环境，又拉近了沟通的距离，增强了亲切感；三是把作品中的"文"转换为对"我"说的"语"。读《差异》《选择》《驿站》，连用三个"你告诉我"，这样便形成了对话。这样处理，便把文章紧扣在话题上了。

这篇作文告诉我们，当你掌握的题材接近话题的实际意义，而形式上又相距甚远，那么就得运用适当的手法加以处理，把作文扣到话题上来。这是写话题作文非常重要的技巧。

（原载《中学语文教学参考》2002 年第 4 期）

写作成文四步走

　　面对一道作文题，要据此写出一篇文章来有哪些工序呢？一、审题立意；二、选材用材；三、布局谋篇；四、语言表达；五、修改定稿。一般就这五步。由于本书主要阐述如何修改定稿，为了避免与后面章节重复，在此只讲前面的四步工序，只要这四步走得好，文章也就能拿出来了。

第一步　审题立意

一、常规性审题立意

　　学生写作，尤其是考试作文，总是由命题人给出题目再让学生依题而作的。这样，第一步就得审题。审题就是把题目的意思理解准确，从而弄清它要求写什么；没有弄懂题意，写起来就会偏题，严重的甚至完全离题。一般来说，构成题目的词越少，限制也就越少，想象空间也就越大；反之，词越多，限制也就越大，写限制大的题目也就更容易出现偏题的毛病。下面举个例子来说。

命题一：路

这里以一个词作标题，限制最少，可写的范围很宽。①根据词的本义立意可写实在的路，如乡村路、天路、丝绸之路等。②根据"路"的比喻义立意，可以把经历、过程看作"路"，如成长之路、求学之路、人生之路、社会前进之路等。③可写虚拟的路，如电话、网络是交流之路等。

命题二：城郊大路

这是一个偏正短语构成的题目，中心词"大路"是写作的主体，修饰词"城郊"限定了"大路"所在的特定处所。这就限定了只能写实在的路，写大路的景象、特点、变化等，延伸一下也可写大路上发生的故事。限定性比"路"就大多了。

命题三：人生之路

这里的"路"，指经历、历程。人生之路，可以展示人生，这会偏于记叙，也可因人发感，写些夹叙夹议的文字，如怎样建设人生，怎样评价人生，亦可扬善惩恶，批判人生。

命题四：人生的路越走越宽

该文题是个短句，比"人生的路"又多了一层限制，一个"宽"字提示了它只能写人生的成功之路。以记叙为主，可写某人是怎样走上成功之路的；以议论为主，也可写怎样才能越走越宽。

命题五：路就在你脚下

这里的"路"是指成功的客观条件，它肯定了客观条件已为你具备，要夺取成功就得主观努力，也就是自己迈开步，走好路。

命题六：走自己的路

这道题有两种解读。一是据但丁的诗句"走自己的路，让别人说去吧"来理解，是要坚持自我，不盲目服从别人的意见、指责。二是把"自己的路"与"别人的路"区别开来，走适合自己的那条路，不盲目去模仿别人，复制别人。这两种理解都正确。这样也就找到了与"命题五"的区别。

命题七：走的人多了，也便成了路

这句话源于鲁迅先生的名言，解读它当然不宜实指地上的路，它的寓意是"众人共同努力，办事才更容易成功"。前边说的是条件，后面说的是结果，要写作，可以用些事实去证明它，用些道理去阐释它。

当然也可逆着去想：走的人多了，也便没有路。车多了便堵塞，千军万马考公务员挤独木桥，绝不是每个人的出路。这种逆向思维将在后面的章节去讲。

以上，我们用七道题来比较辨析怎样审题，其要领就是：先要读通题意，弄清题目的一词一语一句说的什么意思，用的是词语的本义还是比喻义、引申义；弄清标题对写作的限制与要求，如果突破限制，不合要求就会离题；有多重含意的，任取其一去写都是认可的。这就是常规性的审题，讲究思维的严密性，保证一个"稳"字。此外，进一步就有创造性审题，讲究的是思维的灵活性，力求一个"新"字。

二、创新性审题立意

创新性审题是对题目不作一般的寻常的理解，突破定势思维的束缚，写出不同于一般的文章来。下面我们来介绍几条思路。

（一）离开原点，超越本义

标题的词句都有一个本义，紧扣本义作文，可以不偏题，但难以出新，只有既联系本义又超越本义才能写出有新意的文章。怎样超越呢?

◎**着眼引申义**

不根据词句的本义去立意，可以考虑这标题词句能引申出什么意义来。如命题为"倾听"，可以作如下解析：

本意：仔细地听。听，用耳朵接受声音。

倾　听

引申义：关注、理解、接受(如"倾听群众意见")

许多同学只会紧扣本义作文，就都写成"倾听妈妈的唠叨""倾听老师的谆谆教诲"这样千篇一律的文章来。都这样写，有一个定势思维作怪，听者必定是"我"，所听的又一定是有声的语言。这样就局限了思维领域。

"倾听"这个动词作标题，既没限主语，也没限宾语。那么，谁都可以"听"，"听"什么都可以。而"听"又引申为"关注"等层面的意思，那可写的内容就更多了。我们可以补成一项公式，即：

(主语)x　倾听　y(宾语)

于是你就豁然开朗，可以想出很多立意来——

我倾听春天的脚步声

政府要倾听群众呼声

法律要倾听民间的冤情

未来要倾听历史的诉说

太阳倾听大自然的絮语

残荷听雨

豆萁要倾听豆子的哭泣(注:曹植七步诗:

　"煮豆燃豆萁,豆在釜中泣。本是同根生,相

　煎何太急。")

以上各个命题中,"听"都已超越了它的本义,不再是用耳朵捕捉声音;主语,除了第一题"我"以外,都已不是人,更没有耳朵,有的还非常抽象,如"未来";宾语也大多没有实实在在的声音。但它们都成立,都符合标题"倾听"。可见,一旦超越本义,就产生一个很广阔的思维场,不再是一个局限的单行线了。

◎**着眼比喻义**

不根据标题词句的本义去立意,还可看它能比喻出一些什么意义来。从比喻义出发,也可开拓出一个新的意义场。

例如,命题为"港湾"。它的本义是,便于船只停泊的海湾。

依照本义立意,只能写实实在在的港湾,如:

　　港湾建筑的雄伟

　　港湾景观的壮丽

　　港湾装卸的繁忙

　　港湾夜色的宁静

　　关于港湾的故事,或发生在港湾的故事等。

比喻义,大多取其神似。仍以"港湾"为例:

就生存空间取喻:校园是学生的港湾,家庭是儿女的港湾,集体是个人的港湾等。

就情智空间取喻:友谊是情感的港湾,故乡是游子的港湾,理智是狂放的港湾等。

就价值取向设喻:抨击强暴,护佑民生等。

就人生道路设喻：港湾小憩再启航，驶出港湾搏击风浪等。

又如作文题"阴晴圆缺"

"阴晴圆缺"出自苏轼的诗，本是讲月亮的运行变化。但如果以此做作文题就完全可以不只写月亮了，用其比喻，指既有圆满也有缺憾，既有顺利也有挫折，于是可写的事物就多起来了。

记叙文，可写事业的"阴晴圆缺"，家庭的"阴晴圆缺"，感情的，人生的等等。

议论文，可以就"阴晴圆缺"进行思考，发表议论，如：

辩证统一，没有阴缺，哪有晴圆

认识规律，顺应自然

阴缺不馁，晴圆不骄

缺有期盼，晴有遗憾

——这样取其比喻义，可写的范围就宽阔多了。

◎寻找寓意

有的话语（包括某些诗词）它明里说的是这件事，叮是实际说的却是另外的意思，这便是寓意。有的寓意还具有普遍性的意义，这就成了一种哲理。抓住题目的寓意写作，也是超越本义的一条途径。

如朱熹有一首《观书有感》诗云："半亩方塘一鉴开，天光云影共徘徊，问渠哪得清如许，为有源头活水来。"这首诗从字面看好像是描画风景的。但它挂在《观书有感》的题目下，就另有寓意了，他感受到自己不断读书增长见识，明白道理，就像引进源头活水。这说的是读书的感受和意义。再推进一步思考，"问渠哪得清如许，为有源头活水来"，它还说明一个普遍性道理：不论是人，还是国家社会，要不封闭、不落后，保持清醒的意识和旺盛的生命力，就要不断吸收新东西，不断更新自己。这样理解，我们才算把本诗的真意抓住了。

1. 湖南省曾有高考作文题：唐诗，"天街小雨润如酥，草色遥看近却无"，请根据自己阅读诗句所体会的意境和哲理，写一篇不少于800字的记叙文或议论文。

释题："草色遥看近却无"，"遥"和"近"是距离的差异，遥看有嫩绿的草色，近看则没有，遥看与近看有什么不同呢？这就道出了距离与认识审美的关系。

远观：粗放，朦胧；近看：细致，清晰。

远观：表象；近看：内质。

远，接受宣传；近，自身体察、体验。

由此可以得出以下感悟——

认识：宏观摄领　体察细节

做人：表里如一　磊落光明

做事：着眼长远　脚踏实地　远近结合

2. 安徽省曾有高考作文题：春来草自青

如果按直观写实，那就是春天欣欣向荣的自然景观，这就很狭窄；如果能分析出它的哲理，就开拓了新的意义场。

"春"指条件；"自"指必然；"青"指结果。意即具备了某种条件，就必然产生某种结果。

政策与繁荣：惠农政策落实了，农村必然一片繁荣。

教育与成长：学校、家庭、社会教育都到位，孩子们必然成长好。

勤奋与成才：用足了劲，用对了劲去学习，成绩必然提高。

民意与社会：民意顺了，民心所向，社会必然稳定、和谐。

3. 材料：孩子总是苦着脸对妈妈说："妈，我的剑柄太短了。"妈妈说："你出击的时候，再向前跨出一步。"

你能从妈妈的话里推导出一个富有哲理性的道理吗？

剑柄——客观条件

跨出一步——主观努力

哲理：要用主观努力去弥补客观条件的不足。

（二）多侧面多层次

许多事物都是呈现立体的形态，有多个侧面、多个层次。每个侧面都呈现出它特有的形态，正所谓"横看成岭侧成峰，远近高低各不同"。写作时，抓住自己感受最深的那一点去写，也许就能开拓出与众不同的新意来。

◎多侧面

如文题"过年"。大多数人会写过年的欢乐，这是共性，其实每家、每人过年的情况是不尽相同的。可以写过年的喜庆；过年的民俗、文化娱乐；过年的团聚，写四世同堂，甚至五代同堂；过年的旅游，现在私家车多了，全家驾车旅游亦成时尚；过年走亲戚，访朋友；过年周游全世界；过年时的忙人，交通警察、环卫工人，特别是解放军官兵；有的甚至有赶着回家过年的特殊观感体验……几百字的短文，只要切取一点，写实写透都能成为好文章，避开彩旗鞭炮大鱼大肉千篇一律的描写，从一个侧面着笔写出自己的真情实感。

如果要你写一篇《丰碑》，你是写历史的丰碑，还是写建设的丰碑，还是写人格的丰碑？是写伟人的丰碑，还是写平凡人精神的丰碑？是写文学艺术的丰碑，还是写科学发展的丰碑？是赞扬正义的丰碑，还是抨击如贞节牌坊式的扼杀人性的所谓"丰碑"？

每种形态，每个侧面，都可由你选择。

◎**多层次**

每一个问题都可以由浅到深提出许多不同层次的问题来探讨它，认识它，不停留在一般化的层面上，又可写出具有新意的文章。

如若要写一篇《谈意气》，可就以下几个层次不同的问题谈自己的看法：

①什么是意气？有哪些意气？

②要有怎样的意气？（是"大刀向鬼子们的头上砍去"，是"用我们的血肉筑起我们新的长城"，是为建设祖国意气风发，斗志昂扬，抑或是为朋友两肋插刀，君要臣死，臣不得不死？）

③意气要为谁而生？（是为一己之私，还是为狭小团体？是为亲朋戚友，为广大民众，还是为国家民族？）

④意气与传统文化。（从孟子的富贵不淫，贫贱不移，威武不屈，到谭嗣同的"我自横刀向天笑，去留肝胆两昆仑"，中华文化源远流长。）

⑤怎样培养自己的意气？（树立正确的人生价值观，培养高尚的道德情操，勇敢捍卫真理、正义的战斗精神。）

这样从不同的角度去分析、认识问题，便可以扣住一点写出一篇好文章，用不着面面俱到。

又如，要写一篇《安》（北京高考题），你能由此提出几个不同层面的问题来呢？下面的意见或许可以引发你的思考。

①"安"是什么？（对个人而言是性格的平和镇定，既不是那种灰心沮丧，也不是那种浮躁轻狂；对社会而言，是民众生活安定，安居乐业，社会稳定，秩序井然；对世界而言是和平发展，

没有动乱，没有战争。）

②"安"有什么好处？（请自寻答案。）

③"安"需要哪些基础？（对个人而言，要"安"，需要心理因素稳定、胸怀博大、豁达乐观；对社会而言，要生产发达、物质丰富，政府要爱护人民，政策公平，执法公正，人口素质要高，道德风气好。）

④"安"的文化源泉。

⑤"安"的辩证思考。（要居安思危，有忧患意识。人总有不安的时候，居后进不安，无所事事不安，麻烦了别人不安。）

（三）逆向而行

"逆向而行"是求异思维在写作中的运用。遇到一个作文题，大多数人都会从正面去思考，那当然顺理成章；但如果从反方向去想，且能言之成理，"反弹琵琶"，与众不同，便可写出立意创新的文章来，这也是求新的一条途径。

◎成语作题可逆向而行

成语往往是一个概括的带普遍性的道理，然而普遍之外又总有特殊性，所以不少情况是它的反面也能说出些道理来，而且这些道理也可成立，就如一对矛盾，你强调矛盾的这一面，我则可以讲矛盾的另一面。例如"近墨者黑"，那是强调环境对人的影响，人应该远离不良社会环境，拒绝不良影响；但如果说"近墨者未必黑"，也能成立。古语亦有"出淤泥而不染"的说法，它所强调的是主观坚定即能免受客观环境的影响，甚至还可发挥主观能动作用以改造客观。正反两面道理都能成立，所以遇着这类成语题也就可逆向而作了。又如：

不要异想天开——异想才能天开（要有创新勇气,创新思维）

生无所息——生有所息(终身奋斗,不可懈怠/会休息才会工作)

开卷有益——开卷未必都有益(要选择好的读物)

不要守株待兔——守株或可待兔(借鉴历史经验)

不要半途而废——知错早回途(在实践中发现问题纠正错误)

可以安贫乐道——乐道而不安贫(建设小康社会富强国家)

当然,也不是所有成语题都能逆向而行的,有的成语本身讲的就是一个绝对真理,你如果要否定它就会出现观点错误。如要爱憎分明,要不耻下问,要富贵不淫、贫贱不移、威武不屈,这就不能从反面说了;又如不能背信弃义,你总不能说要背信弃义。所以逆向而行,下笔之前还得慎重斟酌。

◎借物抒情也可逆向而行

对同一物,由于各自的感受不同,性情不同,写起来也就赋予它不同的性灵,有的甚至形成强烈的反差,借此又抒发截然不同的情感。

例如,同是咏柳,唐人贺知章诗云:"碧玉妆成一树高,万条垂下绿丝绦。不知细叶谁裁出,二月春风似剪刀。"他赞美了作为春天使者的柳条给大地带来了生机,给人带来了喜悦。宋人曾子固却写道:"乱条犹未变初黄,倚得东风势便狂。解把飞花蒙日月,不知天地有清霜。"他则是借柳条来批判倚势猖狂、色厉内荏,不知前景惨淡的人和事。有贺知章的诗在前,如果曾子固只是按前人的葫芦画瓢,这诗作也就没有新意了。曾诗之所以能流传久远,一大半也就在于"逆向而行"。

又如要以"雪"为题写篇文章,大多数人可能会赞美雪的白净、纯洁,这是正面写;而有人却写雪的虚伪,一场纷纷扬扬的大雪掩盖了山川,掩盖了原野,但也掩盖了污泥浊水,掩盖了残垣断壁，粉饰了山河，粉饰了太平，岂不虚伪？这是一正一反。又有人写雪很冷酷，令人心寒，这是凭直觉而来，是贬雪；却有人又写道，雪充满温情和人性，"当我手里捧起一捧雪时，她感受到了我的体温，融化了，一滴滴落下来，那就是感激的泪水。"这又是褒雪，这个立意让人眼睛一亮，这样一贬一褒，各有情理。其实不管从正面还是从反面写，不管是褒扬还是批判，都是自己的心境与意识的反映，都应认可。而新颖、独到的感受，当然给人印象更深，启迪更大。

◎记叙文的逆向而行

这里说写记叙文逆向而行，是针对一个具体题目来说的，绝大多数当然会按照常规去写成记叙文，也许个别的也会逆向思维，不按常规去写。

前些年，湖南省有一中考作文题是"这也是课堂"，这道题命题人的意图非常明确，绝大多数考生顺着命题思路写，说对于学生来讲几乎时时、事事、处处都可受到教育，学到知识，"课堂"是很广阔的，社会是个大课堂，实践是个大课堂。按照这一思路去结构故事，记叙经历，自然出了很多佳篇。这样的题目看是无法"逆向而行"的了，可有一考生偏偏从反面出发写出了新意。他写班上的语文老师为了迎接上级检查听课，便把要教出的课文事先在学生中多次试教，并把要提的问题及答案都告诉学生，还指定3人课堂答题，只等正式上课，便可对答如流。一切准备妥当只等领导来听课。后来，原定上午来又改为下午，于是中午休息也被剥夺了，又被老师赶到教室里再次"彩排"。下午领导果然来了，课也果然上得精彩，并得到赞扬。于是"我"质疑，"这也是课堂？"而且所教的课文恰好是《皇帝的新装》。显然这是批判、讽刺教育的虚假，立意新奇。那么它是怎样切题的呢？原因就在于作文命题并没有标点符号，"这也是课堂"既可看作是陈述句，也可看作是疑问句，此考生在解读时巧妙地加了个问号，将该文题变成了一句质问的话。这样解读是没有理由去加以否定的。

第二步　选材用材

主题确定后，接着就要选定写文章的材料。选材有这样几个标准：

1. 必须符合主题的需要。若是写人，所写的人物外貌、语言、动作、故事都要符合人物的精神性格；若是写事，要能表现你所说明的问题；若是议论，必须要能证明文章的观点。有的同学写文章所用的材料与主题脱节，这样的材料就不符合基本要求。例如写一个人勤奋，用的材料却是表现他的俭朴；写一个人的坚强，却又只写出他经历的苦难，看不出他在苦难中的奋斗与自强。尤其是写议论文犯这类毛病的更多。请看下面一段话："理想是绚丽的，但通向理想的道路却充满艰辛。司马迁忍受宫刑，艰苦创作；彭老总冒着危险，为民请命；钱学森为了航天事业，奉献终身……"这段话的观点是"通向理想的道路充满艰辛"，下面用了三个材料来证明，司马迁的事例是体现了这一点的，而彭老总为民请命，这是为了人民的利益不顾个人安危，这就不是"艰辛"了；钱学森这里表述出来的是他彻底的奉献精神，只字未提到其中有什么艰辛。这些材料似是而非，可看出作者的思维不严谨。

2. 材料要有真实感，不要胡编乱造。没有真实感的材料，只会使人觉得可笑而不可信，没有说服力，不能感动人，这样的文章必定不是好文章。

也许有同学会问，作家写小说不都是虚构的吗？为什么又可以呢？我们这里说的是真实感，作家虚构的故事，虽然不一定是曾经发生过的事，但一定得是根据生活的逻辑可能发生的事，同样有真实感。同学们生活阅历不够，没有虚构的能力，一虚构就常露出杜撰的痕迹，失信于读者。有一年高考题是"坚韧——我所追求的品质"，结果不少同学都写自己父母双亡，或者说他们得了癌症，而自己还在坚持读书，以此来表现自己的坚韧。大批的父母都得癌症，可谓不真实；父母健在，硬要写他死了，可谓不孝顺。由于这事本来就是假的，作者不能动情，读者更若无其事，这种简单幼稚的虚构，当然不成好文章。

3. 材料要有新鲜感。有的文章用的材料很老套，中学生从屈原写起，再说李白、陶渊明，后说孙文、谭嗣同；小学生总喜欢写牵盲人过马路，捡到一点钱交给警察叔叔，老用这些材料炒来炒去，使人看了也觉得厌烦。

犯这种毛病主要是由于对生活、对社会、对周围事物不关心，不留心观察，更不去体验，所以一些鲜活的材料没有积累起来，要作文了，没有材料，只好杜撰。另一个原因就是受到《作文素材》之类的书拘囿，背熟其中几个素材以不变应万变，翻来覆去往题目上套，形成了作文千篇一律的状况。

4. 力求选用典型材料。典型材料比一般材料有更强的表现力，写记叙文可使人物性格更鲜明突出，事件更有震撼力；写议论文则更能说明问题，具有说服力。

材料选定后还要用好材料：

选准用材的角度。同一材料具有多个侧面，可以证明多方面问题，你写的这篇文章主题是什么，在用这个材料时就应强调能证明这一主题的那个侧面，而不应把材料不分轻重面面说到。例如某同学学习成绩很好，其原因肯定是多方面的：学习精神好、勤奋刻苦、学习态度好、心理状态好、学习方法好、学习基础好、知识广博、涉猎面宽等等，你的文章主题落在哪个方面，就用其中哪方面的材料重点写，其余则轻轻带过。引用经典著作中的话也要掌握这一原则，符合主题的引用，不相关的语句即可略去，不要全段照搬。

请看下面一段文字：

李白有诗说："天生我材必有用，千金散尽还复来。"龚自珍也说："我愿天公重抖擞，不拘一格降人才。"正如诗句所说，每个人都有上帝创造的价值，人生最有意义的莫过于能实现自身价值，而最遗憾的则莫过于人生价值的毁灭。

上面这段话的观点是人都有自身价值，重要的就在于实现其价值。文中引用了两个人的四句诗，对文章观点能吻合的其实就只有"天生我材必有用"一句，"千金"句与本文不沾边，"不拘一格降人才"虽然说的也是人才问题，但说的是社会应怎样造就人才，而不是说人都有价值，所以是另外一回事。那么引用这些材料就要斟酌，选用对本文有作用的，没用的就不要勉强用在这里，否则会成为一个累赘。这里就引用"天生我材必有用"足矣。

用材料时还要注意一点，如果有许多材料都适合，怎么处理呢？那就要区分轻重，有详有略，把最典型的材料展开来说，一般性的就简略地说，轻重搭配，有点有面，有疏有密，也可使文章有起伏张弛的节奏感。

第三步　布局谋篇

中学生学作文，有几种基本文体：记叙、议论、说明。这几种文体结构上有些基本的体式，加之文章不长，不可能有太复杂的结构变化，因此掌握它并不太难。结构的一个总原则是保持条理清楚，能顺畅地表达自己的想法，能让读者清晰地理解文章的意思。至于极个别的文章想追求结构的奇巧，甚至如意识流一般，由于这不是对中学生作文的要求，在这里就不作讨论了。下面分文体来归纳一些大致的框架：

记叙文

记叙文的思路展开，主要有顺叙、倒叙、插叙三种基本形式。

1. 顺叙

顺叙就是按人物的经历，事件的发生、发展过程的先后进行叙述。顺叙也叫正叙。如果是叙述一个完整的故事，就是发生——发展——高潮——结局。

顺叙的好处是人物的经历、事件的来龙去脉十分清楚，文章结构层次井然有序，使人读了一目了然。

顺叙容易掌握，但容易写得平铺直叙，像记流水账。因此要注意行文的变化，可以正面写，也可侧面写；可以直接叙述，也可借人物对话间接反映；还可在顺叙中穿插插叙，使文章疏密相宜，起伏有致。

2. 倒叙

倒叙是把人物经历或事件发展的结果提到文章开头来叙述，然后把人物或事件的发展顺序进行叙述的一种方法。倒叙从时间顺序上看是：现在→过去→现在；从情节发展上看是：结局→发生→发展→结局。

文章采用倒叙，是为了把读者最需要的信息告诉读者或者制造悬念，以吸引读者的注意。因此，设计倒叙，或是先铺设一种情景以引起回忆，或是把事件中最突出、最精彩、最紧张的片断提到开头来写。

3. 插叙

插叙是在叙述中心事件或人物时，暂时中断人物的线索，插入另一事情或情况，插入部分叫插叙。例如鲁迅的《故乡》中，当"母亲"向"我"提到闰土时，就插入了"我"回忆少年闰土的情景。

插叙可以扩大叙述的跨度，丰富叙述的内容；对某些内容作补充说明，帮助读者扫除阅读中的障碍；还可以使文章的结构富于变化，波澜起伏，跌宕有致。

运用插叙要注意得当，要服从表现主题的需要，对人物刻画、情节发展确有好处方可采用插叙，不要滥用。如果随便运用插叙，可能产生结构紊乱，影响表达效果。插叙还要注意过渡自然，插叙部分与文章衔接好，不要让读者感到突兀，看不清线索。

议论文

议论文是谈自己认识、意见、主张的文章。中学生写的议论文篇幅都不长，一般要集中议论一个问题，作者对这个问题的看法、主张就是这篇文章的中心论点。全文的中心任务就是论证这个论点，确立它的正确性。这种任务决定了它必须以说理为主线。因此它的结构展开主要就是两种基本模式。

1. 逐层递进

逐层递进应把要议论的问题步步推进，层层深入。一般的"三段式"，即"是什么→为什么→怎么样"就是这种层进结构的体现。举例来说，命题是"清除语言垃圾"，按这结构式展开就可得出如下提纲：

要清除语言垃圾 {
语言垃圾是什么——粗瘩污秽的语言
为什么要清除语言垃圾——语言垃圾的危害
怎么样清除语言垃圾——提高人的精神素质，坚持语言文明
结论——捍卫语言的纯洁性，捍卫民族文化优良传统
}

2. 并列论证

并列论证的显著特点，是设立若干分论点来论证中心论点，这些分论点之间是并列、平行的关系，每个分论点分别从不同角度来阐明中心论点，形成合力，从而使中心论点的确立得到多方面理由的支撑。例如：

生活是一部珍贵的书 {
生活叫人懂礼貌
生活叫人知苦乐
生活叫人识荣辱
生活叫人辨美丑
} （总结）生活叫人走向成功的人生

运用这种结构最要注意的是防止各分论点的交叉重叠，几段意思纠缠不清，第一段说了的，在下面几段又间或出现，逻辑不严密。如写《期盼成功》，有人这样并列展开：①成功需要努力；

②成功需要勤奋；③成功需要坚强；④成功需要坚持。①②点明显重复，"勤奋"肯定包含"努力"的意思。③④点虽有差别，但写起来，容易交叉，因为"坚强"与"坚持"是因与果的关系，"坚强"表性格，"坚持"表行为，性格坚强必能坚持，能坚持必然坚强，所以写起来容易绞到一起。这是一种最常出现的毛病，写作时要特别多加留意。

上面说的是两种基本式，但一篇文章之内，大框架之下又可能有变式，层进如果是总结构，那么每一层中又可能出现小并列；同样，大结构的并列下，每一项也可能出现层进说理，这些都得根据文章内容来确定。

对于议论文写作的程序，我们可总结出这样的"三字经"：

审题目　明方向

立论点　列提纲

为什么　怎么样

举例子　打比方

正面说　反面讲

结语短　文意长（归纳、照应、升华、展望）

思路顺　行文畅

说明文

说明文的结构相对来说更程式化一些，因为它主要是在于说明白，越容易被人理解接受越好，不像记叙文那样讲究生动、奇巧，所以也就不太追求结构的变化（文艺性的说明文可另当别论）。它大致有这样几种行文顺序：

以空间方位为序：这种顺序大多适用于对物体、建筑物的介绍说明。由上到下，由外到内，由左到右，或者反之。

以过程先后为序：这种顺序适用于生产制作、事物变化等说明文。先说准备（材料准备、技术准备、场地准备），再说制作（制作又按一道道工序由先至后），后说结果（成品）。

以逻辑为序：这种顺序多适用于事理性说明文。先说最重要的，其次说次重要的，最后说较轻的。如介绍工作经验、学习方法等。

由外形到内质为序：这种顺序适用于对物品、产品的说明。先说外形，让读者对物品外形有所认识，再说明构成成分、结构特点，后说其品质、功用，有的还可与它物进行比较。

第四步　语言表达

语言表达是初稿完成的最后一环，写好初稿后一般还要进行修改，但考场作文时间紧迫，大的修改是很难实现的，在构思时必须慎重。

语言表达能力是长期积累形成的素养，是很难在短时期内提高的，更不能期望写作时突然来了灵感，过去说话不通，临场却能文从字顺、文采飞扬。所以得靠平时扎扎实实地学，长期下功夫练。

对中学生而言，语言表达的要求是规范、连贯、得体，把意思表达清楚，生动、形象；讲文采，这是第二位的。

规范就是符合语法，没有病句。连贯是上下句之间衔接好，就文章而言也还有段与段之间衔接得好这层意思。得体是根据特定的对象、时间、地点、场合说话。

对于文采要有正确的认识，不要盲目追求词句的华丽。其实文采也有各种不同形态，典雅华丽是文采，质朴清新也是文采；幽默奇巧是文采，平实晓畅也是文采。中学生中不少人片面追求文采，喜欢堆砌漂亮词藻，而不在思想内容上下功夫，这就本末倒置了。单就语言来说也是一种虚华，只选色彩艳丽的、感情强烈的词语胡乱叠加，实在是过而不当，这是一种恶劣的文风，必须予以纠正。请看下面所举的，高考被评为优卷中的一段话：

林志玲在一次商演中与人拍照，因身高太高，她弯了弯双腿与人齐平，七十多位影迷排队，她弯了七十多次，……笑意盈盈。他们放低了姿态，将自己从遥远的星辰中摘下来，送到人间，无数的星光点缀成高贵的海洋，贯日长虹，骀荡春风。

同学们请注意，这里写的一个基本事实就是林志玲弯腿与别人照相，以表示与人齐平，不显示高人一等。就这回事能赞颂为"遥远的星辰"吗？又自己摘来"送到人间"，仙女临凡了，够得上吗？"贯日长虹"不是大词小用了吗？如果是奋勇杀敌，英勇就义又该用怎样的词语呢？用得不当，就是一种错误，不只是语言的错误，也反映了认识的浅薄。

我们希望中学生多积累些词语，其中也包括一些美丽典雅的词语，但运用时一定要用得其所。在当前虚华文风受到一些人喜爱的时候，尤其要注意语言的朴实、清新、明白、晓畅，不要因词害意，而要矫正词丰意薄的毛病。

此外文章的开头与结尾，对文意的表达有重要作用，这里也提供一些方法，以供参考。

开头

1. 记叙文开头有这样一些类型：

(1)平实开头。直接点出要写的人或所写的事。如某某地方有个某某人，或某时间在那里发生了一件什么事，就朴朴实实地记叙开去。

（2）描写景物，介绍背景。如鲁迅的《故乡》开篇就勾勒出一幅萧索、荒寂的故乡冬景，不仅为人物活动提供了背景，渲染了悲凉的气氛，还赋予它广阔的社会意义，表露了作者悲愤的感情。

（3）交代写作的目的或动机。如鲁迅的《为了忘却的记念》，开篇就说明写作的缘由："我早已想写一点文字，来记念几个青年的作家……只因为两年以来，悲愤总时时袭击我的心……"

（4）提示、概述全文主要内容。如《任弼时同志二三事》的开头："弼时同志一生有三'怕'：一怕工作少，二怕麻烦人，三怕用钱多。"这样开头概述了他的优秀品质，写法上提起了下文的纲。

（5）写现实场景，引起回忆。这样开头，常常适合于倒叙。

（6）突出矛盾、设置悬念。杨朔的《茶花赋》开头写久在异国他乡，怀念祖国，盼望有一幅象征祖国面貌的画，以寄托思念之情，然而却不可得。这一矛盾如何解决呢？这就为后文设置了悬念。

2. 议论文开头常用的一些类型：

（1）直接揭示中心论点。如毛泽东的《改造我们的学习》开篇就说："我主张将我们全党的学习方法和学习制度改造一下。"全文就围绕这个中心展开论证。

（2）点明题目，阐释题义。如有一篇《小议"众口铄金"》，开头就说"众口铄金，意思就是众口一词，就连金子也会被销毁。"接下来就摆历史上"众口铄金"的现象，分析原因。这样开篇顺理成章。

（3）简述事实、现象，然后引发议论。这大多是缘事述评、发感之类的文章。材料作文这样开头也比较多见，即先把有关材料扼要写明，以便针对材料发表意见、评论、感想。

（4）引出敌论，立起靶子。这种开头适用于驳论、批判性文章，在鲁迅杂文里，经常可以看到。

（5）用修辞手法强化语势。例如用对偶、排比等文句开头，强化语言态势、营造氛围帮助文意表达。此法用得好，有一定作用，但不能滥用，形成形式主义文风。有的中学生专爱这样开头，有的语句本身就不顺，有的与内容又缺少关联，这就有害无益了。

文章的开头绝无固定的模式，以上也只是介绍几种常用的方法，不可生搬硬套，写作时根据文章需要灵活处理才会相宜。

结尾

结尾的基本要求是：按文章内容的发展，自然有力地结束，有水到渠成的感觉，能深化主题，增强感染力，或引起读者联想与深思；从语言形式来看，要有收束感。常用的结尾有以下几种：

1. 自然结束。把事件叙述完了，要讲的道理讲完了，要说明的事物说清楚了，就自然收束。例如选在初中语文课本里都德的名篇《最后一课》。

2. 照应标题或开头。例如郁达夫《故都的秋》，开头写着："秋天，无论在什么地方的秋天，总是好的；可是啊，北国的秋，却特别地来得清，来得静，来得悲凉。"这就点着了题。结尾则写道："秋天，这北国的秋天，若留得住的话，我愿意把寿命的三分之二折去，换得一个三分之一的零头。"这又照应了题目和开头，强烈表达了对北国之秋的爱意。

3. 总结全文，深化主题。这种结尾式在议论文中运用最多，在前面提出并论证了中心论点后，结尾再概述，甚至把意思推进一步，既可强化又可深化主题。

4. 提出希望，激励读者。如毛泽东的《纪念白求恩》结尾就这样写着："我们大家要学习他毫无自私自利之心的精神。从这点出发，就可以变为大有利于人民的人。一个人能力有大小，但只要有这点精神，就是一个高尚的人，一个纯粹的人，一个有道德的人，一个脱离了低级趣味的人，一个有益于人民的人。"

5. 展望未来，指明方向。尤其是一些总结现状，激励奋斗的文章常用这种结尾。如朱增泉的散文《中国西部》就是这样结尾的："但愿将来，子孙后代翻阅历史时，西部大开发真正能够成为照亮后人眼睛的一个亮点。"

6. 启发读者深思。例如有篇文章《两份名单》，一份列举了清朝十名状元，如王式丹、毕沅等，另一份名单列举的清朝十名落榜秀才，如李渔、顾炎武、金圣叹、黄宗羲、吴敬梓、蒲松龄、洪秀全等。结论是：后世知道这些状元的不多，而大多知道这些落榜者。于是文章结尾说："高考固是独木桥，人生却有千条路，只要努力拼搏，不懈奋斗，谁知道你将来会不会成为新一代的顾炎武、黄宗羲、吴敬梓、蒲松龄呢？"这类文章最后提出的问题，实际上作者在文中是已提示了答案的，最后的提问只是一个反诘，想启发读者思考来赞同自己的观点，强化自己的观点。

7. 引发联想，回味无穷。例如作家宗璞在"文化大革命"结束后不久写了一篇《紫藤萝瀑布》，开篇写"我不由得停住了脚步"。驻足观赏紫藤萝开放的繁盛如瀑布般奔泻的美景，又回想起它在"文革"时的凋零，这一荣一枯的对比，反映的是时代的面貌。全文是这样收束的："在这浅紫色的光辉和浅紫色的芳香中，我不觉加快了脚步。"本是"驻足"，这"加快"又是什么意思呢？这就让人联想感悟到精神的振作，以饱满的情绪奔向新的生活。

（原载《作文评析与升格》书序）

激活写作创意的新思路（三则）

思维像太阳的光芒

写作本是一种自主自为的事，有了要表达的目的和内容才会提笔。可是学生的作文练习和作文考试却不是这样，带有被动的成分，由别人给你题目，然后去按题作文，于是你得根据别人的要求去定自己的写作目的和内容，这叫立意。那么怎样去立意呢？最轻松便当的是抓住题目的显性意义，从大家都能见到的层面去写。但是，这样虽然省事，却免不了与别人（甚至很多人）撞车，落下个人云亦云，当然就没有了新意。"文以意为先"，意不新，技法再巧，语言再美，也算不得佳作。因此，按题立意就成了第一关，而且是关键性的一关。

面对一个文题怎么去开拓思路寻找新意呢？我就从思维方法这个角度来谈谈。

我们都看到过太阳的光芒，车轮的轮辐，层层展开的花瓣，它们的共同特点是向四方扩散。这就给了我们一个启发：题目就是那太阳那花心，我们的思路应该是光芒、花瓣，向四方扩散。首先，看看这个题目所说的事物，有哪些方面的特点，取其一点，就可能是一个新的立意。再看这题目显性的表层意思是什么，千万别停留在这个最显见的层面上，而要看再深一层它还有什么意义；或者它还能生发出什么比喻意义，象征意义等等。这样说太抽象了，不容易理解，那就举个例子吧。

给你两颗石子，一颗白色，一颗黑色，石子都呈半球体，很像围棋子。——这就是题目，现在请你围绕这个题目作文。

也许你面对这种实物性材料作文感到很不习惯，一时觉得无法下手。再想想，觉得它形体像围棋子，于是在"棋"上想法子做文章，写棋人、棋事、棋艺、棋趣等等。这当然是符合题意的，但这是由最显性最直接的形象联想过来的，是一条直路，所以大家都容易这么写，那么这种立意自然就难出新。

其实这个题目提供的是一个异常广阔的思维空间。"棋"仅仅是其中一片花瓣，一线光芒、突破它，就可进入一个新的世界。我们说要抓住事物的各种特点，全方位设想，这两颗石子有哪些特点呢？

从色彩上看，它们一白一黑，抓住它就可以构想很多新的立意。

例如，黑白两色是色彩中的两个极端，它们是两相对立的，然而，拿一张白色的纸，画上黑色的线条，着上黑色的色块，就可以成为一幅美丽的图画，这就是和谐的统一。于是可以产生一个哲学意义的立意，事物间存在着对立统一的规律。

人类中也是有不同种族的，这些种族的外在的区别就是肤色的不同，有白种人、黑种人、黄种人、棕种人。他们都是这个地球村享有平等权利的村民，没有尊卑贵贱之分。可是有些人却以此划分严格的界线，视白种人为高贵，视黑种人为卑贱，这个观念和由这种观念出发所制订的政策，是对人类文明的一种反动，所以又可产生一个新的立意，反对种族歧视，呼唤人种平等。

还有很多立意。如白云与黑土地的对话，还可写"冲破黑暗，迎接光明"，这个"黑暗"与"光明"还不只是象征社会状况，还可以是象征心理状况。白黑两色甚至还容易使人想起社会上的"白道"与"黑道"，构思出电视中的警匪片。几块白色的皮革与几块黑色的皮革缝合成一个圆圆的足球，不知在绿茵场上要踢出多少激动人心的故事。用黑白的琴键不知能弹奏多少优美的旋律来，这个思维空间真是太广阔了。

既是根据"各种"特点去想，那就还可看看形体，两个黑白半球体，不就像两个面包吗？白色的如白面包，黑色的如黑面包，黑面包象征贫穷，白面包象征富裕，我们要由黑面包走向白面包，建设全面小康的新生活——这不也是一个很好的立意吗？

半球体两个，一合起来就是一个球，它像地球，半黑半白，代表南北两个世界。南半球非洲拉美，代表发展中国家，北半球欧洲、北美，代表发达国家。这南北两半本应携手前进，共同发展，可是现实世界却是发达国家掠夺发展中国家的资源，反过来又以它为自己倾销产品的市场，南北对峙从来没有消歇。对此，当然又可产生一个立意，反对南北对峙，携手建设共同富裕的地球村。

就是把它当作围棋子看待，我们也可以写得新颖一点。如，一盘棋开局下得并不顺，眼看要中盘认输，但坚持下去，终于找到对方的一个漏洞，发起反攻，反败为胜，于是又产生一个立意：永不放弃。反之，一盘棋本来下得很好，但后来麻痹大意，错了一步，于是由胜转败。这样又可产生一个立意：一失足成千古恨，要谨慎地下好人生每一步棋。这样写，落在棋上，意在棋外，自然思想丰富一些，也见些许新意。如果你精通棋道，深谙其中艺术，又可写出《白与黑的对话》《智力的谈判》等有特色的作文来。

上面是举个例子来谈怎样使思维呈全方位发散状态。发散性思维最大的敌人是思维的定势。所谓"定势"，就是束缚在头脑中固有的结论，当你紧紧看定它是围棋以后，就不再展开去寻找别的出路了。突破定势是光芒式发散思维的关键一步。其实束缚与发散往往只隔着一层纸，就是难以捅破，一旦捅破，进入另一领域，就会发现这里还有一片很广阔的天地。

怎样才不至于被束缚封闭呢？这就需要有两种素质：一是开放性的心理品质，二是较厚实的文化底蕴。

敢于解放思想，不满足于求同、从众，不满足于已有的认识，要养成一种思维习惯，喜欢多角度审视事物，喜欢独立思考。这是一种很宝贵的思维品质，不仅对作文有意义，对人生乃至对整个社会都有积极意义。试想，如果没有 20 世纪 80 年代的解放思想运动和改革开放政策，我们的国家、民族可能还蜗行在故步自封的茧壳里呢！

要有较厚实的文化底蕴，多接触事物，多阅读经典，多思考社会，只有你的知识面延展到了的地方，你的联想拓展才可能到达那里。例如上面说的对立统一，反对种族歧视，反对南北对峙等立意，如果你先对这些毫无所知，那又怎么可能联想到这上面去呢？知识的贫血就必然带来思想的苍白！

（原载《年轻人》2005 年第 12 期）

从"第二起跑线"起跑

用词语作为文题时，这个词语都有它的一个本义，这个本义是比较狭窄的，如果我们作文总是扣着它的本身意义去写，文章的立意也会比较狭窄，因而容易撞车，很难出新。那么，怎样才能使文章立意出新呢？我们可以从这个题目出发，找到一些与它相关的事物，然后从那相关的事物起步去确定新的立意，这样就可别开生面了。这些与原点相关的事物总是很多的，它以原题为圆心可以构成一个外围圈，我把这个外围圈叫做思维的"第二起跑线"，从"第二起跑线"立意写作，既灵活又开阔，容易写出新意来。

举个例子来说说。"根"是个较常见的题目，如果只从"根"这个事物去展开联想，大概也就是如下几种立意：

默默奉献。像根一样从不张扬，炫耀自己，只是默默地从泥土中汲取水分、营养，供给树干、树叶、花果的需要。它是实实在在的无名英雄。

忠于职守。根扎在哪里就驻守在哪里，永远全心全意作好自己的工作，即使是再贫瘠的土地，甚至是石崖的缝隙，它也从不见异思迁，永远忠实于自己脚下的这片土地。我们也要学习根的这种精神。

善于吸收。青少年要像树根一样，善于吸收，大量吸收对自己有用的营养，使自己健康迅速地成长。

外丑内秀。根的外形盘盘绕绕，弯弯曲曲，粗粗糙糙。其貌不扬，但是它的精神品格很美。我们要像根一样，不追求外表华美，而重在追求心灵美。

以上立意无疑都是可用的，但它们有一个共同特点是：所展开的联想、类比，都是从"根"的本身出发的，即从"根"的原点起步，是对"根"所具有的特征直接地演绎。因此，面对这个题目，大家都容易这样去想，都容易走这条路去立意，所以就容易雷同，很难出新。

　　那要怎样使这个常见的文题立意出新呢？最好的办法就是避开这个"原点"，而从与其相关的事物想开去，引向与"根"相关联的事物，这就到了"根"的外围，这就是思维的第二起跑线，从这里再去生发联想，展开立意，这样不仅思路更广阔，而且也容易避免撞车，能写出新意。例如还是写"根"，我们就可以这样立意了：

　　化腐朽为神奇。树根长在深山老林，自生自灭，有的终于腐烂，其价值无法发挥。而一旦被根雕艺术家发现了，拿了去进行加工雕琢，便成了价值连城的工艺品。由此想到，要人尽其才，物尽其用，发挥出每个人的潜在价值，化腐朽为神奇，否则其价值就会被泯灭。

　　赞熊熊燃烧的人生。大树根曾被山里人用来做燃料，有的干枯了，能燃出熊熊大火，有的太湿则只会熏出黑烟，这就使我们想起了一句名言：人，如果不能燃烧，就只会冒烟。由这里写开去，就是要让人生熊熊燃烧，即充分发挥自己的光和热，奉献于社会，而不要只会冒烟，泯灭了人的智慧、才干。

　　永不放弃。你看，有的树被砍伐了，但根上又长出新的枝条，茂密葱茏，青春再现。由此想到，人哪怕是遭遇到被砍伐那么沉重的打击，受到似乎无法承受的挫折，但也不要灰心气馁，更不要放弃，要重塑一个明天的新我。

寻根。这个"根"就是取其比喻意义了，如祖辈、故土、源远流长的历史、文化的渊源等等。

以上四项立意，都不是直接从植物的根这个本义出发的，而是从与之相关联、相类似的事物出发的，所以称"第二起跑线"。这样的立意光从本义走出了一步，就显得异彩纷呈，颇有新意了。

为了把问题说清楚，便于同学们掌握，这里再举个题例，画个图来表示。

题目：围绕话题"水"写篇作文，文体不限。图解如下：

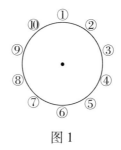

图1

这个圆的圆心就是"水"的本义，如果我们只直接从这个原点出发寻找立意，那大概就是以下内容：水的作用和价值；水的性质和形态（水的三态）；变水害为水利；世界水资源的匮乏，珍惜用水，"地球上最后一滴水将是人类的眼泪"；保护水资源不受污染等等。

而这个圆的圆周则是所说的"第二起跑线"，即写水相关的事物，从这里起步，我们便可以找到许多新的立意了。如：

①"水"与政权：写载舟之水也能覆舟，百姓便是水，政权便是舟。

②水与管理：是"堵"，还是导？

③水与血："喷泉里出来的总是水，血管里出来的总是血"，事物有本质的区别。

④水与人性：温柔似水，暴戾如洪。贾宝玉还说，女人是水做的，男人是泥做的。

⑤水与容量：不辞涓滴，能纳百川。

⑥水与风景：山的沉稳，水的灵动。

⑦水与艺术，水与文章：要灵动着，鲜活着，要有气势，似"黄河之水天上来"。

⑧水与运动：流水不腐，户枢不蠹。

⑨水乡风光：如周庄，如江浙水网地带。

⑩有关水的故事。

当然还可以有很多新的立意，这些都会是从外围起步去进行构思的了。

这里所讲的是又一种思维方法，学会这种方法，不只是对作文有价值，对各科的学习都是有帮助、有意义的。

（原载《年轻人》2006 年第 1 期）

新视角·新理解·新诠释

对事物以新的角度去审视，赋予个性化的理解，作出独特的诠释，这也是我们面对作文题时开拓新思路的途径之一。这个结论比较抽象，同学们理解会有些困难，那就先说个实例。

前些年，有一次高中毕业会考作文命题是"浓浓春意"，笔者组织某市高中语文教师集体评卷，共阅卷11000多份，其中立意创新的不过五六篇。大多在三种情况上撞车。一种是写自然界的春：花开了，鸟鸣了，燕子飞回来了……这样写，写得好当然可以评高分，但立意是没有什么创新的。二种是写社会面貌，建设飞速发展，社会欣欣向荣，这是一个比较常见的写法，以自然比社会，这样写的占1/3左右，所见雷同，也说不上创新。第三种情况更是等而下之，不管文题，只是默写一篇事先准备好了的写好人好事的文章，等到写完，才发现贴题不紧，于是最后补上一句："这难道不是浓浓的春意吗？"这种情况就更难说什么立意创新了。

有两个学生写得比较独特。一考生写的是记叙文。春天的早晨在校园里踱步，先看到一只鸟儿从枝头跌落下来，然后艰苦地挣扎，多次奋飞，终于飞上了树枝。再向前走，看到几片花瓣落在根部的泥土上，"至死眷恋着根下这片绿色的土地"。由此发感。收束全文说："在这充满春意的季节里，小鸟、花儿都作出了自己的选择，那么我，也当不怕挫折，艰苦奋飞，献身于生我养我的这片土地。"他所说的春意是什么呢？他说的是人的精神领域里的那种积极、昂扬的姿态，奋斗、献身，这才是精神花园里最浓的春意。

另一考生则从一帧照片写起。一个小孩立在被美军飞机轰炸过的残垣断壁之上，双眼充满着企盼，这是当年多国部队轰炸南联盟时摄下的照片。文章由此写道："南联盟没有春天，巴格达没有春天，凡是硝烟笼罩之处都没有春天，孩子期盼和平、安宁，期盼浓浓的春意。"显然，文章所指的春意便是全世界的和平与安宁。这两位考生所说的春意是与众不同的，他们用独特的视

　　　　　　　　　　　　　　　　　语文教育散论

角去审视，从不同的领域去理解着"春"的含义，那是充满着美好和幸福的，生机勃勃的，积极向上的事物或境界，这就对"春意"有了新的诠释。这样，文章就开拓出一个新的立意来。

由此可见，有的文题是名词性的（或名词性短语），它们代表着一个实实在在的概念，然而作文并不是要你对这个概念作出如词典般准确的解释，你尽可对这个名词作出新的演绎，用联想、象征、类比、引申等思维方法，"曲解"出它新的含义来。这种生发是依托着原题来的，新颖但不怪诞，合情合理；又因它是个性化的理解，很难与别人"撞车"。这是立意创新的又一途径。

我们再举个例子对这种方法来加以演绎运用。"大海与涓滴"，你可以写实义，大海的辽阔与丰富由涓滴聚集而成。也可以写比喻义：集体是大海，个人是涓滴；知识的总汇是大海，每一个具体的知识点是涓滴；我们的祖国如大海，其中的一城一村是涓滴；精神世界是大海，做一件好事是涓滴……这是就所写的题材领域来说，你还尽可施展联想，把这两者的关系类比到别的领域中去，开拓出新的广阔的天地。

再如文题"风景这边独好"，这是一个较常见的文题，要出新，关键就在于对"风景"的理解和诠释。写风景的本义——自然风光难以脱俗，就把它喻为社会面貌也较一般，亦难见新意。于是联想到人，每个人都是别人眼中的一道风景，不只是人的形貌、衣着，更在于精神。再虚化一点，人生也是一道风景，因此要完善人生，营造人生的风景线。既然人的精神、行为都是一道风景，那么人的死是人的精神最后的甚至最亮的一道闪光，人的死应当是一道最壮丽的风景。对"风景"能生出多少合情理的解释呢？这就在于你能不能把对生活的感悟联系上来，找到与它相似的一点。天天见面的书山文海是风景，旅游所见民俗风情、文化遗迹更是风景；思念所及有风景，憧憬未来更是风景。新的视角带来新的理解，新的理解表述成文就是新的诠释。

下面这篇文章出自中学生之手，确实写得很好。推荐出来给大家欣赏，也想用它来印证一下我的"三新"说。

风景这边独好

刘颖音

生，是一种风景。
死，是另一种风景。

——题记

生，是一项工程，死，是另一项工程。为此，我常为自己的生命工程进行设计。

风景之一

山，是岩浆的凝固；冰，是冬水的凝固；泪，是碎心的凝固；美，是视线的凝固。

人生也会凝固。帝王凝固成了《史记》，儒生凝固成了《论语》，将士凝固成了传奇，商人凝固成了金币，农夫则凝固成了他们所养活的世界。

我也将凝固。要凝固，就作一块悬崖边的岩石吧！作为山石，不是为了成为被人炫耀的功碑，因为无功而有碑是陈腐的，而有功无碑却是不朽的。作为山石，不是为了被人雕刻成一尊大龟，驮着岁月的包裹和人们的重负，让生命变得轻松却乏味。作为山石，不是为了做一块刀剑磨器，让强盗在真善人生中留下揪心的痛楚。作为山石，不是为了去作登山的阶梯，使攀登的乐趣变成徒劳，让不愿付出的人轻易平步青云。

要凝固，就作山道上一块巨石吧！不是要挡住登山人的勇气，而是要用我高昂的头和坚实的臂膀挡住山坡上滑下的车轮和挑战中退缩的脚步。

风景之二

爷爷门前长着两棵树：一棵无花果，一棵夹竹桃。无花果结果不见花，夹竹桃则开花不结桃。生命往往就这般残缺。

一天，我问无花果："你梦见过花开灿烂吗？"它说："不，做不到的何必空梦？"我又问："那你常梦见结果？""不，现实中的做梦有何意义？"我想了想问："生是现实的，死是未来的，你一定梦见过死？""是的！""梦里你怎么死的？""站着！"我又去问另一棵，它给了我同样的答复。我把它们的话告诉爷爷，他说："站着的都是不死的。"

而今，门前的树相继死去，而且都是站着。但我也无法告诉爷爷了。

树，证明了爷爷的话。

开花的，不开花的，结果的，不结果的，都有自己的不朽。这花开不美、果结不盈的生命，也会找到弥补生命缺陷的永恒，只要最后像它们一样——

站着！

风景之三

炭的死是壮烈的。看，它投进火炉噼啪大叫，有人说，那是它在歌唱，燃烧一定很幸福；有人说，那是它在哭喊，燃烧一定很痛苦。但，不管怎样，炭都不会放弃它燃烧的信念。在燃烧中，幸福、痛苦都变成了璀璨的火焰。

水的死是绚丽的。水和太阳每天都在战斗。雄心壮志的太阳擎着炽烈的火网，愤怒的大海掀起滔天巨浪。虽然火网一次次被撕破，但太阳也带走了不少水在天庭烧化。这不屈的水，化成了一团团五彩的云。

云是水的魂。

人是碳水化合物。因此，人不死得壮烈，就应死得绚丽。

风景之四

假如我是一朵会结果的花，我就不怕凋落；假如我是一朵不会结果的花，总恋在枝头又有何乐趣呢？

凋落，对花来说，似乎永远不会构成威胁。

风景之五

生是一面陡壁，死是一面陡壁，生死之间是一条大峡谷。人的脚步就在这峡谷中穿梭往来。幸福好像就在前面的山口。

岂知，在寻觅幸福中，会有崩泻的泥石流，顶头扑来的山洪，狂风怒号劲吹，虎豹凶恶残忍……让生命从容前进吧！该欣赏的风景不要因匆忙而错过。累了就躺在鲜花丛中舒服睡觉；渴了就捧起山泉喝个痛快；冷了就把昔日积存的爱点燃；孤独了就拾起往事重新咀嚼……

生是一面陡壁，死是一面陡壁。我走着，走向自然的生命。

风景之六

多想，给拥挤的人让出一分空地，用世上最好的材料筑起一座真爱的大同世界，让街头流浪的爱，让雪中冰僵的情，让风雨中无家可归的命运，让遍体鳞伤的灵魂，让坎坷中哭肿的眼睛……都一起搬进去。

我便在门口等着——

等流浪的爱梳理好乱发；等冰僵的情得到温馨；等无家可归的命运找到归宿，等受伤的灵魂不再流血，等哭肿的眼破涕为笑……

等最美的生命风景成为人生真谛，我便起身走去。

（原载《年轻人》2006 年第 2 期）

再说要"去华"

——就高考作文语言表达问题与李大愚老师对话①

　　读了李大愚老师《为什么要"去华"》(以下简称《为》)的文章，第一感受就是欣慰。有人在切切实实关心语文教学，在认认真真开展研讨，这是我——一个多年从事语文教学教研的老兵所迫切渴望的情景。

　　我以为李大愚老师与李作霖、吴雁驰老师的文章，基本点是一致的，但各自强调不同的侧面。一致性表现在都认为要去"虚华"，李大愚老师文中说，"'华'如果单指'浮华'或'华丽不实'，拙文'徒虚语'耳。"显然是赞成去"虚华"。李、吴两老师的文章其实也是如此。首先看标题"去华求实"，这个"华"是与"实"相对举提出来的，可见是指"虚华"；再看《去华求实》(以下简称《去华》)文中所举的例子："寒梅意气非凡，因为'梅花香自苦寒来'；落红意气非凡，因为'化作春泥更护花'；小草意气非凡，因为'春风又绿江南岸'……意气，如风帆……意气，如热血……意气，如基石……"这里且不说没有论证一个什么问题，就连意

---

① 2006 年高考语文阅卷完成后，李作霖、吴雁驰两位老师写了《去华求实》一文，发表在《湖南教育》，而后李大愚老师写了《为什么要"去华"》一文刊载在同刊 2006年第 12 期上，发表了不尽相同的意见。

气到底是什么，这个概念也没解说清楚，云里雾里，简直是意气无所不是，意气无处不有，意气无物不像，因此作者对它批评为"华而不实"，由此也可见是反"虚华"。两文都赞成反"虚华"，这就是一致性，那么应该没有分歧了。而有分歧在于各自强调的侧面不同。

《去华》强调的是求实，写议论文要有思想，说清道理；《为》文重视的是要有文采。因此质疑《去华》一文是"并非只反浮华，也反文采"，于是反复强调文采的重要。

《为》文怎么认定《去华》是"反文采"呢？主要依据《去华》中的一段文字："议论文靠什么打动读者？……显然不是联想的丰富或语言的华美以及形式结构的新巧，而是理性的力量……以及语言表达的准确和简约。"由是得出结论"不是……而是……句的运用，显示了作者并非只反浮华，也反文采。"我认为这个结论是有些武断的。就议论文来说，的确主要是靠理性的力量和表达的准确、简约来取胜，有语言的华美及形式的新巧当然更好，但绝对不是主要的。这段话只是说，只有语言、形式之美的文章不是好文章，并没有说思想深刻而语言华美的也不是好文章。当然，从表述严密的角度可以提点意见，在"不是……而是……"之前加一个"主要"就更加稳妥了。读文章要整体地看，《去华》一文并没有笼统地去反对文采，而是再三强调不要"盲目地去追求文采和形式创新"，不要"华而不实"，这一点我在前面已作了阐述。既然如此，就算文章表述有所疏漏，也就不必断章取义当作主要的思想观点去批评了。

我读《为》文，觉得作者对"议论文主要靠理性的力量"这一点似乎也不太同意。文中说："荀子的《劝学》该是议论文吧？联想多么丰富，语言多么华美！"不错，《劝学》是议论文，但它能成为千古名篇，主要也不是语言的华美，而是用华美的语言所表达的思想、内容。如果没有这思想的正确、内容的丰富，也是经不起历史的淘洗的。宋玉的辞赋单就文采而言绝对是上乘，但就是不能像《离骚》流传至今而得到广泛的赞美，大概可以说明这一点。《劝学》语言华美成了佳篇，并不能说明只要是华美的文章就都是佳篇，也不能否定《去华》所说的议论文主要靠理性的力量这一结论。

还要补充说一点，《劝学》是议论文，但它不是普遍运用的典型性的议论文，而是议论性散文，它主要不是用逻辑的分析推理来论述问题，而是大量地用比喻、用形象来表达观点。当然这并不妨碍它成为一篇好文章。高考议论文如果学生能写出这种议论性的散文来，只要写得好，同样可以得高分。事实上湖南2006年的作文优卷绝大多数也是这类文章。这类文章的散文性，自然要讲究文采一些，而大多数典型的议论文是不必在文采方面刻意追求的。思想的深刻，见解的新颖，逻辑的严密，总是第一位的。"文以意为先"这是一条铁律，不仅议论文如此，就是最讲文采的诗词歌赋也是如此。

两文各强调一个侧面，而且各自所说的原则上又都不错，那么怎样来看两文的价值呢？我认为讨论问题的基础是现实。看现实偏离在中轴目标的哪一边，就要把它调整过来。说实话，我对中学生当前的文风是很不赞同的，盲目追求虚华和文采，追求形式美，很少有深刻的思想和丰富的内容。他们特别讲究用三个排比句开头，企图使阅卷者为之一振，从而使朱红暗点，获取高分。他们对屈原、王昭君、李白、谭嗣同等历代名人作一点粗浅的了解，任你出个什么题目，由远及近、由古及今，每人说一两句，一路的乱贴上来，能否说明问题却完全不管。有的更是朦胧晦涩，令人不知所云。对此，《去华》一文作了很实在的表述："40多万考生中纯正的优秀议论文被发现的没有超过10篇"，没有被发现的，我想数量也不会很大，在47万的总数中所占比例实在是微乎其微。文章指出"空疏、虚矫、滥情的文风蔓延""华而不实的文风，几乎是一种疾病，已深入到学生的血管和骨髓，两三年里都未必能医好。"我认为这是符合实际的，切中时弊的，绝非危言耸听。

这个现实已偏离目标中轴很远，面对如此实情，我们应该下大力气矫正什么，提倡什么也就很明白了。所以我认为《去华》是一篇很切合时宜的文章，文中所述现状和提出的观点应引起我们高度注意。

《为》文提出要"能写出一点文采"来，理论上是对的，高考作文评分把"有文采"列为发展分的一项也没错。就像我们的生活要求有华丽的服装一样的合理。问题是现在矛盾的主要方面是身体有病，所以得先治病，在长好身体的基础上再去解决服装美的问题。如果面对这样的写作现状，总去强调文采的重要，就可能转移写作教学的注意力，定错重心，与中轴目标越偏越远。同时，就是我们讲要文采，也应告诉学生这是在保证思想、内容健康丰富的基础上讲文采，而不宜孤立地去讲文采。

《为》文在最后还提出了一个问题："面对2006年湖南高考作文的文体限制，面对刻意打压文采而一味'求实'的叫喊，我为'惟楚有才'而忧。"意思很明显：限制文体妨碍了学生个性的发挥，扼杀了人才的成长。这是一种误解。我是很赞成2006年推出限文体作文的，它最大的好处是有利于促使语文教育、写作教学全面完成高中阶段所规定的任务。《普通高中语文课程标准》对写作学习的要求是，"进一步提高记叙、说明、议论、抒情等基本表达能力，并努力学习综合运用多种表达方式"；语文高考大纲索性从文体的角度提出要求："能写记叙文、议论文、说明文及其他常见体裁的文章。"这是对每一个高中毕业生提出的要求，是每个高中学生都应达到的基本要求，没有任凭自己的兴趣去取舍的余地。就像你不喜欢英语、数学，决不能因此不学它，议论文写作也如此，不爱写，还得学会写。可是从 20 世纪末推出高考话题作文以来，由于连续用了六七年，不限文体，以致不少高中生自进高中后没有正儿八经地训练过一次议论文写作，就是写自己喜爱的擅长的散文体式文章。我们不难设想，这样高中毕业后，走上工作岗位要写写计划、总结，要提些建议，参与论辩，要写论文，那总不能用散文去替代，反过来还得补习高中时所缺失的议论文写作基础训练，这就是教育的失误和损失。面对这种现状，对教学实际上起着指挥棒作用的高考命题，本可以对纠偏有所作为，而且也应该有所作为，而如果还不作为的话，那就不说是罪过，也是渎职了。所以我特别赞成在 2006 年推出限议论文的写作命题题型。如果有人硬要说这是"后滚翻"，那么这个"后滚翻"也是前进。

当然我并非说高考作文必须年年考议论文，绝对不是。命题作文、材料作文、话题作文各有优点，各有不足。但都可作为高考命题题型，关键是不能搞多年一贯制，要不断地轮换。题目要因时而出。多年一贯就成了定势，就使教学偏于一隅。就拿话题作文来说，才推出来时的确令人耳目一新，对打破近 20 年议论文材料作文所形成的僵化起了积极作用，对活跃文风、解放思想具有积极意义。然而沿用太久，其优点就越来越暗淡，缺点就越来越彰显，已到了非改不可的时候了。在这样的背景下，来一个限制文体是非常及时的(还应该早两年变换)。只有不断地轮换，才能迫使高中写作教学按部就班，规规矩矩地全面地完成各种文体的训练。这是就教育的高度来看问题，就导向的高度来看问题。

至于高考限写议论文是否就限制了学生个性特长的发挥，就为"惟楚有才"而忧虑呢？我看这种忧虑是不必要的。学写一点议论文，进行逻辑思维的训练，对于成才只会有益而无妨碍；将来无论在工农商学兵乃至高科技任何一个领域成其大才都得能写一点基本议论文。爱好文学的学生在按大纲要求全面熟悉各种文体写作外，仍然可以有自己特长的发展，展示其文学天赋，我们确信，湖湘儿女多才俊，不愁无诗赠汨罗。

(原载《湖南教育》2007 年第 2 期)

警惕作文的"虚胖"

　　《低姿态的高贵》(见附文)这是一份评了 59 分的文卷。总分 60 分，评了 59 分，接近满分了。考场作文记满分是可以的，它是按高中毕业生的水平来衡量的，不必要求非天下第一文不可，更不可要求绝对的完美。然而得有一个起码的标准是：没有"硬伤"，即没有明显的失误。

　　这是一篇用散文笔法写的议论文。既是议论文，就当遵循它的基本原则，其中有一条，就是论据要与论点对口。

　　本文的主论点是做人要低姿态，可以肯定，这个命题是符合材料中心的。什么是"低姿态"，它是指待人处世要谦逊，不要自视太高，而忽视他人，特别是人民大众。以此我们来甄别文中的论据，评说优劣。第五段说弘一法师圆寂火化时怕烧死蚂蚁，于是说"弘一法师将姿态放低，放到尘埃里"。他珍惜蚂蚁的生命，这是"低姿态"吗？明显已超越了概念的范围。前面说过，"低姿态"要讲待人处世的态度，这个态度就是平等待人，尊重他人，相互关爱，决不是要把自己看得如同蝼蚁。弘一法师这个事例最能说明的是珍爱生命，敬畏生命。所以这个论据与论点是不吻合的，不足以论证论点，是一个无效论据。

在这里还要纠正一点的是，对这个事实本身，文章也没说清楚。弘一法师生前嘱咐弟子，当他圆寂火化时，在笼龛下四角放着碗，碗中盛满水，这样蚂蚁便不会爬过水误闯入火场，以免烧死。并非"在他身体旁放置一碗清水"。

第七段用的事实论据是齐白石对同行们的赞扬，这是恰到好处的，正好说明了待人处世的谦逊态度。接下来写温总理和林志玲的事例也都符合论点的要求，是有用的论据。

另外，本文还有一个缺点，过于追求词藻的华丽，给人一种虚华的感觉。有的话语表意不明确，有的没有把握分寸。如第一段，"为何要放低姿态，去俯身嗅闻路边的花香？"这"闻路边的花香"是什么意思呢？是指感受生活的美好？抑或指学习别人的美德？这都与"放低姿态"没有直接关系。顺着前文来看，这里提"放低姿态"应该是束缚自我的个性，抑制个人表现，而"闻路边的花香"是不能比喻出这层意思来的。

第二段，赞扬"谦兼如玉的君子"，"君子温润如玉的素养"，这些表述总给人俗气的感觉，没有时代感。我们提倡"放低姿态"，大可不必装扮得那么温文尔雅，贵在诚实，更不排斥活泼开朗。而这里所写的君子"总是俯下身，伸出手，笑问这世间是否需要帮助"，俨然是一个救世主的形象，已是十足的"高姿态"了。文章认为这样的人是君子，是贵人，他们本来是高于芸芸众生的，是要刻意"放低"姿态，以便帮助别人。这一点从文章所举的例子也能看出来，弘一法师、齐白石、温总理、林志玲，都是高人、贵人、名人，是他们刻意放低姿态才使别人得到帮助、获得益处的。这就把人明显地分出了等级来。其实我们应有这样的观点：生命是平等的，生命的尊严更是平等的，并非一帮人高贵，大多数就卑贱，高贵的就要纡尊降贵来与低下者齐平。文章中表现出的这种潜意识是不恰当的。

用词失去分寸的地方也有几处。一处，写了弘一法师的事例后有一段抒情的赞美，"他俯身在淤泥里开出的花，洁白、硕大，缀成一片，点亮了他人生的风景，铺排出了他生命的意境，邈远而奇绝，凛然而热切"，怎么是靠这件事才"点亮"人生风景的呢？爱护蚂蚁的生命，这一件事怎么就"铺排出"人生意境呢？二处，写了齐白石事迹后，又一段抒情式赞辞："大师的风范并不在于他强势的外表与斐然的成绩，而在于他成熟的外表下，是否有一颗饱满充盈的种子，圆润晶莹，能够扎进人间深处的土壤，生根发芽，开出饱满的花来，骄傲地绽放着人生全部的光荣与信仰、繁荣与梦想。"为什么大师的风范不在于斐然的成绩呢？这是不容否定的。这颗"饱满充盈的种子"指什么呢？从前文看，无非就是齐白石去看了张大千的画展，题了诗，表现了"放低姿态"的品格，这个"放低姿态"怎能绽放出人生的"全部"的"光荣与信仰、繁荣与梦想"呢？不仅夸大其辞，而且主次倒置了，应该是"信仰"决定"姿态"，怎么是"姿态"绽放信仰呢？第三处，在写了林志玲屈腿照相以后，又有一段赞美词："他们放低了姿态，将自己从遥远的星辰中摘下来，送到人间，无数的星光点缀成高贵的海洋，贯日长虹，骀荡春风。"是"星辰"就够伟大了，而又自己摘下来，就是伟大中的更伟大者，屈腿照张相，小事一桩，够得上如此歌颂吗？"贯日长虹"用在这里是否大词小用了呢？如果是奋勇杀敌，英勇就义，那又该用什么词语呢？显然是用词过当了。

讲文采，不是色彩鲜丽的词越多就越有文采，也不是力度大的词越多越好；用得不当就是虚华、虚胖，这其实是一种病态。

　　　　　　　　　　　　语文教育散论

一本《高考优秀作文选集》上说本文是"点染诗意""摇曳多姿"，这种文章观，是会贻误一些青少年学生的。

附：

低姿态的高贵

湖南一考生

有一种高贵叫做低姿态。

你也许有些不解。从小便在"我很重要"的呼喊声中成长，习惯了抖动着思想，张扬着个性，习惯了怒马横刀的年少轻狂，为何要放低姿态，去俯身闻路边的花香？那就请放慢脚步，且听我与你细说。

你可知谦谦如玉的君子的姿态吗？君子的高贵，在于他们总是俯下身，伸出手，笑问这世间是否需要帮助。俯身的一刹那，君子那温润如玉的素养便如清泉般流出，令这世间，馨香流淌。

高昂的头颅也许是你豪迈意气的标志，但脚下你不曾留心的石块也许会绊住你的脚，漂浮的思想若没了根系，不肯低头俯身，便会感到空虚与渺茫。俯身，也许生命的风景就在路旁，待你去发现。

你可听说过，弘一法师圆寂之时再三叮嘱弟子在他身体旁放置一碗清水，只为使嗅味而上的蚁虫在焚烧之时能有个安身之所。人人景仰的弘一法师将姿态放低，放到尘埃里，注意到了世界上的蚁虫，如此的低姿态，令人何等动容！他俯身在淤泥里开出的花，洁白、硕大，缀成一片，点亮了他人生的风景，铺排出了他生命的意境，邈远而奇绝，凛然而热切。

我注意到你目光中的惊讶与首肯了，你定在为弘一法师的低姿态而动容，那么，再听我说一说。

你可知中国画史上最著名的画、书法、印三绝的齐白石亦是一位低姿态的谦谦君子。文人相轻是同行的通病，而他却永怀谦卑之心，以低姿态处世，张大千办画展时，他是第一个去捧场的；他对他崇拜的同行的三位画家，以诗明志："我愿九泉为走狗，三家门下转轮来。"如此低姿态，令人佩服，令人感动，更令人肃然起敬。大师的风范并不在于他强势的外表与斐然的成绩，而在于他成熟的外表下，是否有一颗饱满充盈的种子，圆润晶莹，能够扎进人间深处的土壤，生根发芽，开出饱满的花来，骄傲地绽放着人生全部的光荣与信仰、繁荣与梦想。

你的眼神开始有了神采。你的脑海中勾勒着一代画师的形象。我听见你心里在说，放低姿态，俯下身，也是一种高贵、一种高雅。

是的，你受了震动。你内心的波涛透过目光传到我心底，但，我还有话要与你说。

温总理在下飞机后对一对等待多时的母子轻声说了声"对不起"，感动了世人。林志玲在一次商演中与人拍照，因身高太高，她弯了弯双腿与人齐平，七十多位影迷排队，她弯了七十多次。他们是拥有高贵的人，但他们却俯下身，看到了大地，笑意盈盈。他们放低了姿态，将自己从遥远的星辰中摘下来，送到人间，无数的星光点缀成高贵的海洋，贯日长虹，骀荡春风。

你可知，轻狂不是罪过，意气不是犯错。倘若你能扎根于生活的土壤，不去做那漂浮不定的浮云，你的生命定将诗意盎然，截取一段便可成诗成画。

我看见你眼里的豁然开朗了，你嘴角上扬，眼光中有神采在飞扬。

你呢？——你问我。

我将放低姿态，俯身闻得一阵芳香。——我答。

（原载《湖南教育》2012 年 6 月中旬刊）

从体验到表达要疏渠导流①

　　我们常常发现，学生有时经历了许多印象难忘的事件，可是却写不出好作文来。这是因为从体验到写作的这条渠道未能疏通，故有了源也无法引流。对此，我们是有深切体会的。

　　今年春上，我校组织初一学生游岳阳楼，事先讲了《岳阳楼记》，也作了"仔细观察"的布置。学生们大都没到过岳阳楼，对这次春游感到很新奇，玩得十分高兴。可是一回到教室写作文，便面对稿纸紧皱眉头。结果作文大都成了岳阳楼简介，毫无春游气息。例如，一个同学写道：

　　岳阳楼，飞檐，盔顶，纯木结构。主楼分五层，高十五米，中间以四根楠木大柱从地到顶支撑着，承荷全楼大部分重力，再用十二根柱子作围，互相牵制，结为整体……

　　我们还找了上、中、下三种类型的学生进行调查，发现学生写不好记叙文主要有两个原因。一是学生没有认识到作文应该写自己的话，因此不能大胆写个人所见所闻所感，特别是不能突出兴之所至的某些方面。他们听了导游解说，看了岳阳楼简介和图

－－－－－－－－－－

① 此文与葛沅老师合写。

片，读了许多诗词、对联，误认为"前人之述备矣"，不相信自己的体验，于是思路受到束缚，不敢放笔行文。二是不会审题，不了解《春游岳阳楼》的体裁。

为了解决这些问题，我们没有专讲抽象的道理，而是通过生动的例子启发学生自己思索。于是修改出另一学生的一段文字：

我走到前楼一看，只见屋顶立着帽尖尖，四角翘起，好像长了两对水牛角，真新奇。我走近去，用手摸摸这儿敲敲那儿，到处都发出嘭嘭的响声，原来没有一块砖头，全是木造的。接着我顺着楼梯往上爬，七弯八拐的，也不知上了几层。我在顶楼停下来，凭栏远眺洞庭湖；浩渺的水波，点点的白帆，如绿带一般的君山，一下子全收到我的眼底，看得清清楚楚，这儿真高！这使我陡然想起了小时奶奶对我说的"岳阳城里岳阳楼，半节耸在天里头"，又难怪前人说"欲穷千里目，更上一层楼"了。

然后，我们引导学生将两个同学的上面几段文字进行比较。在学生发言的基础上老师在黑板上列出下表：

文题	岳阳楼简介	春游岳阳楼
楼的结构	全木结构	敲敲，发出嘭嘭的响声，没有一块砖，全是木头造的
楼的形状	飞檐、盔顶	屋顶上立着帽尖尖，四角翘起，好像长了两对水牛角
层　数	三层	七弯八拐的，也不知上了几层
楼　高	十五米	半节耸在天里头
表达方式	直接介绍	通过"我"的观感来写

续表

文题	岳阳楼简介	春游岳阳楼
写作要求	介绍岳阳楼的历史、地理位置、建造工艺等情况	主要记叙春游活动的经过、情趣、感受，岳阳楼只作为活动场地环境来写，有如画面的背景
文　体	说明文	记叙文

接着，老师将上述问题进行归纳，告诉学生：记叙文要大胆地、具体细致地写自己观察所得，内心所感。这样，学生都有所领悟，课堂上出现了跃跃欲试的气氛。这时，学生又提出问题来："看了那么多，想法也特别多，到底写什么好呢？"老师启发大家，要写"你最有兴趣、感受最深的事"。这样才能思路开阔，下笔之前胸中已有千言。如果思想上先有了"框框"，尽量想合别人的口味，一味雕词琢句，文章就必然会写呆。

这次作文指导效果比较好。全班六十篇作文，没有互相雷同的。过去一般是四五百字，这次一般达到八百至一千字。不少学生写得具体生动，饶有情趣，记叙了愉快的生活，表现了幼稚天真的心灵美，有的插入寄景抒怀，发出了"前无古人"的感慨。

由此可见，"疏"与"不疏"，结果大不一样。还应指出，除了从观察体验到写作表达要注重"疏"以外，如何引导学生把阅读所得运用到写作中去也要狠抓一个"疏"字，这个班从进初中以来，坚持每周读讲两三首古诗，有的学生已能背诵三四十首。指导课上，我们有意引导学生回顾所读过的写春的诗词，并在公布修改过的学生作文时，点明其引用"欲穷千里目"一联，能即景联想，做到了恰到好处。实践证明，学生只要把诗"消化"了，运用也就不难。这次作文中全班学生共引古诗 28 联（句），计 73 处。诸如

"不知细叶谁裁出，二月春风似剪刀""留连戏蝶时时舞，自在娇莺恰恰啼""春风又绿江南岸""吹面不寒杨柳风""等闲识得春风面，万紫千红总是春""未到江南先一笑，岳阳楼上对君山""昔闻洞庭水，今上岳阳楼""爱此江边好，留连至日斜"等等，都用得如此贴切，使作文增色不少。

（原载《湖南教育》1981 年第 7 期）

学会写好一段话

文章要分段，这可使条理清楚，思路朗然，读者一看，更容易提纲挈领抓住要旨。这样，文章作为交流思想的工具，就能更好地发挥其效用了。

我们学写文章，先要学会写好一段话，因为语段是构成篇章的基本单位。如果把全文比作一根链条，那么语段就是这链条上的环节。每个语段，既是全文的一个局部，但分开来看，又是一个较小的体整。一段话，有始有末，有论有据，从这个意义上讲，就像压缩了的篇章。如果会写一段话，那也就初步具有摆布好全文的层次顺序的能力了，在大体结构上不致出现混乱。此外，初学写作，文章一般不长，每段一两百字，如果能通通顺顺写好三五段话，一篇文章也就自然写好了。可见学会写好语段，对提高写作能力有重大意义。那么，要怎样才能写好语段呢？下面我们先看看语段的一般结构形式。

例一：

①在延安，纺车是作为战斗的武器使用的。②那是在抗日战争最艰苦的年月，国民党反动派发动反共高潮，配合日寇重重封锁陕甘宁边区，想困死我们。③我们边区军民热烈响应毛主席的

"自己动手，丰衣足食"的伟大号召，结果彻底粉碎了敌人想困死我们的阴谋。④在延安的人，在所有抗日根据地的人，不但吃得饱，穿得暖，而且坚持了抗战，取得了抗战的最后胜利。⑤开荒种庄稼，种蔬菜，是足食的保证；纺羊毛，纺棉花，是丰衣的保证。

（初中第三册《记一辆纺车》）

这个语段的中心就是第一句：在延安，纺车是一种战斗的武器。下面就分析原因：国民党反动派和日寇想困死我们，而我们则粉碎了敌人的阴谋。不仅吃得饱、穿得暖，而且取得了抗战的胜利，凭什么取胜呢？种庄稼足食，纺棉花丰衣。——所以说，纺车是一种战胜敌人的武器。

这种段式，把中心句放在段首，然后紧接中心或推论分析，或并列表述。这种语段，使人一下就接触中心，纲举目张，印象鲜明。许多说明文、议论文，常用这种形式来结构段落。

有的段式则不同，把中心句放在段尾，作为归纳总结，给人以圆满收束的印象。

例二：

①你看它不管是在悬崖的缝隙间也好，不管是在贫瘠的土地上也好，只要有一粒种子——这粒种子也不管是你有意种植的，还是随意丢落的，也不管是风吹来的，还是从飞鸟的嘴里跌落的，总之，只要有一粒种子，它就不择地势，不畏严寒酷热，随处茁壮地生长起来。②它既不需要谁来追肥，也不需要谁来灌溉。③狂风吹不倒它，洪水淹不没它，严寒冻不死它，干旱旱不坏它。④它只是一味地无忧无虑地生长。⑤松树的生命力可谓强矣！松树要求于人的可谓少矣！⑥这是我每看到松树油然而生敬意的原因之一。

（初中第五册《松树的风格》）

前面几句并列分述松树的优良品格：不择地势，随处茁壮生长；不需施肥灌溉；能抵抗各种自然灾害；一味蓬勃乐观向上。最后⑤⑥句归纳出中心：松树生命力强，要求于人甚少，所以我对它油然而生敬意。

还有一种语段，它们既在段首提出中心，又在段尾强调照应这个中心。

例三：

①革命的集体组织中的自由主义是十分有害的。②它是一种腐蚀剂，使团结涣散，关系松懈，工作消极，意见分歧。③它使革命队伍失掉严密的组织和纪律，政策不能贯彻到底，党的组织和党所领导的群众发生隔离。④这是一种严重的恶劣倾向。

（初中第三册《反对自由主义》）

这一段的结构形式是：

①提示中心 { ②…… ③…… （并列分述） } ④归纳中心。

当然有许多语段，特别是记叙文中的语段，它们并不一定这样明显地提出一个中心句来，但也总有一个中心，读者可以清楚地看出来。如：

例四：

①久在异国他乡，有时难免要怀念祖国的。②怀念极了，我也曾想：要能画一幅画儿，画出祖国的面貌特色，时刻挂在眼前，有多好。③我把这心思去跟一位擅长丹青的同志商量，求她画，她说："这可是个难题，画什么呢？画点零山碎水，一人一物，都不行。再说，颜色也难调，你就是调尽五颜六色，又怎么

画得出祖国的面貌？"④我想了想，也是，就搁下这桩心思。

（初中第三册《茶花赋》）

这一段话四个句子，虽无明显的中心句，但都是围绕着想"把祖国面貌画下来"这个中心来写的。①句是想画祖国的原因，②句是产生画祖国的念头，③句是和画家商量，画家说作这幅画的难处，④句是说暂搁下画祖国的心思。

从以上四个例子可以看出，语段共同之处是：必须有一个明确的中心，全段围绕中心展开，句与句之间必须连贯、顺畅。

而少年朋友们所写的段子，也就正是常在这三个方面出毛病。

第一个毛病是没有中心，读了之后感到丈二和尚——摸不着头脑，不知主要说的什么事。如：

①春雨沙沙地下个不停，干涸了的土地饱饮着清甜的雨水，树绿了，山青了，一派多美的景色呀！②"四人帮"横行时，人民盼也盼不到春雨，到处只是一片混乱的局面。③我们感谢今天党的政策的春雨给人民带来了文明礼貌月，给人民带来了丰收年。④因为"有收无收在于水"，雨水足了，丰收就有保证。

全段四句话，第①句说春雨给大自然带来了春意，第②句说"四人帮"时没有春雨，社会面貌混乱，第③句说党的现行政策像春雨，使精神、物质都丰收了，④句说这丰收的原因是由于下雨。这里的春雨，既实指自然现象中的春雨，又借代指党的英明政策，内容上又说现在山青水绿春意盎然，又说过去秩序混乱，又说现在双丰收。自然环境与社会面貌，过去和今天混杂一堆，因此失去了中心。

第二个毛病就是不善于围绕中心句来展开，不会用其他的句子来支撑中心，说明中心，论证中心，充实中心；或者是论据与论点分离，或者是分述与总述脱节。如：

罗马教皇和"四人帮"导演历史丑剧的目的是相同的，都是妄图扼杀真理。罗马教皇为了维护神权，推行唯心主义，对传播真理的布鲁诺处以极刑，施刑前，为了不让他提出抗议，对他还施用缚舌的毒刑。"四人帮"为了篡党夺权，在杀害张志新以前，为了防止她抗议、宣传，竟残忍地割断了她的喉管。

这段话第一句提出论点：两伙历史的败类，他们的目的都在于扼杀真理，可是下面用来作论据的事实都是讲的屠杀的手段是同样残忍至极的。这个论据显然不足以证明论点。要修改的话，就必须说布鲁诺因为宣传、捍卫真理而被教皇杀害，张志新也因为宣传、捍卫真理而被"四人帮"杀害，两伙元凶的目的都是禁锢和扼杀真理。这样才论点、论据一致了。

还有这么一段话：

牛的用途很大。在还没有全部实现机械化的今天，农民主要靠用牛耕田，有的还用牛拉车；牛肉、牛乳可供食用，味道鲜美，营养丰富；牛皮可以制革；牛粪可作肥料。所以鲁迅先生说，我们要"俯首甘为孺子牛"。

这一段的归纳与分述是对不上号的：前面是说明文文体，具体地讲牛的用途大，一身都是宝。而鲁迅先生说"俯首甘为孺子牛"，是指要学习老黄牛那种勤勤恳恳、任劳任怨为人民做事的精神。完全是两码事。如果按照上文这样归纳，岂不是叫人像牛一样去拉犁，去贡献自己的皮肉了吗？

第三种毛病是句间顺序不当，常常出现颠倒、错混和不连贯的现象。读这样的文章就像在羊肠小道上迂回盘旋，又像抓着一把乱麻，半天也理不出个头绪来。如：

①我的妈妈是一个农村妇女。②她很疼我，我才能坚持学习。③她很勤劳、俭朴，每年把辛辛苦苦喂养的大肥猪都卖给国家。④卖猪所得的钱自己从不乱花一分，都给我做学费。

这一段话叙述的顺序就很杂乱。②句说的"她很疼我"与"我能坚持学习"之间的联系并没说清楚，其中有个原因又掉在最后说去了，那就是给我学费。③句说妈妈很勤劳俭朴，但主要表现又是把猪都卖给国家，而不乱花一分钱这一句却又掉在后面去了。因此，这段话需要作这样的修改：

我的妈妈是个农村妇女，她有许多优良品德。她爱国家，每年都把辛辛苦苦喂大的猪卖给国家。她勤劳俭朴，从不乱花一分钱。她很疼我，每次都把卖猪所得的钱给我交学费，使我才能坚持入学读书。

这种情况是以调整句序为主，把混乱的思路和文句进行一番梳理；还有一种情况是衔接处不连贯，需要增补。如：

①我们的老师经常向我们讲些古人勤学的故事，勉励我们刻苦学习。②我们的成绩有了显著的提高。③他自己也在今年考上了研究生。

这几句话割断来看，每一句都说得通，但是句间却衔接不好。第①句"老师勉励我们刻苦学习"的后面必须补上"我们都照他说的做，他自己也这样严格要求自己"，这样第②③两句才能与第①句挂上钩去。

（原载《语文教学与研究》1983 年第 10 期）

结合《过中秋节》的讨论提高学生的思想水平①

为了提高学生的思想水平，正确处理作文中的立场观点和思想感情问题，我们结合《过中秋节》的讨论，在高中三年级组织了一个单元的写作教学。现将这个单元的教学情况介绍如下。

第一步　学生写评论文

我们把《过中秋节》印发给学生，教师不加一词褒贬，要求学生自己写篇评论。规定主要范围是评文章的思想倾向，要求评论分析必须实事求是，不说大话空话，要有分寸，不要任意褒贬，说过头话。

从学生的评论文来看，完全赞扬《过》文的占 10%，认为瑕瑜互见，瑕不掩瑜的占 10%，其余都是否定的。在否定意见中，有很少一部分说话偏激，指责习作者有意"抹黑"；大部分则说所写的内容没有代表性，不足以反映社会面貌，因而文章不足取，持这种意见的学生，认为文章的好坏，主要是题材决定的，这类反

---

① 《过中秋节》是一篇中学生的作文，写的是过节那天所遇到的困难。文章文辞娴熟，情感真挚，但过于悲观消极，不利于学生健康成长。故引导学生开展讨论，以期让他们在写作文时提高思想认识，培养健康的情感。

映社会存在缺陷的题材是不能写的；只有少数学生提到了主要是感情问题，太消极低沉了。不过即使提到了这一点，也说得很空洞，没有准确的具体的分析。

以上虽属预料之中，但看了文卷后，情况更明朗，更增添了我们抓好这个单元教学的决心。

第二步　开展讨论，公布范文

作文讲评共两节课。第一节讲评课上，我们首先提出这样几个问题让学生进行讨论。

1. 作文提倡写真情实感是否正确？认为凡有真情实感的就是好文章，是否正确？

2.《过中秋节》是否写的真情实感？表现的是什么情感？请作具体分析说明。

3. 表现社会的缺陷，甚至揭露社会阴暗面的题材是否可以写？要写，须表现什么思想感情？

通过讨论，认识基本趋于一致。认识到好作文都是表现真情实感的，但写了真情实感的并不一定都是好文章。《过》文的缺点主要在于流露的情感不够健康，特别是"中秋——国庆，国庆——中秋，妈妈能借到钱吗？"这样把自己家庭暂时的困难特意与国庆这个背景联系起来，显然把困难社会化、扩大化了，怨恨之情隐约可见。看来，并不是这类事情完全不能写，而是要化消积为积极，化颓丧为振奋。

在这个基础上，我们拿出了老师所写的一篇评论范文。这篇文章主要是照参《中学语文教学》1983 年第 7 期冯维铭同志的文章写成的，题为《在暂时困难面前要看到光明和希望》，以此对上面的讨论作了个结论。

至此，我们估计学生还有一个疑虑：如果《过》文所写的完全是习作者当天所经历的实况，这篇文章到底要怎样写才是正确的呢？为了解决这个问题，我们又进行了下面的工作。

第三步　揭示比照文章，引导学生分析

我们认为即使在中秋节那天遇到习作者所遇的情况，同样可以写出有意义的文章来。于是教师自己动手，以同样题材重写了一篇《过中秋节》，在第二节课上发给学生。文章于下。

中秋是欢乐的象征，这一天亲人团聚，共叙家常，多么愉快啊！加之今年中秋与国庆璧合珠联，更在欢悦之中增加了几分庄严的气氛。

这天早晨，我从学校回到了离开一个月的家，一进门就见碗筷紊乱地放在桌上，爸爸妈妈坐在一旁，面带愁容，弟弟妹妹望着妈妈，像在等待着什么似的。我喊了声爸爸妈妈，妈妈应声而起，迎了过来，脸上缓缓地露出一丝笑纹，把我上下仔细打量了一番，说："瘦了，唉，瘦了，我的孩子！"我忙笑着说："没，还挺壮实哩！您看！"说着我捋起袖子，露出黝黑的手臂，"这次体育测验，我还达标了。"说着就动手去收拾桌上的碗筷。这时，弟弟妹妹也跟了过来，和我一起忙乎起来。我从口袋里掏出一个月饼来给他们分了，弟妹望着我，脸上露出甜甜的笑。

"哪来的？还能花钱买这个吗？"爸爸问道。

"不，是学校发的。"

"哎，你就自己吃吧——你回来了，可今天中秋节还不知怎么过呢，家里连称肉的钱也没有。我大病刚好，两百多块钱大部

分是从大队借的，要不是大队关心，恐怕……"爸爸的话还没说完，又咳嗽起来。

我忙倒了一杯开水送到爸爸面前，说："爸爸，您不用着急，更莫难过。大队关心我们，我们感谢。您病好了就是件大喜事。暂时还苦一点，两年三年就会好起来的。东邻家王三爹前几年比我们现在还困难，才两年工夫就翻身了。"

爸爸点着头说："那倒是真的。"

妈妈出去后又回来了，她是去向伯伯借钱过节的，大概伯伯目前手里也不宽绰，妈妈空着手回来了。看来心情不免有些沉重。

我说："妈，我们过节就将就点算了。爸爸病好了，就是大喜，大家高高兴兴的，也不在乎吃点什么好东西。来，这顿饭包给我来做。"

中午，还是那样冬瓜菜，但煎得黄黄的，可算是色香味俱全，另外还加了一样南瓜。可惜我手艺不高，煮的饭还有点夹生，但弟弟妹妹们跟着我跳进蹦出，哥哥长哥哥短的喊得亲热，还不停地唱着："红米饭那个南瓜汤呀，嘿啰嘿。"家里一时平添了许多乐趣。

晚上，静了下来，看到自己比较困苦的家境，心里翻滚着想开了：是的，这几年爸爸生病，不能劳动，又用去许多药费，这是造成困难的一个原因；另外我在离家几十里的学校读书，每年也要多花去许多学费伙食费。其实在我们山里，像我这大年纪的人，大都参加劳动，顶起家里农活了，如我不去上学，家境自然也会好许多。想到这里，一种愧疚之情袭上心头，家里如此忍受艰难，供我读书，可我还没有尽力学好，这不只是愧对国家，而且也是愧对父母啊！古人说"生于忧患"，"穷且益坚，不坠青云之志"。现在我不正是需要这种精神么！

这次回家，学校布置每人起码要带十元生活费，我自己向大队支书借去吧，不要让父母知道了又添忧烦。

走出家门，只见夜色浓了。远处公社的高音喇叭传来了激越悠扬的乐曲："五星红旗迎风飘扬……"新闻广播开始了。天安门前想必是灯火辉煌，焰火腾空了吧，那该是一片欢乐的海洋了！

月亮出来了，又圆又亮，天地间沐浴着银色的光辉，宁静的山村增添了特有的静穆、温馨、幸福的氛围。我想起苏轼的"明月几时有？把酒问青天"来，不知他因何事竟如此感到渺茫，我觉得倒不如改成"明月常常有，无须问青天"。本来嘛，道路不就在自己脚下延伸吗？

这里只有一件事是另加的，就是带给弟妹们一个月饼。这是依据我校的实际情况加的，我校学生来自全县农村，国庆同时是中秋的那天放了假，给学生发了月饼。加上这细节，学生感到真实、亲切。

课堂上，教师引导学生将两篇文章进行对比分析。通过分析，使学生认识到：大体相同的材料，由于观点感情不同，写出来的文章就会产生不同的效果，有的让人感到沉闷压抑，有的激励人们昂扬奋发。因此，要写好作文，就必须加强思想修养，立足点要端正，思想方法要对头，感情要健康。

第四步　布置学生修改自己的作文

要求学生把这两堂课上所学得的思想和知识再消化整理，把自己原来的评论文再作补充、修改甚至重写，巩固这个收获。

这样，让学生从实践（写评论）到提高认识再用新的认识指导实践，问题就基本上解决了。

考试
评价篇

必须改革对学生语文学习的评价

一

教育部颁布的《基础教育课程改革纲要（试行）》在"课程评价"一节中明确提出，要"建立促进学生全面发展的评价体系。评价不仅要关注学生的学业成绩，而且要发现和发展学生多方面的潜能，了解学生发展中的需要，帮助学生认识自我，建立自信。发挥评价的教育功能，促进学生在原有水平上的发展"。这段关于评价的纲领性的话，着重说明了评价的目的、功能。评价本身就是教育手段，目的就是为了促进学生的发展。基于这个目的，它应承担的具体任务是：不仅要关注现有成绩，而且要发现学生各种潜能，了解发展需要，帮助树立信心。文句中用"而且"表递进，强调后三项任务比传统的评价单一的"评定成绩"有着更为重要的意义。为此，对于这种发展评价的理念可以作如下阐释。

1. 评价旨在促进学生发展。它的着眼点不应侧重在甄别，而应侧重在发展；不侧重在历史，而更重在未来。它致力于促进学生提高语文综合素质，从这个角度来说，评价还是为学生终身发展服务的。

2. 评价是与教学并行的过程。它不一定是一个阶段学习以后集中对学习的测试，而是一个持续的过程，是教学活动综合体的一个重要组成部分，哪里有学生的语文学习，就有相应的学习评价，它贯穿于教学活动的每个方面、每个阶段、每个环节。

3. 以定性评价为主，定量评价为辅。《全日制义务教育语文课程标准（实验稿）》指出："定性评价与定量评价相结合。更应重视定性评价。""量化和客观化不能成为语文课程评价的主要手段。"所谓定量评价，就是一切都用分数来表示，包括成绩、等第等；定性评价是力图通过自然调查，对性质、状态、程度用概括性的语言进行描述。过去我们采用的都是单纯定量的评价方式，学生生动活泼的个性被抽象成一个个僵硬的数字，教育的复杂性和学生状况的丰富性都被泯灭了。出于对这一现象的反思与矫正，定性评价越来越被大家所理解、所接受，认为它能更真实地反映教育现象。当然，它并不绝对排斥定量评价，而是以定性评价为统整，在适当的评价中结合使用定量评价。一句话，考试只是评价方式之一，主要应综合采用多种评价方式。

4. 评价内容的多元化。突出语文课程的整体性、综合性，注重对学生语文综合素质进行考查。不仅考查学生的学习成绩，还要关注其学习方法、实践能力、创新精神，以及其学习兴趣、情感体验，对学生建构起立体的、发展的评价。

5. 评价主体互动化。改变传统单一评价主体的现象，由过去只由教师评价学生增加自评、互评，使评价成为教师、学生、管理者、家长共同参与的交互活动。除了教师评价外，还要由学生进行自我评价，组织学生小组相互评价，并让学生家长反馈评价意见，这样既公允、客观一些，同时也可调动大家对学生学习的关注和帮助。

6. 既注意学生学习的统一要求，又注意尊重学生的个体差异。要关注学生语文学习的环境和需要，发掘个体特有的潜能，帮助发展个体特长，且激发其主体精神。不用一个模式裹挟学生，不过分强调统一要求、统一标准，抑制优势来弥补缺陷。要帮助每个个体根据自己的爱好、兴趣、特长，最大可能地实现其自身价值。

把这种新的发展性评价理念与传统性评价作个比较，我们可以发现两者存在如下差异。从评价目的看：过去的评价过于侧重甄别与选拔的功能，忽视其促进发展的功能；发展性评价与之相反。从评价的内容看：过去侧重于关注学生学业成绩，忽视综合素质；发展性评价重视对学生综合素质的评价，在评定现有学业成绩的同时，还要看学习潜能与思维品质。从评价的时机看：过去过分关注终结性评价，忽视形成性评价；而发展性评价对两者都予以高度关注，认为没有形成的过程就不可能期待有良好的结果。从评价的方法来看：过去方法单一，只重视定量评分评价和试卷测验，对学习成效等没有定性评价；发展性评价重视定性评价，结合采用多种评价方法。从评价参与者来看：过去只有单向评价，由教师评价学生；发展性评价强调评价主体多元化，多方参与，协调互动。

二

过去大家都已习惯了一种评价方式，一张试卷、一堂考试、一页分数表，管住全班。现在改为发展性评价。应该怎样操作呢？大致可分为以下四个环节。

1. 明确评价内容和评价标准要根据课程标准的要求和学生的实际状况，制定出全学期的学习目标。这个目标分为学业成效目标和学业发展目标两个方面。学业成效目标是语文知识及能力方面的要求。学业发展目标就更抽象一些，具有精神的、潜在的特征，包括语文学习技能、学习习惯、思维能力、创新能力，此外语文是门人文性很强的学科，学生应在学习中养成高尚的道德情操和健康的审美情趣，形成积极的人生态度和正确的价值观。

2. 设制评价工具，主要制出三种表格，以供评价记录之用。

每个学生每单元学习后都有一页，评价本单元学习成绩。如果全册课文共分七个单元，学生一学期便有七种这样的表格。由于各单元课文不同，学习要求也会有所差别，"评价要点"一栏也就会有所变化。评价等级一栏，分为5等表示：

5——优秀，成绩可作为典范。4——良好，能顺利达到目标要求。3——一般，能基本达到目标，但有较明显缺陷。2——水平较低，处于提高的初步阶段。1——基础差，距离要求很远，且没有进步表现。

"项目总评"一栏则用语言简要概括表述。

下面以现行初中课本第一册第三单元为例（本单元为散文单元，课文为《春》《济南的冬天》《海滨仲夏夜》《夏天也是好天气》

《秋魂》），制表于下：

单元学习状态评价表

评价项目	评价要点	评价者	评价等级					项目总评
			5	4	3	2	1	
基础知识	本单元所有的生字新词	教师						
		学生						
阅读、理解能力	正确流利有感情朗读	教师						
		学生						
	理清思路，理解内容	教师						
		学生						
	体味重要词句的含义及作用	教师						
		学生						
	理解文中的表达特点	教师						
		学生						
	掌握文中运用的常见修辞手法	教师						
		学生						
鉴赏能力	有阅读的情感体验，领悟作品对社会、人生的有益启示	教师						
		学生						
	对文章的情境、形象、感情倾向能说出自己的体验	教师						
		学生						

学期成绩形成性评价表

评价项目	过程评价记录						单项总评
	一单元	二单元	三单元	四单元	五单元	六单元	
阅读							
写作							
听话							
说话							
总评							
发展趋势	进步		稳定		退步		备注

表二是全学期成绩表，每个单元下面记载的单元学习成绩的等级。"单项总评"用扼要的语言表述本项全期学习状况，如对某生"阅读"可以这样表述：朗读能力强，默读每分钟可达 600 字。对课文语言理解准确，分析思路、把握文章内容能力较强。但不善于领悟作者的写作意图和隐含的思想感情。

学业发展目标达成情况表

评价项目	评价者	评价记录
学习方法与习惯，语文实践能力，思维、创新能力	本人	
	同学	
	家长	
	教师	
发展趋势		

本表评价学业发展目标达成情况，因为这些语文素质的增长是一个长期的缓慢的过程，所以，每学期作一次终结性评价即可。

3. 搜集学生情况进行评价

搜集反映学生学习情况的数据和证据以及其他形式的行为表现，是全面评价学生学习最关键的步骤。搜集的情况要全面，能准确反映学生的学习面貌，尤其要重视两端的情况：一端是优势学习领域的表现，一端是弱势学习领域的表现。了解优势，可以扬其所长；了解弱势，可以确定其起跑线，考察进展表现。

要采用多种方法搜集情况。除考试外，还有观察、调查、访谈等。如看课堂回答问题提出问题的表现；平时写作练习、完成作业的表现；参加语文活动，如编辑小报、出黑板报、采访新闻、参加故事会、朗读比赛、辩论会，乃至与人交谈、打电话、写书信等表现，都可了解到学生的语文水平和学语文的态度。

下面着重介绍一种收集情况的方法——档案袋评价法。

"档案袋"，它含有"代表性选辑"的意思。应用到学生的语文学习评价上，档案袋即汇集学生学习作品的样本，以展示学生学习和进步状况。对语文学习档案袋所汇集的内容，我们可以作图示（见图1）：

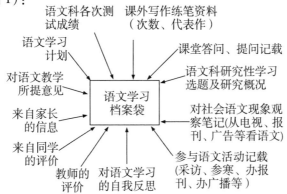

图 1

以上各项内容归纳一下可概括为三个方面：一是记录各种表现的资料，二是来自外界(教师、家长、同学)的评价，三是自我学习计划和反思。

档案袋的建立不仅可以为准确评价学生学习作依据，其价值还在于能促进学生不断审视自我学习状况，以创造各种作品充实档案袋的内容，扩大语文学习的成效，同时还可为教师教学服务，让教师从各个学生的档案袋中吸取多种反馈信息。

当证据、数据搜集到以后，要对其进行分析，并将分析结果填入相关评价表格中，使其能准确客观地反映学生学习状况。

分析时要注意以下问题：应在恰当的小组内对学生情况进行分析，以便有更广泛的人员参与评价；应对来自各方面的信息综合分析，以全面描述学生的发展状况；对各种纵向的数据，应前后联系进行分析，得出对倾向性的预测；对一些与他人、与常模有对比作用的数据，则应通过横向比较进行比照分析，以找到学生在群体中的位置。

4. 制订发展计划　这一点是源于对评价的价值目标不同而定的。发展性评价重在促进发展，因此把制定发展计划当作评价本身的一个步骤。学生通过评价发现自己的所长和不足，在此基础上确定改进学习的要点，将此用清楚、简洁、可测量的目标术语表述出来。而后，在学生实践自己的改进计划、加强学习的过程中，教师应予以高度关心，不断同步地作出评价，以帮助其计划的实现。

三

语文综合素质发展性评价在理论上是可以得到广大教师认同

的，但在实践上仍会遇到一些障碍。最大的障碍源于"应试"，因为目前大规模的选拔性评价其手段仍然是只凭一张试卷一个分数，高考、中考既不看定性的评价表述，更不看学生的语文学习档案袋。鉴于此，中学阶段的语文教学就会紧跟高考，集中精力培养学生的应试能力，力图拿到高分。凡不能进入试卷的，如说的能力、听的能力尚且少去管它，至于要多花力气搞什么发展性评价就更不愿干了。大多数教师还只是急功近利地去看待问题，没有理解只有千方百计提高学生的语文综合素质，才是提高应试能力的根本途径。

此外，这种评价方法比过去的一卷定乾坤也确实要麻烦一些，工作量更大一些。

如果我们的管理者和广大教师都能提高认识，首先通过一定的管理手段督促实行一段时间，逐步形成制度，也便可克服惰性习惯，由"必然王国"走向"自由王国"了。

（原载《中学语文教学参考》2003 年第 10 期）

对高考语文命题的几点思考

一、出活题考能力的方向应该肯定

语文教学要以培养学生能力为最终目标，这已逐渐为大家所接受。许多热心于教改的同志有个最大的忧虑是怕高考题不重视能力，而侧重知识。可喜的是近两届考题在这个问题上表现得非常明确。

第一，考题减少了靠记忆得分的成分，增加了靠理解得分的题量。今年考题需要凭记忆得分的只十二分：一是把十二首诗歌按三个不同的角度来归类，二是找出由课文中摘出的三段话的文章的作者、出处和所涉及的人物。即使这十二分也不是单凭记忆就能得到的，还要靠分析、归纳。这个语文常识考题比以往单纯填空要好得多。我认为单考作家作品这类题目是没有什么意义的，当然中学生对这些东西应该懂一点，但是也不必用高考的形式来提出要求，好像物理不必考爱迪生有几大发明一样。

第二，较完整地考查了语文能力。以现代文阅读为例，在一篇文章中设计了十多个旨在考查阅读能力的考题：有读音，如"只据事实录，令善恶自见"的五种拼音的选择；有随文释词，如对"各有所胜"的"胜"和"身废名裂"的"废"的解释。这样释词考查了在特定语境中的特定含义，比孤立注释好；有对语句和段意的理解；有对全文内容的分析和撮领，这就形成了一个能力的网络。学生具备了这些能力，阅读文章就不为难了。这比前几年的考题有进步：一是注意了考段落篇章的分析概括能力，前几年对这一重要能力是有所忽视的；二是把各种能力综合在一篇文章的阅读中，比较集中、紧凑。当然，这也不是绝对的，只要题目出得好，从两段、三段话中来命题也并非不可，只是不宜过于零碎罢了。

第三，考题比较灵活。这是就题型而言的，特别是文言文考题变化较大，解词释句也采用了选择的形式，还有一些分析思路的考题，如把"众益愤"，"众纵横殴击"插入原文，这在题型上也是一个出新。

当然，这套试题具体到一个个的题目上，也有值得商榷的地方：如作文题注重了实用性，但拉不开距离；去年选的阅读文章太偏，今年的又嫌长；个别题目概括不太准确；去年个别题目答案太明显，没有考试的价值等等。但总的看来，是体现了考能力的方向的。

二、命题是来自教材好，还是来自课外好

这是个颇有争议的问题，我认为主要不在于来自哪里，而在于怎样命题，一般说来，直接来自教材的考题宜少。

1983 年以前，直接来自教材的题目占分较多，都在 30% 左右，84 届最少，只占 12 分（总分为 120 分），今年占 30 分。主张

多考教材的人对此很有意见，认为这样下去教材会失去威信，在教材上下功夫就成了无效劳动，教师不愿教，学生不愿学，挫伤了学习课本的积极性。

我以为这样认识问题是有片面性的。高考作为一把尺子，主要应衡量学生的实际语文水平，而不在于看学生对这几本教材的熟悉程度。当然这两者之间有一致的地方，但又不是全等的。我们凭借教材来教学，最终目的是培养学生能力。学生即使能把教材全背诵下来，但他的实际语文能力并不强，教材以外的书文都不会读，词语一经搬家摆在特定的语境中，便找不到它的准确含义，段落层次理不清楚，文章的思想内容不会分析概括，这不是学习好的学生；学生如果学的是统编教材以外的教材，以致对现行高中课本的选文不太熟悉，但语文能力强，对这类学生，我们应该注意发现和培养，所出的高考题应有利于选拔这类学生。

那么教材上就不能出题了吗？绝对不是，只要题目出得活，同样能达到考能力的目的，同样可以摆脱死记呆背的弊病。今年的考题，如分析《一次大型的泥石流》第一段，要求考生依据这段文字找到形成泥石流的三个条件，并概括出泥石流的概念。对这样的题目，即使是没有读过课本原文的人，只要有阅读能力，同样可圆满作答；而过去学过的也不一定能占多少便宜。

前几年高考有"以纲为纲，以本为本"的提法，我认为"以本为本"不够明确，因为它使人在理解上产生了差别：有的机械地理解为考题必须来自教材，有的则认为考题应在教材水平线上，考试的知识应是教材上曾出现过的。我认为后面的解释才是实质性的。

这样说，现行教材还有谁愿意学呢？这个担心是不必要的。

要提高阅读能力，总得凭借一定的课文，课文虽然是"例子"，但没有例子却不行。好像司机学开车，他只凭一部教练车去学，学会后就要会开所有这种类型的车，而司机总不能因为将来要开别的车，就拒绝在这部教练车上练习；同样，学语文要通过学课本来达到会读千万本书的目的。至于这个课本在人们心目中有何等分量，主要应靠它本身的科学性来决定，编得好，人家自然会采用；如果某课本只是靠高考题来维护自己的威信，逼着人家非学它不可，这是没有意义的。更何况今后允许各种教材竞争，在教材名目繁多的情况下，如果再强调高考题"以本为本"，那么这个"本"到底指哪一家也就说不清楚了。

三、"连坐"评分法不宜采用

所谓"连坐"评分，指的是这样一种方法：一个题目分成几个小题，共占若干分，全对，就给满分，否则就给 0 分。局部错了，"株连"到其他正确答案也不记分，所以姑且称为"连坐"评分法。今年高考评分细则规定，有八处采用这种方法记分。

"连坐"有几种情况：一是因果"连坐"，如从《雷雨》等课的摘句中分别找出两个描写人物动作的有表现力的词语来，再要求说明它们表现了人物的什么性格。这两项答案前后有因果联系，前面错了，往往后面跟着错，如果前面错了，后面却对了，有可能是瞎碰，因此"连坐"扣分，这还有点道理。二是求全"连坐"，如现代文阅读第一题，要求把几部史书按不同情况归类，有 9 个小答案，共 3 分。全对给 3 分，全错或错一个都给 0 分。这叫求全"连坐"。就好像烧开水，烧到 99 度都不算开水，只有最后达到 100 度才算开水。三是整分"连坐"，如按拼音填写 4 个汉子，共 2 分。它不是每个占半分，而是对一个不给分，对两个和三个都记一分。这可以减少记分统分的麻烦，不出现小数分，叫整分"连坐"。

命题组规定这种评分法目的何在呢？一可以省点工——但我觉得高考录取，有时相差一分决定"命运"，为简便着想而忽略准确性是不行的。二可以"拔尖"——但这样只突出全对的答案，虽把全对的和部分对的人为地拉开了距离，却又把部分对的与全错的塞到一块，这就冤屈了一部分人，所以评分不能全面准确地反映考生实际，是不科学的。这种评分法，如果用于大竞赛性的考试，千中挑一，万中挑一，错了一小处便没有入选的可能，那倒还可以，如果用于招生考试或平日教学考试，则不公允了。

（原载《中学语文》1985 年第 10 期）

一个令人忧虑的倾向

　　1983 年高考语文题分为四大块，每块占分如下：语文知识（包括拼音）15 分，其中既有现代文知识，也有古文知识；白话文阅读 20 分；文言文阅读 40 分；作文 45 分。文言文占分比例恰好比现代文多一倍。文言文在高考中所占比例如此之大，使我深感忧虑。因为实践证明，这根指挥棒，已无情地指挥着中学语文教学向着文言这个高地拼命地猛扑。其表现有三：超量、过难、崇古。

　　超量。现行统编高中语文课本每册编选 30 篇，其中文言文期均 11 篇，占 37%。假定这个比例是合理的、科学的，那么实际教学情况又怎样呢？一般是安排文言文教时从宽，安排现代文教时从挤。不少学校往往先从编在后面的文言文教起，完不成任务，就砍去前边的现代文。有的教师现代文干脆一篇也不教，而对 11 篇文言文倒是精雕细刻，只字不漏，甚至挤占其余的时间去找课外的文言文作补充教材来讲。

　　过难。有的教材本身就选得难了一些，如辛弃疾的《永遇乐·京口北固亭怀古》，用典太多，深奥难懂；《孙子》的《谋攻》，省略过多，且无规律，颇费猜度；《曹刿论战》，"文革"前多作高三教材，现"下放"初三，学生难于理解。这与大纲提出的"培养阅读浅近文言文的能力"不适应，再加上有的教师自己补充古文，唯恐难度赶不上高考题，把网越撒越宽，难度加大，因此文言文教学有日益加难的趋势。

崇古。有的在文笔上盲目崇古。应该说现行中学教材的编选，对现代文是很严格的，即使是名家名篇也不迁就，不合规范就加以修改。可是对古文明知有错也不敢动它一根毫毛，公认的衍文也不敢删去。

这种"文言热"现象的存在，显然是不利于中学语文教学的改革的。我们培养的人才要适应四化的需要；要适应社会、科学向前发展的需要，要让学生掌握最急需最适用的语文工具，这就是白话文。中学生学点文言文固然有助于学白话，但应有适当的比例，不能轻重倒置，重文言而轻白话。

造成这种现象的原因是多方面的，但最主要的原因是高考文言题占分太重。当前片面追求升学率是一个客观存在。语文这一科考分是最难提高的，提高作文的考分比提高文言文阅读能力的考分更为困难。作文想得满分，那是可望而不可即的。而文言文阅读，则可拿满分，这是语文中最呆板、最易争分的一大块。

我们认为，高考命题应该反映大纲精神，大纲要求中学生主要具备现代文的读写能力，文言文摆在次要地位，而1983年高考占分却来了个颠倒，这是与大纲精神相违背的。这种比例严重失调的现象，必须坚决纠正。

《人民日报》1984 年 6 月 10 日

后记

20 世纪 80 年代我一直任教高中语文，而且多届送毕业班，因此对语文高考特别关心，对 1983 年高考题我有不同看法，便写了这篇文章。首先我寄给语文大师王力教授，向他请教。他给我写了一封回信，表示赞同我的意见，并将我在文中所用的带文言色彩的字词一律改为白话。我希望能把自己的意见与社会特别是与语文界进行交流，就用王力教授的信作推荐，先后向四家语文教学专业刊物投稿，结果都未被采用，特别可惜的是，一家杂志编辑部把王力教授的信也遗失了，没有退给我，使我很是懊恼。

后来我就寄给《人民日报》发表了出来，这个影响就比较大了，《中学语文教学》转载了这篇文章，并就中学文言文教育问题开展了近一年时间的讨论。高考语文命题组也写文章作了回应，他们并没有表示同意我的意见，不过从当年起，高考卷中再没有出现过文言文阅读占分超过现代文阅读占分的现象。及至今天，30 多年了，近年高考卷古诗文阅读与现代文阅读赋分相等，各记 35 分。这样看来，事实上还是接受了这个意见的。

刊物上的讨论没有什么明显的结果，这场讨论实际上已转移了题目，我文章提出的问题是文言文不要重于现代文，而参加讨论的文章却大都是议论中学要不要学文言文。赞成我意见的不少，批评我意见的也不少，批评的人很多是误读误解了我的意见，认为我是反对中学生学文言文，有的还上纲上线说我否定民族文化传统，这就有点欲加之罪的味道了。

我是赞成中学阶段学点文言文的，关键是把握好一个度，而这个度又不是绝对不变的，这要根据学生语文学习状况来适当调整。就说本文发表的时间 1984 年，离"文化大革命"结束只有几年，当时的高中毕业生，一般是 1966 年出生，小学初中阶段正在"文革"时期，基本上就没有认真学习文化课程，语文基础十分薄弱，错别字多，文句不通现象十分严重，现代文读写都没过关，而把主要精力放到文言文学习上去，这明显就是好高骛远，绝不会有什么好效果。我这篇文章是针对当时现实情况来说的。如果是今天，中学生语文基础相对加强了一些，适量多学一点文言文也就恰当些了。不过对于中学生来说，现代文的学习总是居首位的。

语文高考卷两种模式的比较

自从上海单独高考以来，就存在了两种模式的语文高考试卷：全国模式和上海模式。尽管去年北京开始了单独命题，2004年又有十余省市单独命题，但都还是按全国模式来造型，并没有新鲜面目。有了两种模式的存在，就便于我们来作一些比较，吸取长处，促使高考命题的进步，逐步实现科学化。

两种模式有不少相同之处：首先是指导思想都重视考语文实际能力，重点落在阅读和写作能力上（限于条件，听与说的能力都无法直接考查）。其次，两卷选读的诗文都来自中学课本之外。其三，两卷中写作的占分比例大致相当，虽然上海卷作文占70分，全国卷作文只占60分，但全国卷有个第六大题，占12分，基本上是考写作的，如仿句、扩句、概括表述之类，合起来看，两卷写作也就基本持平了。其四，阅读选文都力求涉猎多种文体，有古文、古诗等，现代文都固定有一篇文学性作品，多用散文，此外或选一篇科技说明文，或选一篇社科文。最后，都注意有健康而较充实的文化内涵。

差异在哪里？从内容上看，全国题多两项内容：一是基础知识题，二是单项的写作表达题。全国卷的语文基础知识为第一大题，分 6 小题，每题 3 分，均为选择题，近些年考试内容为：
（1）语音，（2）辨认字形正误，（3）近义词选用，（4）成语运用，
（5）辨识病句，（6）今年换为考标点符号。上海卷没有固定考这些
题点，只是在阅读考题中，极少量地命一道题考文学常识，如
2002 年卷第 1 题，写出莎士比亚的另一部悲剧作品名，第 20 题
考"少陵"指谁；2003 年卷第 11 题，"摩诘"是唐代诗人王维的
字，苏轼称赞他的作品□□□□，□□□□；2004 年卷第 16 题，
对联在语言形式上最大特点是□□。单项的写作表达题，指全国
卷第六大题一类，它是设置情境，要求限用某种表达形式写一个
句群或一个句子。上海卷近年也出现了这种题目，只是没这么集
中，且题量少，占分少。如 2003 年卷第 16 题，请由"桥"展开联
想，谈谈你对"桥"的感悟。（80 字左右，5 分）。2004 年卷第 10
题，仿文中原句，用"当_____，那_____，便是_____，
仿佛_____。"写一句话。

因为有这些内容上的差异，在卷面结构上也就必然不同。上
海卷很简单，就是两大题：一、阅读（80 分），二、写作（70 分）。
全国题较复杂一些，可称为"两卷七题三块结构模式"。"两卷"：
第一卷全是选择题，包括一、二、三大题，含语文知识题，社科
文（科普文）阅读题，文言文阅读（翻译文句以外的所有题目）。第
二卷是表述作答题，包括翻译文言文句、古诗阅读、默写名句、
现代散文阅读、写作等。三块：语文知识一块，即第一大题；阅
读一块，即二、三、四、五大题；写作一块，即第六、七大题。

经过比较，我们可以发现其差异的焦点就在于有无语文基础
知识这一块。这一块到底是必须单独考还是不宜考呢？我认为：
不宜。必须将它逐步压缩而至最终完全砍去。

道理何在？高考是选拔性考试，它的直接任务是为高校选择优秀学生，这是不能否认的。然而，我们的高考又不是孤立的，它是国家教育系统工程的一个环节，它一面要选拔优生，另一面要保证能有源源不断的优生可供选择，这样就必然承担着为中学教学科学导向的任务，合起来就是常说的"两个有利"：有利于高校选拔，有利于中学教学。

高考语文理应选出语文能力强的学生，也就是会读会写的学生。语文知识是建构语文能力的基础，但还并非现实的语文能力。题目出得好，考能力就必然考了相关的知识，而光考知识则并不一定都体现能力。从这个角度去思考，纯知识题是不必考的。退一步来讨论，即使知识题都能体现为能力，也不宜考。因为严重的问题是它对中学语文教学产生了极为不良的导向作用。高考是指挥棒，这是无法改变的事实，你怎样考，大家就怎么教。由于有了这第一大题的存在，现在的高三语文教学，几乎要花一半光阴去对付它，不信请看书店里五花八门的复习资料，几乎都要花一半的篇幅来"复习"这 18 分所涵盖的内容：语音、文字、词语、成语、修辞、标点、病句辨识与修改、文学常识、作家作品、仿句……而这些又都是通过模拟题的形式来训练的，所以学生大多时间就在题海中漂浮，在题山上攀爬。新的教学理念是要多读书文，少做练习；而高考指挥棒却指挥着教学只做练习，不读书文，就算是读文章也只是为了做文后的练习题，读只是手段，做题才是轴心。教师教得索然无味，学生练得死气沉沉，没有了自主探索，没有了多元解读，没有了创造思维。学生成了一部解题机器，真实的语文能力无法长进，人文熏陶更是一句空话。当提倡的教学理念一旦与高考相碰撞，就只能不堪一击，举手投降。高考是中学语文教坛事实上的终身制掌门人，其绝对权威不容置疑，且无法动摇。

幸好这几年要求识记的知识缩小了范围。过去就连文学常识、古代文化常识也要背得天昏地暗。学生并不是在扩大阅读的同时记下作家作品，他们基本不读课外文学作品，你要考就只好编成歌诀来背："《红楼梦》曹雪芹，《三国演义》罗贯中……"还要背"甲子、乙丑、丙寅、丁卯，状元、榜眼，文房四宝……"这对提高语文能力到底有多大价值？背下来了，是否就有了"文化底蕴"？

除了内容外，模拟训练的模式也很害人。训练题都是选择式，四个选项要么一对三错，要么一错三对，反正对的错的交杂着频繁出现。语文本是约定俗成的东西，学生学语文也就是靠反复接触而形成语感的，而总是让他们与错误的东西反复接触，那在他们的意识里，错的也就无形中成了对的。这就真正是不练还清楚，越练越糊涂。

高三的语文教学就是这样舍其本，逐其末，围绕着这点知识题、识记题、单项训练题去兜圈子，而阅读、写作却相对下功夫较少，因为它们难见速效。就这样，高三的大好时光耗费了不少，如同笨铁匠，钢不安到刀锋上，而安到刀背上。

既如是，全国高考题为什么又拒不采用上海模式呢？可能有两个方面的原因：

一是语文观的差异，命题人力图较全面地维护语文这个知识体系。从高考考试说明可以看出，把语文分解成近 30 个考点，于是力图每套试卷能较全面地覆盖这些点。要考语音，不然都念别字怎么办？要考文字，不然都写错字怎么办？要考病句，不然总出语病怎么办？……所以都要考，文言文能翻译还不够，还要知道这个句式有何特点，那个虚词是何用法。我认为作为一个大阶段语文能力整体评价的考试，不必去问这些枝节，只要考查最终的归宿——读与写的能力，能读会写就达到了目的，许多属于语文知识性的东西根本不用去考它，如这里用了何种修辞手段，那里用的什么说明方法等；有的属于必备的基础，如语言、词语积累、书写、标点，又完全可在答题和作文中看出，也就没有必要单独设题。所以高考就应直奔语文学习最终目的，集中考实实在在的读写能力。

命题人的另一忧虑是怕主观题评分误差大，所以多用点选择题，而这些基础知识题最好出选择题，一道题中可以网罗很多语文现象，考语音、文字就可考几十个字，比从有限的一篇阅读文中找字要容易得多，也涵盖更宽。这当然有一定的道理，问题是这种考法已经对教学产生了误导，两害相权取其轻，我们宁可承担评阅主观题时出现误差的损失（这个方面抓严一些是可以得到一些避免的），也不能危害中学教学。就像作文，明知评分误差最难控制，但还得坚持考，也不能把它改成客观题形式，大概就是这个道理。

平心而论，全国题出了不少精彩的题目，就个体题目而言，比上海卷优题更多。如果能返璞归真，弃繁从简，采用上海模式，定会出现更多符合"两个有利"、广受欢迎的好试卷。

（原载《语文教学参考》2005 年第 1-2 期）

向生活讨教

——也谈高考作文需限制文体

读过陈果安教授《高考作文对文体应作适当的限制》[①]一文，很赞成他提出的主张和阐述的道理，在这里也想凑上自己的一点意见来参与讨论。

把问题从源头说起。教育的目的是什么？是为了培养适合现代生活需要的人，也就是培养具有适应现代生活能力的人。考试作为教育评价的手段，当然要服务于教育的总目标，高考是一种带有特殊意义的评价，它负有选拔的使命。但选拔也是通过评价来实现的，它也要服从教育的总目标，要有利于培养具有适应现代生活能力的人。所有考试，包括高考，如果离开了这个总目标，那就是错误的，失败的。

现代生活向人们提出了怎样的语文能力要求呢？一个高中毕业生应当具有怎样的语文能力呢？缩小到表达一项来说，应该能写怎样的作文呢？陈先生在文中回答说："试想，我们踏入社会之后，写得最多的，不就是记叙、议论、说明一类的文章吗？"这就是说，生活对中学写作教学提出了如是任务：要会写记叙、议

---

① 参见《湖南教育·语文教师》2006 年第 1 期。

论、说明文。其实，对从事一般工作的人而言，写得最多的还是论说类文字：作策划，写总结，参与论辩，表述己见，做调查报告等等，无不是论说。对专业从事文字工作、搞创作的人当然有所特殊，记叙、描写、抒情类的文章写得更多。记叙文在大众日常工作中虽用得不多，但它常常对学写议论文、说明文有打基础的作用，所以掌握这几种表达方式，学会写这三种基本体裁的文章对中学生是不可或缺的。

　　鉴如此，高中语文教学大纲提出要学会"恰当运用叙述、说明、描写、议论、抒情等表达方式"。《普通高中语文课程标准（实验）》也提出了类似的要求："进一步提高记叙、说明、描写、议论、抒情等基本表达能力，并努力学习综合运用多种表达方式。"这是从表达方式这个角度来提出的。而以某种表达方式为主的文章就是某种文体的文章，如以记叙为主则为记叙文，以议论为主则为议论文。于是在语文高考考试大纲中就索性从文体的角度提出要求来："能写记叙文、议论文、说明文及其他常见体裁的文章。"看来，对教学、考试具有指导性的文本所提出的这些要求都是符合教育总目标的，我们应以之为准绳来指导衡量我们的实践。

　　这样，我们就可把问题简化：高考是限文体对培养全面写作能力有利，还是不限文体有利？近7年的不限文体已经给我们作了回答，不限是很不利的。高考长期不限文体，教学追逐高考，从高一起也就不作限文体的训练，喜爱写记叙文的或持"文学偏执"态度的就一直从其所好练下去，三年中基本上没有作过正儿八经的议论文写作训练，偏执的更偏执，缺失的愈缺失，大纲要求没有实践，考纲要求无法实现，走上工作岗位要写点论说类文章，就还得补上高中所缺失的训练。这就是长期文体不限带来的严重后果。

也许有人会说，我不管文体限不限，只看考场出不出好文章。不对，这是看问题视角的偏斜。且不说陈先生文中已指出这些年考场文章总体上并不见佳，退一步来说即使不限文体也出了一些好文章，并不能说明不限就好。评价好与不好的主要标准是有不有利于教育，有不有利于学生写作能力的全面提高。考场能出好文章固然是好事，但只能写这种文体，不能写另外的文体就不是好事了。

高考导向要逼使写作教学全面完成任务，那就只有限文体，要让教学为考试作全面的准备，十八般兵器样样都能使得。所以我同意陈先生所说："高考作文要对文体进行必要的限制，退一步讲，'限文体'与'不限文体'应交互地运用。"

怎样限？几十年来有这样几种要求：

1. 文体不限

2. 除诗歌外，文体不限

3. 限写记叙文与议论文（如湖南 2005 年高考题）

4. 只限用一种文体

这 4 种情况，第 1 种是彻底的不限，诗歌、快板、对口词、商业广告五花八门，千姿百态。第 2 种其实也有"限"，所限者少，只有诗歌划为另类。第 3 种宽限，在 7 年一贯大面积不限文体的情况下，湖南来个宽限，本就有点胆子不小。要纠偏就要有胆量，但也要有过程，这点能理解。但我赞成的还是严格的"限"，只限一种，目的只一个，以限来促使高中教学进行全面训练，以实现大纲要求，让学生将来能较轻松地应对生活的需要。

我更主张"交互运用"，怕就怕搞几年一贯制，一搞就是八年十年不变，形成定势，又把人牵进狭窄的胡同里。"文革"结束恢复高考后 20 年，主要以提供材料限写议论文，其间只有 3 次命题作文。这么长时间变化甚小，又使高中作文只作应对议论文的单一训练，这也是于教学不利的。话题作文的推出有如一股新风吹了进来，给作文教学注入了新的活水，这在当时确实起了解放思想的作用。但一用就是 7 年，生动的也僵化了，优势越来越淡，缺点愈来愈显见。

还是"交互"好，打一枪换一个地方，迫使教学按规律办事，全面提高写作能力。有了这个根本，就必能以不变而应万变。

（原载《湖南教育》2006 年第 9 期）

构建湖湘考题典雅厚重的特色

　　中学语文教学，特别是高中已经完全被牢牢地钉在高考十字架上：考什么则教什么，怎么考便怎么教，不考的就不教。一套考题胜过任何文件精神的理念宣传。而且只要有高考存在，这个状况是根本无法改变的。因此我们不得不慎重地研究高考，并通过研究这一评价手段，实现高考命题的科学化，来为教学改革指引正确的道路。

　　湖南的语文高考自主命题已进入第三年，已推出的前两年的试题和今年的"考试补充说明"，其命题的思想、理念、脉络、特色已得到了较明晰的展示，力图建构"典雅厚重"的湖湘风格也已得到了体现，也为我们研究高考命题提供了良好的例子。命题人的这份辛劳和成绩是可赞可喜的。这里我试图对这典雅厚重作并非完的解读，并借以提出自己的一些看法。

　　改革开放20多年以来，我们的语文观和语文教学观有了一个明显的进步。由重知识向重能力转变，这一点在高考命题中已得到了充分的体现：单纯考语法、修辞（识别辞格）的题目消失了，作用不大的识记题淘汰了。如古文化常识、文学常识也鲜见了。

　　当"考能力"已经成为共识后，新的问题又提了出来：考什么样的能力？是重在考综合性能力（如整篇阅读、整篇写作）还是考单项性能力（如选用词语、识别病句、仿句、变换句式等）；是重在考现实生活中可直接应用的能力，还是只在虚拟的语言环境中才需要的能力（如仿句，在现实生活中是没有直接运用的机会的）；是考一般的语文能力，还是考创新性能力。对此，全国题的思想是偏于求稳的，推出三大板块七大题的结构模式，有较多的单项题存在；而上海题比较激进，只分为阅读写作两大板块，没有独立的单项题，涉及"语言零件"理解的题目，通通置于整篇阅读之中，随境而出。这个差异实际上也反映了地区经济文化背景的特点和意识的开放程度。

湖南题是在这样的时代进程中得以面世的，因此就需要对以上问题作出选择。湖南要构建典雅厚重的风格，就倾向于靠近全国题，而走在"京派"与"海派"之间，自成一格。具体表现在：

一、强调综合能力，适当兼顾单项

阅读部分选用一篇文言文、两篇现代文、一两首古诗作题根，把对字、词、句的理解放到文章环境中去考查。这是主体内容；又适当保留了几道单项题置于第一大题中（去年6道，今年4道），比全国题删去了3道单项题（第六大题），相对来说，更突出了整体阅读能力。

二、讲求实在

文言文阅读比全国题多一道译句题，意在直接指向实实在在读懂文章。要求背诵、默写名篇名句，并明确规定范围是教学大纲所指定的必背篇（段），意在引导学生扎扎实实读好课文，增加积累。

三、追求实用

删去原第六大题，也就是出于这个考虑。仿句题、句型变换题，在生活中是没有直接运用的环境的，它只可能应用于写作整篇文章的行文过程之中。而一篇文章的优劣又远不是以有无排比句来作标准的，所以更无考测的必要。所谓仿句就是追求句式的整齐的形式美，搞多了反而会助长华而不实的坏文风。对此，全国题的制作人也似乎意识到了它的缺陷，去年三套全国题，第六大题中也没有出现一道这类的题目。

在原第六大题删去后，湖南用写文学作品的赏析来替代了它。这个要求比全国题更高，难度也更大，实用意义也更强。其一是这题包括着阅读与写作两项内容，在普遍忧虑作文占分量偏低而又不好解决问题的时候，推出这道题显然增大了写作的权重；其二是多年考话题作文，绝大多数高中生不爱写议论文，形成了写作训练上的空白，而赏析写作属于议论的范畴，也可填补这方面的缺陷。

所有的事物都有两面性，赏析写作推出来是一个进步，用两三年也可以，但不能没有变化。长期不变又会把教学的视点局限于一隅，使教学患上"偏瘫症"。赏析毕竟只是阅读能力的一个层级，阅读最终的归宿与效益还是从文章中获得感悟，有所体会，有所心得，要变也可向这一层次推进。同时，今年的"补充说明"

又强调不是要求写成文章，这就降低了对表达能力的检测意义，而偏重落在阅读赏析上。如果是这样，一道题，一个考点占据16分，这个权重显然太大，与其他各项阅读能力占分相比，显然失当。我认为，必须兼顾考表达。

四、选文要求典雅、质朴

两年来文言文阅读选文都用整篇散文，而且都是经典性文章，不像别省或全国题，单考人物传记，因而多用摘段或剪辑。这种摘选主要落在"文言"上，考对古代语言的理解，湖南选整篇有更完整的文章感，不只考"文言"，还考"文"。整篇的散文，一般表达手段较全面，不只有记叙，也还穿插有议论、抒情。文章结构完整，脉络清晰，质感强，人文因素也更丰富，这是对"典雅"的一个注脚。如果一套题所有的文章都选得文质兼美，适合学生阅读，那就会增强与学生的亲和度，引起学生兴致，有利于发挥他们的潜在能力。现代文选得也还较好，不过似流露出刻意回避当代文的倾向，我以为没有这个必要，只要文质兼美，以文取文，不必太在乎作者。当代美文选作中小学教材的尚且不少，作考题更不必太多顾虑。

人无完人，文无完文，考卷亦无"完卷"。去年湘题中的败笔便是科技文阅读。文字拖沓冗长，第一段又诘屈聱牙，既不典雅更不厚重，不足为范；其中第8题的命制又还有所闪失，就成了一个疵点。

整体地看，我是称赞湘题的。假如要我来命题，我不仅要发扬此中的优点，而且要考虑长远，要不断地调整变化，目的就是要给中学教学以良好的导向。因为，语文能力内涵是很丰富的，全国考试大纲把它浓缩为 31 个考点，本来就是非完全概括。而一套试卷又只考 20 道题左右，就必有一些考点不能入卷。如果多年不变动，长期没列入试题的考点就会被教学置于遗忘的角落，致使语文教学任务不能全面完成。这几年连续考话题作文不变，就已经产生了写作训练的严重缺失，这就是教训。命题作文、话题作文、材料作文要交替上，湘题这两年没考标点、概括、应用写作，以后也可以考，新诗也可以考。不让教学死压在局部能力上，迫使其按照教学大纲的要求，循规蹈矩，全面完成教学任务。

假如我命高考题，还将力求拓展考试空间，由只考读写，拓展到考听能。让考生听一段讲演，或听一段（首）散文、诗歌朗诵，要考生听后用书面回答问题。不只是考听普通话的能力，还考信息捕捉是否准确，情感体验是否真切，内容概括是否恰当，思想提炼是否中肯。请问高考英语都能考听力，母语为什么不能。听与读并列为两条重要的"输入"渠道！

（原载《湖南教育》2006 年第 6 期）

突出一个"稳"字[①]

——湖南省 2004 年高考语文卷评析

2004 年湖南省高考语文首次单独命题，备受各界关注。考试结果证明，这套题较好地完成了它所担负的使命。试卷最大的特点是"稳"，体现了全国高考考试大纲的要求，继承了近年全国高考卷结构模式的传统，难度合适，让大家平稳地度过了这一考试关。

众所周知，这次十一省市的单独命题，虽说是"单独"运作，实际是受着考纲和往届题型的双重严格的制约，并无完全自主创作之余地，很大程度上只能是依葫芦画瓢。在这样的背景下，若单独对湖南题来讨论其命题思想、试卷结构乃至题型运用等大问题，就没有了它的意义。剩下的我们就只能从材料的选择、命题的智慧、提问的技巧以及答案的要求等方面来进行评析、商榷了。

---

① 此文与许美良合写。

一、选材

　　试卷中所选的供考生阅读作答的文章和古诗的文化含量大，文学色彩浓。其中有创新意义的一个亮点是，文言文阅读的选材，突破了历年来全国题专用史传体文章的定势，而选用了苏轼的散文《放鹤亭记》。这篇文言文符合"浅易"的标准。以记叙为主，有人物，有对话，有景物描写，有议论的成分，表达方式运用丰富而灵活。所选是一篇完整的文章，有始有末；结构完整。过去长期只考史传体文章，而且大多是节选片断，今年改为考一篇完整的散文，将会引导中学教学迎考拓宽阅读面，真正学好文言文。

　　但选材用材方面也有一个疵点，对于并非名家名著的文章，为了命题的需要，特别是文字不严谨的地方应该加以修改的没有修改。如所选社科文，第一段就稍有重复，表达不甚顺畅。原文："它既有东方传统医药学的神秘之处，又往往有现代医学所不及的奇特功效。它有神话、传说的成分，它的许多原理至今也无法用现代医药学理论进行科学的解释，但这种'神秘'的医药学，却常常有着神奇的功效。"这里两句话的第二个分句就是重复的，完全可把它合并成一个句子，如："它既有东方传统医药学的神秘之处，有神话、传说的成分，它的许多原理至今也无法用现代医药学理论进行科学的解释，它又往往有现代医药学所不及的神奇功效。"这样改，就简洁、顺畅了。考生读起来又省时间，又好理解。

　　作文的选材以及由选材提出的话题还算不错，关注了社会，关注了家长，关系着学生自身的成长；审题容易，有可写性。但命题一般化，加之要讨论的是"家庭教育"，主要是施教者的行为问题，学生不善于换位思考，感受不深的居多，所以不少文章构思平庸，论述平板。说到这里，顺便一提：话题作文用了五六年了，现在已失去了当初的朝气，又需要来一个变化创新了。

二、命题的智慧和技巧

这套试卷中确有几个亮点，显示出命题的智慧。第 14 题是把握文言文文意的题目。D 项"作者最后引用山人所作放鹤、招鹤之歌作结"。阅读的一个难点正在这里，弄不清"放鹤歌"是谁作的。要读通，先要弄清前面的"挹山人而告之曰"是作者告诉山人；进而弄清"山人欣然而笑曰：'有是哉！'"这是一个疑问语气句，① 那么这里就是两人对话。接下来的作歌者必是作者而非山人了。这种题目落在一点，涉及很宽，思维容量大，是命题之佳作。翻译文中的三个句子也选得好。①句记叙句，②句议论句，③句描写句，且散布在全篇各段；三个句子难易又有梯度：①易，③中，②难。这样选句看似信手拈来，实则颇费思量。16题，古诗赏析命题形式好。用对前句诗的赏析引导学生去赏析第 4 句，对学生作答有导向规范的作用。此外第 5 题判别正误句也很好，AD 两句错误较隐蔽，但又确实是无可争议的病句。

然而一套题就像一首长诗，不可能句句精彩，一般性的题目自然不少。问题是这套试题中还有几处显然不够恰当。第 4 题选择成语运用不恰当的一句，A 项用"无出其右"，这个成语使用频

---

① 《放鹤亭记》在湖南人民出版社 1982 年所出的《古文观止（言文对照）》中就是用的问号。这里若用问号，学生更易理解

率嫌低了一点，与"不以为意""世外桃源""不厌其详"相比，"生熟"程度相差太远，且错得又很生硬。第21题考对现代文的赏析，D项出现"尽管不无'西化'的色彩"，"西化"是什么含意？有的考生很可能没有接触过个术语，倒是政治时事中常见"不能全盘西化"的说法，又可能造成某些学生的误解，所以还是回避为好。

特别是有的设问指向有偏差，造成学生审题作答的困难。第19题："扮一个牧童，扮一个渔翁，装一个农夫，……装一个猎户，……为什么用'扮''装'这两个字眼?"这个提问的角度是作者写作的技巧问题，而答案却是："许多人在现实生活中不像牧童等人那样自由，那样接近大自然。"那么这个问题就应这样提出了："作客山中的'你'，为什么要'扮''装'成这些人呢?"这样学生思考起来就不需绕圈子，可以对问作答了。还有第20题："在畅叙如何领略作客山中的妙处之后，作者在最后一段做了怎样的拓展与'深化'?"这一题的表述也有值得商榷的地方。第1分句似乎多余；第2分句指向不明确：是指运用了什么方法、技巧对文章做了深化，还是指文章在内容思想层面做了哪些深化？既是指后者，问题就可这样提出："文章最后一段说'这样的旅行''不必带书'，为什么？作者从哪些方面阐述了其理由?"这样不就更清楚明白了吗？

此外还要指出有的题目作答似与阅读文本没有什么关系，而是靠社会知识来回答问题。如第10题要找出根据原文章所提供的信息推断不正确的一项。B项说"中医学走向现代化、走向世界已经是一种趋势"，C项说"中医学要走向世界，现在既是机遇，也面临挑战"。"走向世界""趋势""机遇""挑战"之说已成了

　　　　　　　　　　　　　　　语文教育散论

现代"熟语"，肯定是正确项，至于是否依据原文去"推断"，是如何推断的，是近距离直接推断，还是远距离间接推断，这些思维过程似乎被免去了。第7题，中国传统医学为什么显得"神秘"？要选出理解不正确的一项。其中 D 项"很多西方人对于中国传统医药学还不了解"，这一项在通篇中找不到原文的直接信息，似乎也只是推断了，不如用"它含有神话、传说的成分"更好，因为这一句直接摘自原文(本题不是考推断)且又与 B 项"长期……在寺庙中代代相传"有相似之处，其有迷惑度，这样设计选择肢似乎更为恰当一些。

三、答案及评分标准

这套试题命题人所提供的答案及评分标准有两处是值得商榷的。第20题，"作者在最后一段做了怎样的拓展与深化?"答案要求回答6个要点：①自然是最伟大的一部书；②既深奥又浅易；③只要性灵上不长疮瘢，眼不盲，耳不塞；④任何人都可随时随地享受大自然；⑤大自然可以慰藉我们的心灵；⑥指示我们人生方向。其实这里明明只3个要点：①自然是最伟大的一部书(这是对自然所作的定性的解释)；②人人都可随时随地感受自然(这是讲自然对人类施惠的范围很广)；③自然可以慰藉人的心灵，指引人生方向(这是就其价值取向来说的)。三个方面的意思明明白白。硬要把它分成6点，不仅烦琐，而且有的又不在一个逻辑层面，根本无法并列。如第③点，只要……眼不盲，耳不塞，第④点，人人可享受大自然。这两点明显只有一个意思，那就是"人人可享受"，第③点只是强调"人"的一种条件——没有心理和某些生理缺陷，这样强调正是为了突出"所有的人"都能享受，是为④服务的；把它看成与④同等重要而列为要点，是对文章解读的错误。

此外，关于古诗鉴赏题，前面我们已肯定这种命题形式好，然而答案的要求又过于苛严，要求必须回答三个以上要点（联想手段，比喻或通感修辞，美妙的音乐效果）。这里有一个教育思想问题需要讨论。为了培养学生的创造意识和创新能力，我们提倡学生对文本的多元化解读。而事实上"诗无达诂"，解读更可能是丰富多彩的。而一到考试时这些就都行不通了，一个文本就绝对只有一种正确解读可以得分，否则就一律判为错误。而且考唐诗又都只以《唐诗鉴赏辞典》为据，同之者对，异之者错。这不仅有些霸道，而且与我们提倡的创新精神是相背离的。我们认为，只要考生解读得合情合理便都要给分。"疑有碧桃千树花"，考生如果解为：这是诗人寻访吹笙人不到之后的想象。他想到吹笙人坐在桃林里闲适吹笙，表现出恬然自乐的心境，而优美的笙曲则飞越墙外陶醉了听乐的人。能这样解读便合情合理，便应认可了。文学作品，尤其是诗歌，"形象大于思维"，留给了读者广阔的想象空间，任读者驰骋，是不宜画地为牢局限思想之疆域的。

（原载《中学语文教学参考》2004年第10期）

高考阅读中的探究问题

一、什么是探究性阅读

探究这个词，《现代汉语规范词典》释义为"探讨深究"，一个"深"字表示它已超越一般层面。就阅读而言，它就会高于一般的理解接受。高考语文科《普通高等学校招生全国统一考试大纲（课程标准实验·2009 年版）》，把过去的"识记、理解、分析综合、鉴赏评价、表达应用"五个能力层级，增加为六个能力层级，即增加"探究"，置于最高一级。并对"探究"作出如下解说："指对某些问题进行探讨，有见解、有发现、有创新，是在识记、理解和分析综合的基础上发展了的能力层级。"这就对探究阅读作了原则性的释义。

我们平时一般说阅读，就是把别人写的文章读懂，懂得每词每句的意思，能掌握段落结构，明白文章的思路脉络，理解文章的思想主题，等等，概括为一句话，就是能正确理解接受。其实这只是阅读的基本层次，我们可以称它为常规阅读，还有一个发展层次，超常规阅读，那就是探究性、创造性的阅读。例如探究文本的写作背景、作者写作意图，对文本中的某些问题作深入探究；作出自己独特的理解，扩大延伸文本的含意，对文本作出评价，获得自己的阅读感悟等等。这一阅读层次当然得以理解为基础，但又高于一般的理解，是一种更高层次的阅读能力。

二、高考推出探究阅读题的背景、意义

素质教育，创造教育是推出探究阅读题的指导思想和理论基础。《基础教育课程改革纲要》在"课程改革目标"中指出，要培养学生"具有初步的创新精神、实践能力、科学和人文素养"，"改变课程实施过于强调接受学习，死记硬背、机械训练的现状，倡导学生主动参与，乐于探究，勤于动手，培养学生搜集和处理信息的能力"。根据《基础教育课程改革纲要》编制的《义务教育语文课程标准》和新教材，就突出了这一理念，采用新教材实施的语文教育就必须相应加强创造教育，培养学生自主探究的能力。

今年是湖南省高中段全面实施新课程标准采用新教材的第三年，也就是说首届采用新教材的学生已进入高三年级，明年是实施新课标后的第一届高考。在这样的背景下，高考命题中增设探究阅读的命题就势在必行了。广东、山东、江苏、宁夏、海南等省先行进入"新高考"，他们根据全国语文高考大纲所命制的考题，也都增设了此类题目，这又从实践上证明了增设探究题的必然性。

三、高考探究阅读题有哪些内容

高考大纲把现代文文本划分为三类。1. 论说类。这是根据表达方式来划分的，文章共同的特点是以议论说明为主要表达方

式，其内容涵盖十分广泛，政治时事，文化现象，思想评论、书文评介等等，只要是进行论说的都可归属此类。2. 文学类。这是按文体划分的，包括散文、小说、新诗、戏剧。作为高考命题的材料，总是以散文为主，有的偶尔采用微型小说。3. 实用类。一般包括新闻、传记、演说、书信等，在全国高考大纲中还把科普文章也列入其中。

以上三类现代文阅读，在高考中有其共同的要求，那就是理解，分析综合，包括理解文中重要的概念，重要的句子，分析文章的思路结构，筛选整理文中的信息，归纳内容，概括中心思想，分析作者的观点态度等。这些都属常规阅读的层面。此外对探究性阅读提出了如下一些内容。

1. 从不同的角度和层面发掘作品的意蕴，民族心理和人文精神。例如本书中所选小说《酒婆》，命题：探究《酒婆》所揭示的社会心理状态。又如《老哥哥》一文表现了怎样的人文精神。这类题目就是根据此一要点命制的。

2. 探讨文章的创作背景。这里的创作背景即指作品事件所发生的时代和当时的社会面貌。作品中的时代背景大多并不在作品中直接表述出来，那就要根据文章去分析探究，本书中《鹰之歌》后提出的"根据文章内容，探究本文写作背景"，就是这类题目。

3. 探讨作者的创作意图。作者的创作意图与作品的主题思想有着密切的联系，但又并不等同。主题思想是通过作品形象所说明的一个道理，它是属于作品本身的，是客观的；创造意图是作者期望通过作品所达到的社会效果，是主观的。本书中编入了孙犁的《锁门》，并在文后提出了这样的问题：作者写作《锁门》的意图是什么？对此有几种不同的说法，你赞成哪一种？为什么？请说出道理来。①生活中的琐事，实在令人心烦。②贫穷自在，富贵多忧。③社会发展循环论，从打破桎梏的原点出发，绕一圈又回到原点。④用生活中的现象引起人们对社会问题的思考。⑤迫切的问题是提高社会人口的素质。

4. 对作品进行个性化阅读和有创意的解读。文学作品总是用形象来表意的，而形象的意蕴是非常丰富的，它可以直接地解读，还可以凭借联想、象征、比喻去得到另外的解读，这就是"形象大于思维"。于是对同一作品的阅读就有了"一千个人有一千个哈姆莱特"的差异，出现对作品多元化解读，个性化解读的现象，这种解读只要是合情合理合文的都应认可。探究性阅读题也就可能涉及这一方面，让学生展示自己个性化的解读。这样的问题往往不具有唯一的答案，只要合情合理合文就可以。评阅这样的答案不在于分辨谁说的是绝对真理，而在于所阐述的是否有理有据，逻辑是否严密，是否文章本身所具有的东西，即不离文本，言之成理，持之有据。如本书中《我是农民吗？》一文后提出了这样的问题"赵本山以农民身份当选全国人民代表，对这事作者有怎样的看法？你有怎样的看法？"

5. 对文本的某些特色作深度的思考和判断。文章的特色，主要在艺术形式方面，如语言风格、结构形式、表现手法等等，这就要根据具体的文章来分析。如读《孔乙己》一文，可以提出这样的问题：作者为什么要通过小伙计"我"来讲述孔乙己的故事？探究一下这种写作角度与直接用第三人称来描写，效果有什么不同？这个问题就是引导学生从其写作特色来思考、判断的。

6. 探究文本中的某些问题，提出自己的见解。这是在阅读中与作者"对话"，相互探讨。例如本书《我是农民吗？》文后有这样的问题：贾平凹说"真正的苦难在乡下，真正的快乐在苦难中"，本文作者却说"苦难是没有快乐的"。你对他们的话有怎样的理解？你赞成谁呢？

当然，要论阅读的探究，其内容涵盖是十分广阔的，就是用得精到的一个词语一个句子都具有可咀嚼探究的价值，以上只提了这几个方面，是根据高考大纲来解读的，自然是设置探究题的重点。

四、探究题的特点。

1. 思考的深刻性。高考大纲明示，解答探究性问题，要"有见解、有发现、有创新"，是在常规阅读基础上发展了的能力层级。命题的落点会高于一般阅读理解题。这就要求在平时阅读时关注探究，学会探究。

2. 答案的开放性。有的探究题并不具备唯一答案，它提出一个问题供讨论，在这种情况下可以各抒己见，个性解读，多元解读。关键在于依据文本，把道理说得充分深刻，表述清楚、严密。

3. 命题形式都采用问答题，能展开阐述论证，这就不是选择题所能承担的了。

我们编写这本书其目的就在于为学生提供学习探究阅读的资源，从书中学习探究方法，进行实际训练。书中每篇文章之后重在提出探究性问题，并未对其他常规阅读题全面设计。只是为了增强文本的利用效率，有的文后也命制了一两道思考力度较大的题目，也是对探究阅读的一种辅佐。

（原载《阅读中的探究问题》序言）

考试作文评分的两个观点

今年湖南省高中毕业会考的作文题是《可怜天下父母心》。岳阳市评卷点对一篇文章的判分起初发生很大分歧：有人说它不知所云，离题万里，不能及格；有人说它扣题含蓄，手法新颖，语言流畅，是难得的佳作。这里我先把原文一字不易抄在下面。

可怜天下父母心

家门前有一棵橘树，春去春来，十几年了，可就是没有开过一次花结过一次果，邻居们都说，那是一株不开花结果的树。

初春的一天，我回了家，是去拿钱，因此我心里显得很沉重。进门时，几位邻居坐在我家闲扯：

"嘿！听说二毛去年在广东赚了不少钱，给他妈买了金耳环。"

"哎呀，大嫂，你家军伢年纪不小了，都读了十几年了，还读什么？"我知道，她们又是在我妈面前煽动，我咳了几声，推门进去。

"嗬，军伢，回来了，穿得还挺阔气的！""成绩不坏吧?！"

我的脸有点发烧，但是我没理她们，推门进房去了。家里还是老样子：上了年纪的家具，坑洼不平的地面……我吸了口凉气。只觉得房里很闷，我打开窗子往外望了望：门前的那棵橘树还依然挺立在那儿，树枝上已长出几点新芽，我似乎想起了什么，推门出去来到了橘树下。橘树比以前又壮了，可是，它今年会开花吗？爸爸恐怕这回是下定了决心，它今年再不开花，爸爸说是要把它砍掉的。"丁零……"一阵车铃过后，爸爸回来了，推着那辆老式"飞鸽"，拖着疲惫的身体回来了。我第一次正眼望着他：过度的劳累已使他眼睛深陷，颧骨高凸。才40岁的人，头发已白了多半。我打了声招呼："爸，回来了？""你？今天怎么也回来了？""呵，是学校要交钱。""唉?!"他再没有作声，而是直奔厨房，交代妈妈要她搞点菜……本来，我想还向他说些什么的，可我脑里一片空白，只是眼睛呆直地望着爸爸去的那个方向……一阵风拂过，不禁使我略感凉意，我醒悟过来，转而双眼呆呆地望着橘树，细心地聆听，枝叶在风中发出了沙沙的声音。……或许，它是在向我表白，今年它会开花，还会结个又大又红的橘子。

家门前有棵橘树，十几年了，没开过花，没结过果，爸爸多次要砍掉它，但它今天却依然健在……

经过讨论最后我们给这篇作文评了满分。这场讨论实际上是就考试作文评分的两个问题取得了共识。

一、中学作文教学的目的不是培养文学创作的能力，但学生写了文学作品并不能加以否定；不提倡不等于不允许。立意准确、结构有条理、语言通顺这是基本要求，如果符合这些基本要求，又新颖精巧的，评分则应从优。

上面所抄的是一篇散文，全文没有一个直接亮题"可怜天下父母心"的句子，没有对父母苦心望子成龙，尽心教子成材的场景记叙，也没有对父母为了子女而甘于牺牲一切的正面描写，更没有对父母爱心作伟大崇高一类的议论评价，因此不被一些只爱明白、直露行文的教师所承认。其实这篇文章是写了父母的爱心和苦心的。它以培养了十多年的橘树象征作者自己，十多年橘树没开花结果，喻说"我"长进不大。就其生活环境而言，很多同龄人辍学南下捞钱，外面世界的诱惑，邻居们带嘲讽的"规劝"，都动摇不了"我"坚持读书的决心。对父亲着笔不多，但人物性格是鲜明的，写他的外貌神态及推着旧"飞鸽"，说明家庭在艰难中支撑，口里也说橘树再不开花就要砍掉，但"今天却依然健在"表明对"我"的期望和爱是何等深沉、坚实。写父母的爱，没有儿呀肉呀的亲昵，没有泪呀血呀的酸苦，没有党呀国呀的博大……只在问清孩子提前回家的缘由是"要钱"以后，没有半句责难，只是走到厨房要"搞点菜"，这情感朴实、厚重一如泥土。这么看来，怎不是"可怜天下父母心"？

有人说，中学写作教学并非培养作家。诚如是，但学生如果在不违背考试作文要求的同时又能初露文学的才华，有什么不好呢？我们不要求学生都如是地作文，但有学生在这方面有爱好，有特长，显露了出来，总不该否定，总不能视为异端，挥动考试的大棒将它打死。我们不是要鼓励学生发挥个性特长吗？不是有很多中学办了文学社吗？我们的文艺队伍不是殷切期望后继有人吗？这些苗子就必然扎在中学的园地里。

二、中学生考试作文可以打满分，而且在若干个满分中也可能会有高下。

天下没有十全十美的事，没有十全十美的人，也不可能有十全十美的文章。很多人就用这条理由说学生作文根本不可能打满分。这个观点是很片面的，中学作文考试是以对中学生的要求来作评价标准的，并不是要求写出如巴金、冰心式的作品来，正如数学考试只要能把中学范围的内容熟练掌握就可得 100 分一样，也不要求都有如华罗庚、陈景润的水平才给满分。

具体就中学生考场作文而言，切合题意，观点正确，内容突出、比较丰富，结构有条理，语言准确连贯得体，字迹端正，卷面整洁，就可评满分，其中要特别重视表达能力，对有创造性的应该从优。

有人说，就算中学生考场作文可以评满分，那么在一次大规模的考试中也只能评一个满分，其余依次递减。这个意见也值得斟酌。

首先要看是什么性质的考试。如水平考试（毕业会考等），学生参考，是看他是否符合了应有的水平，用跳高来打比方，如果跳过 1.4 米就可得满分，若跳过了这一高度的共有五人，也许他们实际水平又不完全一样，有的刚好能跳 1.4 米，有的能跳 1.5 米，甚至 1.8 米，但在这场考试中都是百分，因为他们都符合了既定的标准。作文评分也一样，得满分的有一群，其中优中更有优者，这是正常现象。

就是对选拔考试来说，"一个满分"的意见也不一定很合适，看似有一些道理，操作起来就行不通。例如高考，全省阅卷，10 万份作文卷子，作文实际分值为 50 分，最多就是 50 个等级。如果最高等只有一人，其余 99999 张试卷都挤进 49 个档次，又能分布合理么？如果怕满分多了，在同一分数中水平有差异，不合理，那么将几千张卷子挤在及格分数这条线上，难道它们之间就没有实际水平的差异吗？这不也是不合理？任你采取什么措施，作文评分的模糊性总是比较大的。我认为在每次作文考试中，评上 1%左右的满分并不过分。这已经是实实在在的"百里挑一"了。

（原载《中学语文教学参考》1994 年第 7 期）

作文评分要鼓励创造性思维

　　写作，是一项最富于创造性的脑力劳动，可学生作文中表现出的一个严重问题是创造性思维的贫乏，特别是考场作文尤其显得呆板，没有活力，缺少生气，缺少新意。最近我组织全市高中毕业会考评卷工作，在一万一千多份文卷中，发现有点创新意识的不过三四篇，实属凤毛麟角；绝大多数文章都是同一副面孔。（一）立意求同，选材一致。仍以这次会考作文为例，题目是"浓浓春意"，绝大多数学生立意取材是，或写春光秀丽，或写改革形势大好，或表彰助人为乐的好人好事。（二）结构公式化。一类是只写春景，远看到近看，仰看又俯看，陆地到水面，早晨到傍晚；一类是先写春光秀丽，再写农务繁忙，结尾说不负大好春光；还有一类是索性就写一件好事，或回忆一个好人，最后来一句："这不正表现出了浓浓春意吗？"几个模式套住一万多篇作文，整体地看使人感到滞闷。如果我们的学生果真这么没有创造能力，民族的素质和民族的未来都是令人忧虑的。

　　原因在哪里？当然是多方面的，但其中制约学生创造思维发挥的一个重要的直接的原因是评分，特别是考试作文评分的观点失当。其表现有以下几点：

一、审题决定论

要求文章准确地全面地与题目对应，标题中的每个字眼都要在文中得到体现，字字落实。一旦有些"偏题"就严厉扣分，如果被认定为"离题"，就更加残酷打击，轻则不及格，重则记零分。1990 年高考作文，材料是孪生小姐妹游玫瑰园，某省评卷就因认定为离题而判了 4000 个零分。

怎样才算扣题工稳呢？仍以"浓浓春意"为例来说明。首先必须写春意，可以用象征手法，但既然定为"春意"，那还得从自然界的春写起，一定要先从景物描写上表现出春意来。其次既然是"春"，表现的就得是美好的事物，只能赞颂，不能从批判的角度写。最后得表现出"浓浓"来，如果有，但不浓，也是不合要求的。与这种见解不同，有的认为扣题可以宽松一些。

这样就产生了评分误差严重扩大的现象：对同一篇文章，甲认为是偏题，判了不及格；乙认为有新意，有创造性，应判高分。请看下面这篇作文，原判就只记了 70 分，后来通过集体讨论改判为 95 分。

浓浓春意

三月的春风诉说着春天的承诺，缤纷的季节向我们敞开心扉，绿叶在向我们招手，希望在前方闪闪烁烁。我们正忙碌于这充满生命力的季节里。

清晨，我早早起床了，独自在校园的小道上踱步。月儿星星已经隐去，东方的天际染上了一抹淡淡的红霞，天很凉，偶尔还有一缕轻风带着泥土的芬芳直拂我的脸。我不禁打了一个寒颤。

校园的小道边是一片林荫，鸟儿扇着翅膀在树间穿梭，花儿、树儿也随风舞蹈。我好羡慕：什么时候我也能像它们一样无忧无虑？

突然，一只小鸟从枝头栽了下来，我的心猛地一颤，就蹑手蹑脚地挨近一看，原来是只羽毛未丰的雏鸟，无力地垂着细小的翅膀，耷拉着脑袋，吱吱地呻吟着。见有人靠近，它两眼警惕地盯着我，带着恐惧的神色，我不敢再靠近。它又拍打着翅膀飞起来，飞得很慢，很费力，有些摇摇欲坠的样子。它快要落到树枝上了，"努力，再努一把力！"我心里默默地为它鼓劲。不料，它却又一次栽了下来……我竟一时难过得不忍再看。然而，它依然鼓动着翅膀挣扎着，奋斗着。终于，它成功了！它停落在枝头上，唱起了欢乐的歌。春天的情意更加动人了。

我带着欢乐继续在校园里走着，偶尔从园中拾起一瓣凋零的落花，微黄的花瓣尚存一丝生命的气息。我不禁叹息这美好的花儿从此融进这块生它养它的泥土，然而更尊敬它至死眷念着自己根下这块绿色的土地。

铃声响了，我快步走向教室准备上课。心里还在念着，春天播下的种子一定会发芽。小鸟、花儿都在这充满春意的季节里作出了自己的决定，那么我，也当不怕挫折。艰苦奋飞，献身于生我养我的这片土地。

对这篇作文，原评 70 分，理由就是没有写出"浓浓"来，扣题不紧，倒数第二段写落花，这是残春而不是盛春，所表现的情调也有些黯然神伤的味道；当然说它完全离题也说不上，文章语言也还流畅，所以及格多一点。讨论结论认为这里的"春意"主要表现在进取和献身的精神，其意识的强烈就是"浓浓"的表现。特别难能可贵的是这样理解春意，有自己独到的一面，有创造性，应评上高分。我是赞成这个意见的。文与题的联系，有的是很紧密的，文章就像是对题目的一种诠释，这很符合我们评卷中"紧扣文题"的要求；有的联系却松散一些，表现为间接的相连，例如秦牧的《花城》，主要写的是花市，高尔基的《时钟》主要写由时间引发的种种联想。如果这是两个考试命题，有考生写出如此这般的文章来，是否会被评卷人认定为略显偏题而不给高分呢？这个担心绝对不是多余的。我们的审题观，在有些人那里已经进入了"扣题决定论"的僵化的程度。只要是扣了题，文章写得差，表达能力明显不强，总会及格，一旦被认定为离题，文章写得再好，也难以及格。在这样的标准约束下，谁也不敢越雷池半步，循规蹈矩为上策，创造思维还是少来一点为好。

二、否定标新立异

评卷人自己对文题预先就有一个认识，认定了该怎么写，不该怎么写，什么最佳，什么次之。看卷时就用这个框框去套考生的文章，好坏高低自有定数。而考生一多，千奇百怪的思想、内容都可能出现，而一旦超越了评卷人的预想，他往往难以接受，或者勉强接受，却总不予以善待。想创新的也会费力不讨好，还是写四平八稳的文章为佳。

例如有这样一则材料："一个盲人要蹚过河去，但河水有深有浅，他不敢过。恰好有个瘸子也想过河，盲人就背起瘸子走，由瘸子指路，结果两人都安全地到达了河对岸。"要根据这则材料作文，扣住寓意当然写取长补短为最好，而写团结互助的就差一些，因为这不是一般情况下的互助，而是特定条件下的互助，两方都有"短"处，靠互助来取人之长弥补了各自的短处。这种分析无疑正确，可是学生的作文并不完全都写这两个内容，有学生就写了篇《走路与指路》，说走路重要，指路更重要，邓小平是改革开放的指路人，功勋卓著。这样写是有些标新立异的，评卷人因为它突破了自己的预想，始料不及，总觉得不大稳妥，只给个及格分数。他认为把邓小平与群众的关系比喻成瞎子与瘸子的关系是不恰当的，两者间不是互助，而且喻为瞎子瘸子，还有些诬蔑之嫌。其实世界上的事物都有多义性，一个简短的故事，可以有很丰富的内涵，人们见仁见智，从不同的角度去感悟，见其所见，取其所需，只要是有材料的一个侧面一个细节作依据都可以写出好文章来。依材料作文与对材料作阅读分析并不完全等同，阅读分析要求认识的是中心思想，是作者的本意，依材料作文，当然可以扣它们的中心思想去写，但也可以扣非中心思想去写（命题时明确地要求只能扣中心思想写的不在此列）。以"我"固有的认识，去套考生的文章，强调同一性，否定多义性，当然不利于创造性思维的发挥。

不可否认的是，考试是对教学极具权威的指挥棒。在僵化的评文观点的制约下，就只能产生大量的僵硬的文章，教学的策略就只能是极力求稳，少奢谈出新，定出一个保75分的对策，告诉学生，写作就是要用最稳妥的立意，用最公式的结构。要想发挥创造性思维，风险太大，既怕文章写不好，更怕评分评不好。就是写了篇好文章，又怕落到按定势评分的阅卷者手里给判个不及格，红笔一下，永不翻案。

作文评分中的一些僵化标准其实不是一个孤立的存在，究其历史，它与科举考试中八股文之间有着某些传承的关系，究其根源，它又是封闭式教育观念在一个侧面的反映，甚至是社会文化意识的反映。要根治它得从转变教育观念和文化观念入手，但就评文本身来说我们是可以有所作为的。那就是对文中表现出有创造性的要给以鼓励，适当加分。一是立意新颖深刻的，要优于一般立意正确工稳的；二是结构较奇巧的要优于公式化结构的；三是语言有特色的要优于一般文从字顺的。把这些优秀作文的基准分数定高一档，然后再减去"常规失分"，如错字、病句、卷容等。

看看我们的评分现实是，文意一般而"常规失分"少的总是评了高分，而立意新颖深刻有点错字病句的却只能得较低的分数。但实际上后者的思维能力较强，阅读面较宽，生活积累也较丰富，在评分时却难以得到承认和鼓励。这使我们想到另一种完全不同的选文标准：报刊选编的标准。报刊选文第一标准是看有无新意，无新意的一律不入选，有新意的即算是有点文字上的毛病，也会选上。当然两种标准是根据各自不同的任务来制定的，中学作文教学在于培养学生的基本技能，报刊选文是择优录用，评分着眼点也就落在自己的要求上，存在差异势所必然。但两个标准应该靠得更近一点，考卷评分也应从报刊选文中吸取有益的思想，鼓励创造，鼓励冒尖，以有利于对学生创造素质的培养。

（原载《中学语文教学参考》1999 年 6 月号）

作文评分应重在考生的语言能力

随着标准化考试的推广，旧的作文评分方法愈来愈显示出缺乏应有的效度和信度。首先是记分没有严格的统一标准，随意性大，特别是大规模考试，阅卷人员多，这个问题就更为突出；其次是记分拉不开距离，除好坏两极外，80%的文章总在 28 至 35 分（按 50 分计）之间浮动。这样，分数值不一定能反映实际水平，甚至误差很大，通过考作文来检测考生的写作能力的目的，实际上是难以达到的。

为什么会出现这种情况？原因很多，诸如考卷多，阅卷时间短，特别是高考阅卷总在大热天，令人疲倦、烦躁，审阅清晰度降低，朦胧感增加。还有阅卷人员情绪的波动，心理因素的障碍，只好"走中间路线"，记保险分数。但主要的还是认识不一，标准不一，无明确的指导思想，实施起来仁者见仁，智者见智，凭其好恶、主观判分，有的文章在甲手里记高分，在乙手里却不及格。

为了解决这个问题，目前各地评分大体有分级和分项两种办法。分级就是按文章质量分成几等，每一等定下一个分数的区间。如一类：思想内容、题材选定、语言能力、篇章结构等都好，均属上乘；二类：均属良好；余类推。这个方法实践起来是无法做到的，因为绝大多数文章并不是各项都处在同一水平线上，一优均优，一劣均劣，而是参差不齐，有的思想内容尚好，语言形式却很差，有的又相反，这样定等就没有准则了，结果还是靠综合印象记分。

另一方法，也是现在较多地方实行的方法，就是分项，即把一篇文章分成思想、题材(扣题)、语言、结构等项，每项各占一定比例，分项记分，合总就是全文的得分。应该说，相对而言，这个办法更准确一些，适用一些。

然而，由于认识的差别，实施起来也常存在问题，首先是这几项孰轻孰重，没有统一准则：或者认识上好像统一了，实行起来却各行其是。再说，分项也不严格，常常因一项失误株连其他；如果认为思想内容有问题，那就严重了，一律不许及格，有的甚至记"0"分。

我认为，作文评分毫无疑问应把语言文字的表达放在首位。考作文的目的是什么？考作文是要检测考生的写作水平，而不是考思想水平、政治觉悟；考作文是要判断考生是否会写作，而不是单看作文答卷的政治思想价值。

设置作文考试主要是为了检测考生的写作能力，这是无庸置疑的，就像数理化是检测考生对本学科知识的掌握和运用能力一样。但由于作文本身所反映的思想观点与考生本人的思想观点密切相关，所以长期以来把文章的思想内容放在首要位置，把作者的文字表达能力只当作政治的附庸，评分实施的客观结果，主要不是反映考生的写作水平，而是反映他们的思想水平。持这种观点的同志认为，如果没有正确的政治方向，写作能力再强也毫无意义。

这显然是把考试作文和选录政工人才这两个不同概念混为一谈了，选任人才当然要求有正确坚定的政治方向，但检验其政治条件是否合格，那要通过政治考试和政审来实现。为了培养有本领的建设人才，录取学生还要有文化考试，看是否具有各基础学科的知识和运用能力，这些知识能力具有相对的独立性，是不能用单一的政治思想去替代的。设置各科考试就是为了考这些水平能力，数学就看是否会计算，作文就看是否会写作。如果因为思想是统帅，凡思想认识有问题就只能吃"0"，那么他的数理化成绩不同样也只能记"0"分吗？

各学科基础知识及各种能力的本身是不带政治色彩的。即使思想观点有问题，写作能力的本身还是独立存在的。如古代有朱熹，现代有蒋介石的御用文人陈布雷，思想观点的确有严重错误，所写的文章更谈不上进步意义，但从来也没人因此而评判其写作能力不强。

必须强调：作文考试应以文选能，而不应以文选文。能，是指考生的写作能力；文，是指考生的作文答卷。这一点与报刊编辑选稿的目的是不相同的。诚然，"能"要靠"文"来体现，它们有一致性，但选能与选文又是两个不同的着眼点。选能，重在通过这篇文章来看考生的写作基础，是否会表达，至于一篇具体的文章价值怎样，这是次要的；而选文则是不管你所表现的能力怎样，而只看这篇文章是否有价值，文章价值不大，题材不新，即使功底再扎实，语言能力再强，也不能给高分。

选能与选文目标的分歧，给作文评分标准带来了严重的混乱现象。我是赞成选能的，"能"的第一条就是语言能力强，会表达，能把自己要说的说得条理清楚，语意明白，甚至生动而有说服力。至于某些答卷在思想内容上有某些问题，这可能带有局部性和偶然性，不应吹毛求疵。成熟的作家也可能出现失败之作，何况是涉世不深的青少年学生呢！

此外，我还以为对学生作文的政治标准不要定得过严过死。青少年思想不成熟，偏激片面是难以避免的。阅卷者单以绝对正确的标准来要求学生作文的思想内容，只会导致学生养成说大话、说假话、抄书报的恶习，害多益少。

因此，我认为考试作文的评分标准一定要把语言文字的表达能力放在首位。这样语言能力强的学生也就不致因偶然失误而惨遭失败了，也能较客观地、准确地用分数反映考生的写作能力了。

《读写月报》1988 年第 12 期

1992 年"三南"高考作文题试析

"三南"是指湖南、云南、海南三省。这三省近两年承担高考改革试点任务，因此，高考由国家教委组织另外命题，与全国统考题不同。今年"三南"卷作文题如下。

阅读下面的材料，然后续写。

要求：①续写部分与上文有关，并与上文构成一篇完整的文章。

②不必复述材料，但续写文字要与上文衔接自然。

③除诗歌外，续写文体不限。

④续写文字不少于 600 字。

⑤题目自拟。题目：_____

S 中学的一个班，有许多学生常常为成绩不如意之类已经过去的事而懊丧，以致影响了下一阶段的学习和生活。一天，B 老师给他们上实验课，他把一瓶牛奶放在水槽边。同学们不明白这牛奶和所学的课程有什么关系，好奇地等待着。忽然 B 老师一巴掌把那牛奶瓶打翻在水槽之中，同时大声说道："不要为打翻的牛奶哭泣！"接着他叫同学们围拢到水槽前观察那破碎的瓶子和淌着的牛奶，然后一字一句地说："你们仔细看一看，我希望你们永远记住这个道理。牛奶已经淌完了，不论你怎么后悔和抱怨，都没有办法取回一滴。现在，我们所能做到的，就是把它忘记，注意下一件事。"

这个命题要求考生顺着这已有的开头续写成篇。其实它与一般给材料作文并无很大区别，同多异少。相同点是实质性的，题目都提供了一个材料，这个材料对作文的题材和立意都起到制约的作用，也就是说都必须扣住所提供的材料作文：写记叙文要根据材料结构故事或展开描写；写议论文则要根据材料所揭示的内容阐明自己的观点，进行议论。如果不符合这个要求就是偏题、离题。续写与一般给材料作文不同点在于，续写所提供的材料已成为文章的首段，一般给材料作文也要引用原材料，但不能完全一字不变照抄过来，而是把材料的内容用自己的语言表达出来，嵌入文章。这样在表达上也就有这一点要求：一般给材料作文要将材料"嵌入"；而续写则要会与材料（首段）承接，要使续写部分的文字在思想内容上贯通，逻辑上顺当，语气语势谐调。如就本次考题而言，这样的一些衔接语句便是不恰当的："听了老师的这席话，我受到了深刻的教育。"作者"我"毕竟不是 S 中学某班的学生，所以"听了老师这席话"就不符合实情，自己总不能进入这个具体场景中去"听"。"的确。我们怎能为打翻的牛奶哭泣呢？"这又承接得有点唐突。再如，"是的，没有失败怎能成功？"且不说这句话本身有片面性，说得太绝对了，就是其内容与原材料也有较大距离。再如"以上就是老师的高明之处"。这又显得语气不顺，一般地说这句话是对一个问题分析后所得的一个概括的结论；而首段材料是记事，并无分析，所以接得不自然。

再具体来说说这个题目该怎么立意。首先得研究材料。把它紧缩一下，那就是：同学们常因考试成绩不好而情绪低落，沉浸于痛苦和懊悔之中，老师借打翻牛奶为例教育大家要正确对待失败，振奋精神去开创未来。按照这个中心意思，作文当然是应写正视失败，吸取教训，开创未来，这是最佳立意。至于写成"失败乃成功之母"，就离材料远一些了，材料讲的是不要因失败而一蹶不振，着重说的是对待失败的态度，但还没有说到失败可以转化为成功的道理。如若写成教育工作应讲究教育的方法，注意启发性，虽然并不完全离题，也可以说从实验老师的施教来看，是可以给人以这个启迪的，但它毕竟不是材料所涉及的需要解决的主要问题。所以比前一个立意就略逊一筹了。从实际的高考试卷来看就还有的离题更远了，如写要上好实验课，不仅要学知识，学操作，还要提高思想认识；写"男儿有泪不轻弹"，要有坚强的意志；写"人生处处是考场"等等。有的是抓住材料的某一点胡乱发挥，有的从材料里根本就找不到它的影子。

另外，根据文题第三条要求，除诗歌外文体不限，那就既可写成议论文，也可写成记叙文。但就这个具体的材料来看，议论文比较好写，记叙文就困难一些，因为它需要结构一个情节，延续这个故事，加上考场写作时间短，文章不能写得太长，既要完整，又要精炼，就不那么容易。比较方便的办法是下面再写两三件事，表现同学们听取了老师的教育后，大多改正了过去的错误，变得开朗而豁达，班集体也充满朝气，最后学业成绩也大有提高，在学校竞赛活动中取得了一个一个的优胜。要注意的是不能写得干巴巴的，只是作概括性的平铺直叙，要写出一两件事来，用事实形象地说明道理，表达中心思想。

（原载《说写月刊》1992 年第 10 期）

对高考作文命题的研究

写作能力是一个人语文素养的极为重要的组成部分，是语文综合素质的集中体现。一个现代人要较有成效地参与社会生活、科技活动，必须具备较强的写作表达能力。诚然，由于科技的发达，生活节奏的加快，口头表达能力显得越来越重要，但这丝毫也不能消减写作表达的意义与价值，只能是两者相互促进，相得益彰。

写作能力是语文综合素质的集中体现，这句话是否说过了头呢？没有。首先，一个写作能力强的人，必然是会阅读的，因为学写作必须从阅读中开阔视野、增进知识、积累材料；同时还要从阅读中学习写作方法和语言表达。从一定意义来讲，读是源，写是流；读是因，写是果。其次，一个会写作的人其思维品质必然优良，要会分析，善推理，能归纳，条理清楚，合乎逻辑，有创造思维。最后，会写作必然见识面较宽阔，生活较丰盈，认识较深刻；会写作也必然情感较为丰富，尤其是文学性写作，这一点就更突出。由是可见，写作能力体现了一个人读、听、说、思、情、识诸项素养，在整个语文能力中占有重要的地位。

在中国古代的科举考试中，写作是一项重要的内容，科举考试基本不考数理化等科，这种做法当然不可效法，但作为一个论据来说明写作的重要，这总是不过分的。

因此，我们要高度重视写作表达的考试，即使在大规模考试（如高考）时，由于阅卷的浩繁，很难控制好评分的误差，做到评分的绝对公平，但仍不能在语文试卷中取消作文，这一点应该是语文界，乃至全社会的共识。

那么写作考试的命题应该遵循哪些原则呢？根据多年来实践成败的经验教训，我们研究得出如下一些观点。

一、题义明确，审题难度不宜太高

写作考试的目标在于检测考生的表达能力，这一点在理论上是应该没有分歧的。现在一张完整的语文试卷起码包括阅读和写作两个部分，有的还单独设有语文知识的专项题，零碎的语文运用题，但集中起来能力目标就是两个，一是阅读理解，包括鉴赏评价，一是书面表达，每道题各有自己的检测任务。既然作文这块主要是考表达能力，那就重在看文章针对题目说了些什么，是怎么说的，善不善于表达。至于阅读理解能力的强弱，那是应该由阅读题去检测的。

为此，写作命题题意应该力求明白，让考生都能理解，也就是说审题难度不要太大，让考生难以捉摸命题的意思，以致写得文不对题。审题，是阅读理解这个范畴，如果审题太难，致使一部分考生写作离题，造成严重扣分，那么他不是因表达不行而失分，而是因阅读理解不行而失分，于是写作考试的目标定位发生了部分转移而落到考阅读上去了。这样产生的偏差提升了阅读检测的权重，降低了表达检测的权重。

题意简明，成功的例子很多。过去全国统一高考时的命题，如直接命题，"习惯（全国·1988）""先天下之忧而忧，后天下之乐而乐（全国·1982）"，近年各地的高考题，"坚强"（四川·2008）、"他们"（上海·2008）、"必须跨过这道坎"（上海·2007）。这些命题语意都很明白，容易理解，依题作文就不至于偏题。有的命题，命题人怕学生理解有偏差，在给题之后，还在题目前后加一些解说的语句，其用意也就在于降低审题难度。如北京市2006年高考作文命题是"北京的符号"，命题人怕有些学生弄不清"符号"的意思，在题目之前就特地加了如下解说。

许多城市都有能代表其文化特征并具有传承价值的事物，这些事物可以称作该城市的符号。

故宫、四合院是北京的符号；天桥的杂耍、胡同的小贩吆喝是北京的符号；琉璃厂的书画、老舍的作品是北京的符号；王府井商业街、中关村科技园是北京的符号……随着时代的发展，今后还会不断涌现出新的北京符号。

保留以往的符号，创造新的符号，是北京人的心愿。

这些文字就在于告诉学生什么是城市的"符号"，举例说明北京的符号，鼓励不断创造新"符号"。这样学生审题就不会有困难了，作文就不至于偏题、离题了。

命题作文也有审题难度过大的。某省2008年高考作文命题是"春来草自青"。依据这道题，考生如果实写春景，春天来了，万物复苏，草木蓬蓬勃勃长起来了，当然可以，但命题人的深意决非仅如此，而在于由此写出其哲理性的含意来。即"春"指客观条件，"草"指主体事物，客观条件具备了，主体事物就顺利发展、成长，例如，党的惠农政策实施了，农村面貌一片欣欣向荣；教育工作做到位了，学生健康成长等等。这些立意就不是大多数学生能通过解读题目所想得到的了。这样的题目审题难度偏大。

审题的难度不是由题型决定的，材料作文命题有容易的，也有极难的，如2008年全国第一套卷，是一道材料作文题，题意就极明白。命题如下：

阅读文字。

2008年5月12日14时28分，四川省汶川县发生里氏8.0级特大地震。

人民的生命高于一切！

胡锦涛、温家宝等党政军领导人迅速赶赴灾区指导抗震救灾，十多万解放军、武警和公安民警，各省市的救援队、医疗队、工程抢修队迅速进入灾区。港台救援队和国际救援队飞抵灾区。志愿者从四面八方汇集灾区。救援物资从水陆空源源不断运进灾区。

一位中学教师趴在讲台上用生命保护了下面的四个学生。一位失丧15个亲人的县民政局长，连续指挥救灾5天只睡了37个小时。幸存者的生还奇迹在不断突破，100小时，150小时，196小时……

中央电视台24小时播报。19日14时28分举国哀悼。

一样的爱，不一样的表达。捐款、献血、义讲、关注。

要求选择一个角度构思作文，自主确定立意，确定文体，确定标题，不要脱离材料的内容范围作文，不要套作，不得抄袭。

这道题表述明白，角度多，立意丰富，审题容易。

同是2008年全国题，第二套作文题也是材料作文，审题难度就大多了。

材料是：

南太平洋的小岛上，有很多绿海龟孵化小龟的沙穴。一天黄昏，一只幼龟探头探脑地爬出来，一只老鹰直冲下来要叼走它。一个好心的游客发现了，连忙跑过来赶走老鹰，护着小龟爬进大海。可是意想不到的事发生了，沙穴里成群的幼龟鱼贯而出——原来，先出来的幼龟是个"侦察兵"，一旦遇到危险，它便缩回去，现在它安全到达大海，错误的信息使幼龟们争先恐后地爬到毫无遮掩的海滩。好心的游客走了，原先那只在等待时机的老鹰又飞回来，其他老鹰也跟过来了。

要求选择一个角度构思作文，自主确定主题，确定文体，确定标题，不要脱离材料内容及含意的范围作文，不要套作，不得抄袭。

这则材料主旨是讲游客出于好心却办了坏事，救了一只小海龟却使大量小海龟遭了殃。扣住这个主旨去写当然最切题，如果只要扣住一个角度，也可由小海龟去展开，例如再慎重一些，或者感悟到人要不挨打就只有自强。但学生就容易偏到要爱护生命，反对暴力等方面去，这就不合"内容及含意的范围"了。面对这个材料，学生较难理解透彻，因此审题难度偏大。

又如：

湖北省2005年高考作文是这样的。

阅读下面的文字，根据要求作文。

诗人对宇宙人生，须入乎其内，又须出乎其外。入乎其内，故能写之。出乎其外，故能观之。入乎其内，故有生气。出乎其外，故有高致。

以上是王国维《人间词话》中的一则文字，论述了诗人观察和表现宇宙、人生的态度和方法。其实这则文字所含的思想，对我们为文、处事、做人以及观赏自然、认识社会都有启发。

请根据你对这则文字的感悟，自定立意、自选文体、自拟标题，写一篇不少于800字的文章。

这道题也较难，难在学生对"入乎其内、出乎其外"难以理解。不理解就谈不上感悟，更无法迁移展开。这就会使考生感到茫然。

材料作文中最难的是寓意类的题目。如1990年全国高考统一考试作文题。

一对孪生小姑娘走进玫瑰园，不多久，其中一个小姑娘哭丧着脸，并伸出一个手指头跑来对母亲说："妈妈，这里是个坏地方！"

"为什么呢，我的孩子？"

"因为这里的每朵花下面都有刺。"

不一会儿，另一个小姑娘兴高采烈地跑来对母亲说："妈妈，这里是个好地方！"

"为什么呢，我的孩子？"

"因为这里的每丛刺上面都有花。"

听了两个孩子的话，望着那个被刺破指头的孩子，母亲陷入了沉思。

请根据这则材料，联系生活实际，自选角度，自拟题目，展开议论。不少于600字。

这则材料意在说明要全面看问题，要看事物的主流。而很多学生都难以正确解读其寓意，以致偏题，甚至离题很远，写要爱护公物(不要摘花)，要讲公德，不要怕受挫折等等。当时评分尚未推行分项记分的办法，只要偏离题起码扣至及格线以下，离题很远的就打"0"分。据说那一届湖南省就打了4000个"0"分。评卷人说：连题目都读不懂，还谈什么作文呢！这一观点正好证明考写作的首位是考阅读理解，而表达是第二位的。这就是写作考试目标的错位。

为了防止这种现象的发生，命题人应注意的是把题目出得明白一些，降低审题难度，以突出考表达能力这一目标。

也许有人会说新概念作文大赛，所出的题目都很难，这有利于检测创造性思维，很受大家欢迎，高考命题不是也可借鉴吗？诚如是，当时大赛作文令人耳目一新，如首届大赛命题就是将苹果咬一个缺，放在讲台上，这就是命题。但我们要分清，高考和大赛是两种性质不同、目的不同的考试。大赛是突出其拔尖功能，万里挑一，对一般水平的学生是完全不予顾及，一概淘汰便是。而高考则重在对全体考生区分等级，以便录取一部分较高水平的考生。如果题目太难，大多数都写不好，就没有区分度，这场考试就失去了意义。至于检测创造性思维，也并非只有难题才行，即使审题难度不大的题目，从文章中也可看出是否新颖、深刻、丰富，同样可以检测出创造性。因此我们不能用大赛题的标准来要求高考题。

二、题型、文体宜不断变换

回顾我国高考作文命题的历史，可以发现存在一段时期内相对凝固的现象。"文革"前基本上是命题作文；"文革"后恢复高考从 1978 年至 1998 年 20 年间基本上是材料作文，且大多限写议论文体，其间只有三次命题作文，1982 年的"先天下之忧而忧，后天下之乐而乐"，1988 年的"习惯"，1994 年的"尝试"。1999 年开始至 2005 年的全国命题又全用的话题作文，且不限文体。阶段性划分十分清晰。

这种题型和文体相对凝固的现象对中学写作教学产生极为不利的影响，使教学在相应的时间内训练内容偏颇、片面。长期只考材料作文，或只写议论文，这一段教学就只训练议论写作，其余文体就不再问津，这就使学生写作较为僵化，进入高中就在枯燥的"三段式"训练中打滚，文章缺乏想象力，缺乏创造性。21世纪初开始，推出话题作文，起初确能给人耳目一新之感，对写作教学和学生作文也从局限的一隅中解放出来，学生作文显得有了生气和活力。但由于这话题作文是不限文体的，学生可以任选自己所喜爱、擅长的文体，而中学生大多缺乏理性思想，所以喜爱写记叙文的居多，一进入高中就只凭爱好去写，这几年时间内议论写作训练几乎就成了空白，学生写议论文能力极为低下，甚至不知道如何议论。这一点我们可以找到证据，2005 年湖南高考命题为"谈意气"，且限写议论文。严格地说，全省 40 多万份试卷，能称得上是议论文的没有几篇。绝大多数不知道要提出问题，要设立论点，说明道理，大多用一些浮华的话语去进行散文化的抒情，诸如"意气是天上的雄鹰，意气是地上的花朵，意气是山中的岩石，意气是河里的波涛"，说来说去不知道意气到底是什么，更不知想议一个什么问题，说一个什么道理。

《普通高中语文课程标准》明确指出，高中学生要"进一步提高记叙、说明、描写、议论、抒情等基本表达能力，并努力学习运用多种表达方式。"《普通高等学校招生全国统一考试大纲·语文》也要求考生"能写记叙文、议论文、说明文及其他常见体裁的文章。"由此可见，只会写某一种文体的文章，只会用某一种表达方式，是没有全面完成高中写作学习任务的，也是没有达到高校招生应达到的写作能力要求的。事实上学生写作能力的确存在严重的偏废与缺失，而且是在一段时期内，学生的这种缺失又存在明显的共同性，究其原因就在于高考指挥棒的失误，一连几年，甚至十几年重复使用某一种题型，限用一种文体，或不限文体。这样看来，题型和文体的变换就非常必要了，以促使中学写作教学全面完成任务，学生对各种文体的写作全面训练，能力全面提高。

每一种题型各有其优点，也各有其局限，都可以用作考试命题，只是不要多年沿用固定的一种就都是可行的。近年来，许多省市高考自主命题，命题的单位多了，带来了多元化的现象，显得生动活泼起来，此前连续多年被采用的话题作文也不再是一统天下，就全国两套考题来看，又开始回归材料作文。这种变化是一种可喜的现象，只是都不要再走多年一贯制的老路。

三、要防止文学偏好的倾向

近年的高考作文卷出现了一种文学偏好的现象，各省市推出的高考佳作大多是文学性较强的散文化作品，即使水平一般的作品，也都在追求一些华词丽句，内容简陋苍白，没有真情实感，流行着虚华文风。老师指导学生作文也常常是告诉学生要如何策划用三个排比句开头，所用例子总是从屈原说到陶潜，由陶潜说到李白，不论什么题目，就这样硬塞硬套。

造成这种现象的原因是复杂的：流行的快餐文学、网络文学，社会上流行的虚假风气，都可能是其社会原因，但写作教学存在的弊病更是直接原因；另外也有高考的原因。从评分标准来看，发展等级中列了一项"有文采"，这原本不错，但不少老师、学生却作了片面理解，以为只要词句华丽就是文采，乃至于不管内容、思想，用虚华的言辞去作无病呻吟。从命题来看也有原因，一是多年的话题作文，任学生写自己爱写的文体，青少年爱文学，就喜欢把自己的作文写得有些文学性，而他们又并不真懂文学，所以就只想取这套华丽的外衣来包装自己的文章。二是有的命题本身就文学趣味太浓，引导着学生去追求"文采"。如"遥望星空"，"提篮春光看妈妈"，"水的灵动，山的沉稳"，"诗意地生活"，"触摸城市"，"春来草自青"，由"细雨湿衣看不见，闲花落地细无声"引起的联想，根据"天街小雨润如酥，草色遥看近却无"的意境或哲理作文……这些题目文学色彩都很浓，容易引导学生去追求文学美、文字美。这本身固然不是什么缺点，而学生难以把握好，容易写出些华而不实的东西来。

作为广义的写作应该是为生活为工作为学习服务的一项本领，决非文学创作一个侧面，中学生学写作也应是为了人生，为了将来更好地从事工作。绝大多数人将来并非去当作家，使用更多的是作些策划，写点总结，论辩问题，发表自己的见解，作些调查研究，有成就的还要写些论文等等，论说一类文字用处更直接更广泛，在这方面是必须打好基础的，过强的文学化倾向会导致其他的基本文体训练缺乏，把写作教学引向歧途。

把题目出得"实"一点，对防止学生写得空洞无物会有一定的作用。可以间年出一点探讨实际问题的题目，例如全国高考1984年题。"有同学说：'每逢作文，自己常常感到无话可说，只好东拼西凑，说一些空话套话，甚至编造一些材料。'有的老师说：'每逢学生作文，我都辛辛苦苦地批改、讲评，但是学生往往只看分数，不注意自己作文中存在的问题，所以提高不快。'"请针对上面两段话所反映的情况，联系自己和周围同学的现状，以对中学生作文的看法为中心，写一篇800字左右的议论文，题目自定。要求做到观点明确有所分析，有真情实感。又如小王帮同学补了课，同学给他200元酬金，小王谢绝了。这事在班上产生了种种议论，请你写篇文章谈谈自己的看法。这类题目提出的问题很具体，考生就较难去空发议论，也较难套用屈原、李白等老事例。

四、贴近学生，拓展视界，引导关注人生关注社会

在讨论这个问题之前，我们先列出近年来大陆、港台及海外的部分作文题，作个比较分析。

2010年全国18套试卷的作文题：

（1）全国统一课标卷　人才成长的规律（材料作文）

（2）全国统一卷（Ⅰ）谈浅阅读（材料作文）

（3）全国统一卷（Ⅱ）猫有鱼吃，还捉什么老鼠（材料作文·图画材料）

（4）山东卷　光明和阴影（材料作文·格言）

（5）广东卷　与你为邻（材料加命题）

（6）江苏卷　绿色生活（材料加命题）

（7）北京卷　仰望星空与脚踏实地(命题作文)

（8）天津卷　我生活的世界(话题作文)

（9）安徽卷　据一首古诗作文(材料作文)

（10）福建卷　《格林童话》的诞生(材料作文)

（11）浙江卷　角色转换之间(材料加命题)

（12）辽宁卷　托尼的故事(材料作文)

（13）湖南卷　早(命题作文。限写记叙、议论文)

（14）四川卷　几何学上的点(材料作文)

（15）重庆卷　难题(命题作文)

（16）江西卷　找回童年(材料加命题)

（17）湖北卷　幻想的预见性(材料作文)

（18）上海卷　不用密网捕鱼(材料作文)

从题目的文化内涵来看，这些题都注重从本质上去提高学生思想道德水准，提高认识，陶冶性情，涵养心灵。在新课标中明确写着"学会多角度地观察生活，丰富生活经历和情感体验，对自然、社会和人生有自己的感受和思考"。综观这些高考作文题就能看出着眼于写生活经历和情感体验的较多，写对社会、对人生思考的偏少；有，也是由联想、感悟而来，直接提出较具体的问题则更少。

与这样命题风格相同的是台湾的高考题，近年来其题目于下。2002年"镜子"，2003年"猜"，2004年"偶像"，2005年"回家"，2006年"想飞"，2007年"探索"，2008年"专家"，或扩写鸿门宴项庄舞剑的故事，2009年"惑"。这些命题前都有一段带启示性的话，如"猜"，就有这样一段前置语：

你猜到了吗？作文题就是"猜"。

"猜"，天天在我们头脑中浮现：上课中猜想暗恋的人会不会经过门外？下课后猜想哪一队会赢得今年 NBA 总赛冠军？边走边猜今天好运会不会与我同在？边写边猜所写的是不是阅卷老师喜欢的题材……事实上，人类靠着猜才有新的发现。

你一定猜过别人的心思举止，或者一件你很想知道答案的事。请以"猜"为题，把那一次经验（可包括猜的原因、经过、结果等）写成一篇文章，文长不限。

这样的题目从内容到形式与大陆命题完全一致，从根源上讲，反映了一种文化同质性。

然而香港的作文题则不同，形式上大多采用问题式，内容上关注面很广，具有很强的现实性，有的甚至涉及社会热点、焦点问题。如对"知足常乐"你有怎样的看法？有人说"广告必须夸张才有效"，你同意吗？（2004 年中学会考）有人说"学识愈丰富，品德愈高尚"，你同意吗？试谈你的看法。（2005 年）有人认为赞赏是成功的最大推动力，你同意吗？（2006 年）现今社会，许多人认为财富与社会地位成正比，财富愈多，社会地位愈高，你的看法如何？（2007 年）还有诸如关于农民问题的看法，你对丁克家族的看法；世界联系越来越紧密，你认为现今对国际人才的要求是什么？如果你跟胡锦涛总书记见面，你会跟他讲什么？

这类题似受西方影响较明显。如美国近年 SAT（"学习能力测试"，被称为美国的高考）短文写作测试题（2005—2007）就有：①现代社会是否应该因其功利性而受到批判？②知识是一种包袱还是一种有益之物？③拥有自己的是非观总是件好事吗？或者说我们能否从人云亦云中获益？④回忆对人们反思过去、成就现在是起着阻碍作用还是促进作用？⑤人们是否过于注重学习实际技能？⑥学校是否应该帮助学生了解价值取向和社会问题？

分析香港、美国这些作文题，我们认为它的优点是现实性、针对性强，于写作而言可以堵禁那些空话、大话、套话，无病呻吟之作，使写作回归到应用于生活，实现真实对话的本质；不仅检测了表达能力，还检测了认识思想水平，可以引导学生更好地关注社会，关注现实，关注人生。基于此，我们认为在我国的高考中可以吸收其优点，间常地也出现一些带有现实性、针对性的问题式题目。但我们也认为不必所有的高考题都这样就事论事，主流应该是我们新传统的形式，在提高学生思想素养和人文精神的根本上下功夫。

引导关注社会，但检测必须贴近学生，作为大规模的考试尤其要注意全体考生对题材熟悉的合理性、公平性。像"关于农民问题的看法"，这类题目就离现在高中生太远，用来作招公务员，考乡镇干部还差不多。我们赞成的是间常用这种问题式提出一些为学生所能了解范围内的现实性、针对性命题。如近年来一些省市在高考招生政策上，减少或取消了对学科奥赛优胜者加分，对这一做法你赞成吗？这类问题该是每个学生都会接触到、思考到的。

总之，我们认为在高考写作所涉及的题材面可适当放宽，不必完全落在写自己经历、自我感悟的层面上，间常可出现一点拓展到社会问题的层面上去，以能引领学生拓宽视界，学会关注社会，关注民生。

（原载《湖南省教育考试院下达课题研究报告》2010 年 3 月）

口语交际能力测试的理论探索和实践设想

一、口语交际在社会生活中的重要意义

人际间的交流主要是依靠语言来实现的：一种是书面语言，即写作者写成文章把自己的思想传达出去，阅读者通过阅读理解来接收；一种是口头语言，通过说与听来实现交际。两条交际渠道各有各的特点和优势：书面语更加严谨、完整、慎重，口头语则更快捷、灵活、即时，因此运用的场所更广泛，尤其在日常生活、工作中更是如此。特别值得注意的是，现代社会生活的发展，更加提升了口语交际的重要地位。

1. 现代社会生活更强调秩序、制度和法规来维系其运行，从而促使人际间增加了交流和接触，以及各社会单位、组织间的协调交流，这就使口语交际的机会大增。例如各种会议，经济集团之间的协商、谈判，司法部门的诉讼、庭辩等等，都需要运用口语交际。首先是保证意见传递的畅达，说的说得清楚，听的听得明白。进而要求善于倾听，善于应对，不仅表达得清楚，而且要理由充足，逻辑清楚，善于言辞，具有很强的说服力。

2. 现代文化的创造和积累高度丰富，更需要靠语言去承载传

播，其中口头语言担负着极为重要的责任。学术讨论，学术会议交流都是依靠口语实现的。人类文明传承的主要途径是教育，在当今学校教育的主要方式还是授课，教师的讲授，学生的聆听，学生的询问，教师的对答，学生之间的讨论，这些都是运用口语来进行的。由此看来，社会文明创造愈丰富、发展愈快捷，对语言发展的要求愈高，对口语交际的能力要求也愈加提高。

3. 现代社会，生活节奏加快，更多的时候要求语言交流的直接性、即时性、现场性，因此，运用口语的频率更高。

4. 现代科技的发展，为口语交际打破了时空的限制，使口语交际的用场得到极大的拓展。电话、无线电传声的发明，使远隔万里的语言交流可变得如近在咫尺；留声机、录音设备的发明，使历史的言说可真切地变化为现在的声音，过去许多只能用文字记载靠书面交流的，现在都可改为直接对话。口语交际也就显示出更强大的生命力。

综上所述，口语交际在人类生活中所居的重要的地位，在今天则显得更为突出。这对人的口语能力要求也就更高，对此必须给予充分的重视。

二、口语交际对人的发展的意义

1. 口语交际在语文素养中占有十分重要的地位，不可忽视，不可替代。人类的语言发源于口语，书面语只是其文字符号的记录形式。语文能力包括听说读写，口语交际就占了其中半壁江山，善于倾听，能说会道，是语文能力强的重要表现，不会言说的语文能力是残缺的能力，难以适应生活对语文的需要。可是一直以来的语文教学总是存在着重"文"轻"语"的现象，这里有着多方面的原因。历史的原因是：客观方面，古代能对话言说的用场较小，只能在同一时间，同一场合，否则言说就起不了作用；主观原因是语文的贵族化倾向，文人雅士操纵着语文，皇帝用来下圣旨，史官用来记史事，文人用来抒情怀，富人用来写契约，都用书面语，以求庄严、不朽。因此语文贵族化了，纯粹就只求学"文"。现实的原因也有两个：一是认为口语不学可以自通，无师可以自通，不需加强训练；我们的口语是用的母语，生活在这个语言环境里，天天习染，自然而然就学好了。同时也受了历史的影响，认为书面语才是语文的高级形式，要学就学点"阳春白雪"，无暇顾及"下里巴人"。二是语文思想既已偏颇，所以考试从来不考口语，尤其是高考等大规模考试。毋庸讳言，我们的教学是绝对追求考试功利主义的，既然不考，自然不教，这样确实造成了学生口语能力低下的局面。

2. 口语交际能力是一个人必备的基本素质。在分工越来越细的现代社会，任何领域都要求越来越紧密的团队合作，人与人之间的沟通、交流显得尤为重要。美国著名学者卡耐基说："一个成功的人，有 15% 是由于他的专业技术，85% 则要靠人际关系和做人处世的能力。"良好的语言沟通能力，更是人生不可或缺的重要技能。美国人早在 20 世纪 40 年代就把"口才、金钱和原子弹"看成是世界上生存的三大法宝，60 年代以后，又把"口才、金钱和电脑"看成是最强有力的三大法宝，由此可见口才对于现代人的重要意义。

3. 加强口语交际的训练能促进人的思维发展。语言是思维的外在表现，同时反过来又能积极地促进思维的发展。把语言组织得有条理，就促进思维的逻辑严密；把话说得生动，就促进了思维的形象性；聆听中能抓住要点，就促进了概括能力；交际时善于应对，就促进了思维的灵敏性。从这一角度看，听说的训练就是一种思维训练，口语的技能，表现的是一个人的思维品质。

4. 加强口语训练能增进人的文化素养。口语的表达是需要思想需要材料的，言之有物，言而有"文"。这个物就是文化素养，否则就只能几句空话、大话、套话、现成话。听于丹教授讲《论语》，使人觉得她口若悬河滔滔不绝，她的口语充满魅力。当然这得力于她的语言功能；但只此是远远不够的。她说得那么精辟，首先是思想有独到的见解；说得那么丰富，首先是她文化底蕴的丰富，思维的奔放与开阔。先是思想的深刻才有语言的深刻，先是文化的丰富内容的丰富，才有语言的丰富。因此，语言训练从来不是孤立的学习某种公式或简单的技术，它总是伴着文化的拓展而完成的。

综上所述，可见口语交际能力对人的发展和人生的成功都有着积极而重大的意义。

三、高考语文增设口语交际测试的必要性、选择性和可行性

必要性。因为如上所述，口语交际在社会生活中和对人的发展都有极重要的意义，所以教育必须在培养人的口语能力上下功夫。而考试既是对教育的评价，又是对教育的引导，所以口语交际就应理所当然地列入考试的项目。

然而由于习惯上不考口语交际，对此，人们的认识并未完全一致。笔者就这个问题到五所中学与语文教师进行座谈，其中有

城市中学也有农村中学，有示范性高中也有一般学校，参加座谈的教师有 75 人，其中 80% 以上赞成考口语交际，主要考听能，但也有少数不赞成。原因有二。一是认为考听力加重了学生的负担，诚如是，但问题在于这个负担是否值得和必需。如果这是必需的，也就不应怕负担而躲避，考阅读、考写作不也是负担吗？为什么不裁减，就因为必需。二是认为听力是自然形成的，只要会阅读理解，就自然会聆听理解，读可以代替听。的确读与听都是接收，有其共通性，一般说来阅读理解的能力越强，聆听的理解力也越强，但聆听又有它的特异性，两者并不能完全等同，听不能被读完全包容。听，具有现场、即时性的特点，稍纵即逝，对听者要求更专注、更敏捷；读可以反复，一遍没读懂或者走了神，可以回头再读一遍，听则不可，读可以慢慢咀嚼慢慢品味，听则只能与说同步共振。读写成文章语言更静态化一些，说话、口语更动态化一些，文章中的抑扬挫顿要靠读者自己读出来，而这些在口语中是说话者说出来的，甚至还辅有手势、表情，这一点又为听者提供了更多的方便，这是听易于读的地方。尽管如此，听还是一种有相对独立性的能力。两个阅读能力相当的人，听能并不会完全一致。

听能不是自然生成的，也依靠训练。笔者曾遇到一位农村党支部书记，他是个文盲，但每次开会回来，他可以把会议精神传达得很准确，其余几位初识文墨能写几句笔记的人却不及他，因为他专事于听，潜心于记，所以这项能力得到了长足的发展。

我认为我们的中学语文教学是缺少应有的听能训练的。我们做了这样一个实验。用香港 2007 年高中会考语文卷聆听题①在岳阳市一中高三年级测试，得分率比较如下。

参考单位	第 1 题	第 2 题	第 3 题	第 4 题
岳阳市一中	0. 54	0. 70	0. 72	0. 80
香港高中毕业生	0. 517	0. 673	0. 747	0. 887

对这个考试结果我们可以作这样的分析。

1. 香港是高中毕业生全员参考的，而岳阳市一中是湖南省的一所老牌示范高中，学生水平肯定高于全国、全省平均水平；

2. 香港语文包括两文（中文、英文）三语（普通话、粤语、英语），汉语水平历来比内地低，而这个对比考试结果，岳阳市一中水平并不比香港高，原因就在于香港历年考聆听，学生训练较多，而内地从不考聆听，基本上没有专项的听力训练。可见听力也靠训练。加强评价，促进训练也就显得很必要了。

同时前两年郴州等市语文中考考了听力，教师反映学生听讲比过去认真多了，这也是一大收获。

选择性。现在考口语交际只能考聆听，"说"的能力在大规模考试中尚无法实施。如果定要考"说"那又只能转化为书面表达，只是一种"假说"，那就没有实际意义了。

可行性。组织考测听能的技术条件早已具备，把要听的话语录制下来，考场统一播放，书面对题作答，这在大规模考试中完全可以实施。有多年外语考听力的经验可供借鉴，考母语听力即

---

① 注：香港每年设聆听专场考试，每场 45 分钟，所得分数按 18% 记入语文科总分。2007 年聆听考题，听三段录音，这里用的第一段。

无不可了。

四、组织听力考试的若干设想

1. 目的。听力测试，主要是考查学生聆听后能准确掌握说话的内容，会提取信息，概括要点；能准确把握说话的思路和条理；能领悟说话人的感情倾向，赞成、主张什么，批判、反对什么；能正确评价说话的内容思想，为补充、应对、论辩打下基础。集中起来，体现《普通高中语文课程标准》提出的"善于倾听"的要求。

2. 材料。可以是一席讲话，一个报告，一篇文章，一次采访，一场辩论，一次谈判，一段戏剧，要求文辞口语化，明白易懂，除成语外，不用文言词语，不选专业性很强的文章。长度以1500 至 1800 字为宜。

3. 题型。选择题、填空题、简答题。

4. 时间。8 至 10 分钟。（听播音的时间不超过 8 分钟）

5. 分值。占整卷 8%左右，150 分的试卷 10 分至 12 分。

五、例题

（一）请听下面宋庆龄于 1981 年 5 月 8 日在加拿大维多利亚大学的讲话。听前先用 2 分钟看下面的题目，听后做题。1. 宋庆龄作这篇演讲的缘起是：她接受加拿大维多利亚大学授予的博士学位。（1 分）（加线的字为填空答案。下同）

（说明：这一题考查对重要信息的摄取能力。）

2. 下面所述，不是演讲中原意的一项是：（2分）

A. 宋庆龄把演讲中所述的主题事件，看作是加拿大人民对中国人民的尊敬和友谊的象征。

B. 又说，这是全世界爱好和平人民大团结的象征。

C. 又说，是加拿大人民对中国人民长期革命斗争和建设成就的敬慕和友好的象征。

D. 又说，是中加两国人民连接在一起的悠久而牢固的友谊的象征。

答：（B）

（说明：这一题考查对信息的筛选能力和记忆能力。）

3. 演讲中引述了白求恩援助我国抗日斗争的事例，其目的是：（3分）

A. 说明加拿大人民有着热爱和平、正义、勇敢的伟大精神。

B. 说明必须加强全世界爱好和平人民的团结，才能打败霸权主义侵略势力。

C. 说明中加两国人民友谊有着稳固、宽广、坚实的历史基础。

D. 说明我国的革命和建设事业需要联合世界上平等待我之民族共同奋斗。

答：（C）

（说明：这一题考理解筛选信息能力。）

4. 这个演讲的中心思想是：<u>一起来赞颂、培育和发展中加两国源远流长的友谊。</u>（4分）

（说明：这一题考摄取信息和概括能力。）

录音材料：

宋庆龄在维多利亚大学演讲全文

尊敬的维多利亚大学校长佩奇先生，加拿大大使高文阁下，朋友们，同志们：

我为接受加拿大维多利亚大学博士学位感到荣幸。

我接受这一学位，不是为了我个人，而是把它看作是你们对中国人民的尊敬和友谊的象征，看成是你们对中国人民长期的革命斗争和在建设我们人民共和国的事业中所取得的成就的敬慕和友好的象征。同时我也把它看作是中、加两国人民连接在一起的悠久而牢固的友谊的象征。

我们两国在太平洋两岸隔海相望。很久以前就有很多中国人在加拿大工作，他们在许多方面为加拿大的兴旺发达做出了贡献，受到当地其他血统的加拿大人的尊敬。他们一贯是加拿大的好公民。与此同时他们并没有忘记自己祖先的故土，也从未停止过对故土进步事业的支援。孙中山在世时，他们曾是孙中山事业的坚决支持者。孙中山本人也在他们中间生活了很多时间。他们不只是在财力上帮助孙中山的事业，而且还加入到他的行列。其中还有不少人返回中国，帮助实现这一目标。后来，在反抗日本帝国主义者侵略，及至在以后的建立和建设中华人民共和国的斗争中，他们继续给予了坚定的支持。

在加拿大人当中，站在我们一边的不只是这些人。无论是在孙中山领导的反对帝制的革命中，还是在中国共产党领导的新民主主义革命和社会主义革命中，中国人民都得到了酷爱正义的欧裔加拿大人的帮助。他们最杰出的代表最崇高的象征是诺尔曼·

白求恩大夫。白求恩大夫于 1939 年在中国最艰苦的前线——解放区游击战前线——为抢救伤员献出了自己的生命。由于毛泽东主席著名的《纪念白求恩》一文颂扬了白求恩大夫，全中国人民都知道他的名字。中国人民把他看作是在进步和正义事业中各国同甘共苦的最光辉的典范。全中国的男女老少，甚至我们辽阔国土的最偏僻地区的儿童，只要听到加拿大一词，他们就会想到白求恩；而听到白求恩的名字，又会想到他的故乡加拿大。白求恩大夫的遗骨，安葬在中国的土地上，他的名字深深刻在中国人民的心里。他将使中国和加拿大千秋万代连结在一起。从广义上讲，一个加拿大人能够在中国成为世界各国人民为反对一切企图奴役别人的人而团结战斗的国际性榜样，这是我们两国的光荣。

总的说来，无数加拿大人——政府官员、教育界人士和其他各界人士——一直对中国争取独立和和平的斗争采取友好态度。这在第二次世界大战期间尤为突出，那时我们两国是反法西斯轴心国的同盟军。今天仍然是如此。我愿在许多老朋友中特别提一下切斯特·朗宁和文幼章博士，像他们这样的老朋友还有很多很多。中华人民共和国建立之后，特别是两国正式建立外交关系之后，中加两国人民友谊之桥更加稳固、宽广和坚实。它包括我们两国良好的国家关系，互利的对外贸易以及学术和其他友好交流。

我们现在如同过去一样，不仅在继续发展我们的友谊方面，而且特别是在维护世界和平的努力中有着共同的利益。中国人和加拿大人都从历史的经验中懂得了，保卫和平必须采取明确的立场，反对一国对另一国的一切侵略行为，反对超级大国扩张主义者把他们的意志强加给其他国家和民族的任何企图。

正像（20 世纪，编者加）30 年代一样，当前摆在我们面前的两种抉择是严峻而明确的。一条是历史早已给我们留下痛苦教训的、导致世界大战的道路，这就是幻想、怯懦、不协调和绥靖的道路。这只能怂恿和加速侵略者推行其全球霸权的步伐。另一条是现实主义的道路，也就是密切合作，决心抗击和阻止这种扩张势头的道路。目前，国际形势更加动荡和紧张，世界和平受到严重威胁，其根本原因是霸权主义的扩张和侵略所致，因此我们应当坚定地面对这一现实，采取有效的措施，来对待当前危急的国际形势。

孙中山在他的遗嘱中号召我们，在我们中国要"求中国之自由平等"。他又写道："欲达此目的，必须唤起民众及联合世界上以平等待我之民族共同奋斗。"今天，中国的国际地位空前提高，中国人民空前觉醒。在这种基础上，中国坚信她能够完成不断进步的任务。这种任务集中体现在当前的社会主义现代化目标上。为达此目的，我们同样需要和世界上以平等待我之民族共同奋斗。加拿大和加拿大民族就是这样一种民族。

让我们一起来赞颂、培育和发展中加两国源远流长的友谊，正是本着这种精神，我愉快地接受你们授赠的学位。

（二）下面将播放的是一场讨论的录音。听前先读题目，听后做题。

1. 郭伟安是从哪一角度来考虑要"知足常乐"的？

A. 身体健康　　　　　B. 身心健康

C. 心灵平衡　　　　　D. 享受幸福

答：（B）

［说明：这一题考摄取和记忆信息的能力。］

2. 赵彩云在发言中引用了一句古词，这句词是<u>月有阴晴圆</u>
<u>缺，人有悲欢离合，此事古难全。</u>

［说明：这一题考聆听记忆能力和文化素养。］

3. 新闻学院的李强同学发言阐明对"知足常乐"应有怎样的
理解？

答：<u>知足常乐不意味着不思进取，是要以一颗平常心去对待</u>
<u>宠辱得失。</u>

［说明：这题考提取要点、综合能力。］

4. 姚洁玉同学不赞同"知足常乐"，她认为"知足常乐"的意
识有很大的危害，这危害表现在哪里？

答：<u>阻碍了中国的发展，窒息了中国人的创造力。</u>

［说明：这一题考聆听时的理解、分析和阐述的能力。］

5. 为了印证自己的观点，素华讲到的事实论据有哪些项？
（可以多选）

　A. 贾岛吟诗反复推敲

　B. 短跑老将十年苦练成就冠军

　C. 爱因斯坦提出相对论

　D. 微软公司勇于创新

答：（ABD）

［说明：这一题考筛选、记忆信息的能力。］

6. 翠芳同学对这个问题有怎样的观点？

答：<u>让知足常乐和不知足常乐两种心态并存，做人要知足，</u>
<u>做事要不知足，做学问更要不知足。（也可回答：在物质上可以</u>
<u>知足常乐，在精神上要不知足。）</u>

［说明：这一题考综合概括能力。］

附：录音材料

主持人：各位好！欢迎参加我们北京大学学生会组织的生活讨论会，今天要讨论的题目是："知足常乐"与"不知足常乐"。由于大家彼此不太熟悉，所以请每位发言的同学先介绍一下自己的姓名。我们先请赞成"知足常乐"的同学阐述他们的观点。

郭伟安：主持人好！大家好！我是郭伟安。我认为人应当知足常乐，理由嘛，主要是从现代人身心健康的角度考虑的。比如我的表哥，他做生意，赚钱很多，开奔驰车，经常出入高级会所，看起来很潇洒风光。但他夜里常工作到深夜，有时甚至通宵达旦，致使身体状况恶化。他是许多人眼里的成功者，但付出的是健康的代价。这不太值得。

王　通：我是王通，中文系的学生。我想补充一下郭伟安同学的观点：知足常乐有助于我们的身心健康，它可以让我们保持心灵的平静。贪婪是最严重的精神疾病，人的欲望如果无穷无尽，就会失去心灵的平静，失去平静的生活，是痛苦的生活。

赵彩云：我是艺术系的赵彩云。"知足常乐"是一种豁达的人生态度。古人说得好："月有阴晴圆缺，人有悲欢离合，此事古难全。"人生总有不如意处，也不可能万事随心。人生应该是一边寻找幸福，一边享受幸福的过程。如果为了一个未来的"大幸福"的虚幻目标，完全忽略了身边的无数"小幸福"，那岂不是得不偿失！

李　强：我是新闻学院的李强，我觉得还需要澄清一个错误的认识：知足常乐就意味着不思进取。这种想法是不妥当的。知足常乐要以正确平和的心态对待宠辱得失。这样，就能以一颗平常心去对待，并不是没有进取心的意思。其实，有了"知足"的超脱，反倒更容易轻装上阵，发挥潜能！

主持人：以上几位同学都谈到了知足常乐的正面意义，而且言之成理。谢谢大家！下面由几位不赞同"知足常乐"的同学发言。

姚洁玉：大家好！我是姚洁玉。"知足常乐"在古代很流行，也正是这种思想阻碍了中国的发展！为什么近代以来，科学上的那些伟大发明都属于欧美人？是因为中国人笨吗？不，是因为许多人还沉醉于"知足常乐"的自我满足当中。所以，我们今天不能再自欺欺人了。

王　飞：我叫王飞，我先给大家讲一个故事吧，是从报纸上看到的。两位年轻的农民进了城市，同在一个住宅小区里收废品。其中一个人写信告诉家人，他现在每天都能吃饱喝足，干的活也不是太累。另一个年轻人却不满足于只和废品打交道。有一天，他发现小区里的人抱怨自己种的花活不了，因为小区的泥土没有营养，而买花土又要去很远的花鸟市场。这个年轻人灵机一动：我为什么不给小区种花的住户送花土呢？于是，他开始贩卖花土，后来自己又研究调配营养土，慢慢地竟然拥有了很大的产业，更不用说娶了位漂亮媳妇的事了。而和他同时进城的那个伙伴，仍然是光棍一个，仅停留在一个人吃饱了全家不饿的水平上。生活要有梦想，要怀揣一颗永不知足的心，才能得到真正的快乐。

素　华：我叫素华，是历史系的学生。我觉得刚才王飞同学说的故事很有说服力。其实类似的实例还有很多：中国古代有"贾岛吟诗反复推敲"的典故；而美国大发明家爱迪生一生都在不知足地搞发明创造，据说有一千多种；一位奥运会田径老将十年苦练，仅仅在比赛中加快了 1 秒多。对于常常知足的人来说，这微不足道的 1 秒钟或许根本不值一提。但正是这一秒却成就了一位世界冠军。还有，如果微软公司在 DOS 操作系统面世后就放弃了研究，我们今天对电脑的使用恐怕还停留在 DOS 时代吧？今天的世界如此美丽万千，正是靠了人类永不知足的劲头啊！

主持人：刚才几位同学的发言都很精彩，我想问一下有没有比较折中或调和的观点？不那么针锋相对的？

翠　芳：我叫翠芳。我认为在人的一生中，要让"知足常乐"和"不知足常乐"这两种心态并存。一方面，在人生的道路上永远不满足，没有最好，只有更好；另一方面，要保持一种乐观的心态，从容面对功名利禄。我很欣赏这样一句话"做人要知足，做事要不知足，做学问更要不知足。"简单说就是：在物质上可以知足常乐，在精神上要不知足，但都要记得常乐！

主持人：听了大家的讨论，感觉都很有道理。其实单纯讲"知足常乐"还是"不知足常乐"，总可以找到千千万万个支持与反对的理由。或许，它们本来就不是完全矛盾的，只是在不同的情形下的不同的态度而已。通过我们的讨论，我们会对这两种观点有更深的认识和理解。谢谢大家！

2010 年 3 月

（湖南省教育考试院下达课题研究报告）

悉心·违心·亏心

　　我们几个做语文教师的，常常碰在一块就不禁长吁短叹，眼见教学质量上不去，不免深感愧疚。

　　质量上不去，原因很多。社会、家长、学生重理轻文，确已成了通病。其实，又何须怪罪别人，就是教语文的，自己不也是不同程度地重理轻文吗？学生一进入高中，学校领导、教师思考问题的出发点和归宿就紧紧凝聚于一点：升学率，这个要命的升学率！而要应付高考，从目前招生情况来看，就得力争总分。教语文的，大都兼任班主任，更是死死盯着总分不放。即使高考时学生的语文分数能突破"80"大关，而考分的总数没有达到分数线标准的话，那也还是枉然。这样，就都得核算学生单位时间的"分数价值"了。数理化三科占了三百分，语文呢，才一百分。谁都知道，要在高考时争取语文成绩提高5分，那实非易事；如果把这些时间投资理科，只要摸中一二题，也就本轻而利重了。

　　于是，有的语文老师也就这么公开地对学生说，语文难学，分数难争。卖瓜的道瓜苦，把学生的兴趣、注意力驱赶到数、理、化的天地里去。如此"舍己为人"，真是苦心独运了。

　　再说语文课怎么教吧。接近高中毕业阶段，教者就猜测高考题怎么出。不要以为我说得武断，完全不猜题的教师也许是没有的，只是程度不同，方式有别。拙劣者，蛮猜，巴不得猜着那个作文题一字不差，猜着那些要填空的字一字不错；高明者，巧猜，估一估命题形式，命题范围，甚至四面打听，八方侦探，揣摩命题人的风格、气质、兴趣、爱好。于是，这样那样的模拟考，这种那种的仿效题纷至沓来。临考前，要是某公能猜中一两道题，他就可以名声大噪，俨然像外科医生成功地做了一个惊人的手术，宇航员遨游了一次太空。我就听到过一个教师在地区一级会议上洋洋得意地传授"宝贵经验"，谈到他猜中某科多少考题，也听到学生为某教师猜题命中率高而呼"万岁"。在人们的心目中已形成了这么一个牢固的意念：分数是检验质量的唯一标准。这本是一种不正常的现象，而且这种不正常的现象还严重地制约着人们的行动。

于是，毕业班语文教师在"思考"了：几届高考从未考过篇章结构，也没考过概括文章内容和分析文章思想的题目，就是最受欢迎的"八○式"试题，"四大块"也依然着重在词汇、语句方面。过去如此，今年大概也是这般吧。于是搬起教本就把那些生僻的字词、"关联词语"，圈了又圈，点了又点，重点就这么敲定了。至于分析、归纳、内容、篇章……则对不起，请"靠边站"。这种教法显然是舍本逐末的。有的教师愤然指出，这是搞邪门歪道。当然，这样说有点偏激，但的确应看到，当前相当多的学生在阅读方面缺乏概括分析的能力。让他们读一篇报上的文章吧，文字那么浅显，即使每个字都认识，每句话都理解，但你问问这篇文章中心说的是什么，有几个层次，从哪几个方面来说明问题，他们却茫然不知，东扯西拉，不得要领。我曾叫高二学生分析过

《南辕北辙》这则故事的寓意，不少学生说这是讽刺那些不走群众路线，不听别人意见，一意孤行的人。高中毕业了，读了文件不知宗旨，听了报告不会传达，光去学几个"徜徉"、"盘桓"、"觊觎"之类的词，我以为这就是没有抓"本"。

然而，可悲的是，认识是认识，实践管实践，明知这样教对学生提高语文能力不利，我还是违心地绕着高考这个磨心兜圈圈。所以我给此文标了这个题目《悉心·违心·亏心》，意在说："悉心为高考，违心教语文，亏心待学生"。这恐怕还有一定的代表性哩！

问题如何解决呢？重要的当然是提高教师的思想觉悟，明确教学目的，认真改进"教风"；而改进高考各项措施，也不能不说是一个至关重要的问题。

如何改？我想，要提高语文教学的地位，不上线者，纵令总分够了也不予录取。此外，在高考命题方面，一定要尽量吻合中学语文教学的"大纲"。

目前，语文教学改革的热潮已逐步掀起，不少同志提出了许多宝贵的意见，作了许多有益的探索。我这里则是有啥说啥，直陈愚见，不虑贻笑大方了。

（1981 年"中学语文教师议论文竞赛"二等奖作品）

其 他

由认识转向创造

　　中小学生的创造性表现在：一是具有创造意识，二是具有初步的创造能力。我们的教育教学要千方百计地培养学生渴求创造、敢于创造的精神，学会用脑、用手进行创造的本领。要实施创造教育，这里就有一个教育视角转移的问题，即由认识转向创造。

　　中小学所学的知识都是前人创造的结晶，教材编者把这些知识加以整理，使之系统化，编成课本供学生学习，这是为了方便向学生传授知识，着眼点在于传授。而我们教学的传统做法就是照本宣科地把课本知识传授给学生，其视角一律是传授。在这种思想指导下，教学所追求的就是忠于课本，力求阐释清楚、举例翔实、论证充分、演绎生动，一句话，讲解得越完美越好。这样的教学可以使学生很好地接受知识，努力地去认识前人所创造的文明成果，甚至欣赏、赞叹这些成果，但没有直接启发他们去努力创造、获取文明成果。学生知识增进了，积贮丰富了，但不曾有意识地去创造，去超越。

　　由是，教学需要转换视角，由认识成果、接受成果而转换为创造成果。当我们要教学某一公式、定理、法则、发明的时候，要把自己所处的时代位移到此项发现、发明以前去，处在尚无此项成果的情况下，我们如何去面对问题、解决问题？学生在这种情况下去思考，去创造，而终于解决。同样是获得了一份知识，但"获得"的出发点和过程迥然不同：认识的角度只能获取知识，而创造的角度则使创新精神大放光彩，创新能力也有发展。下面举一节课为例加以说明。

这是初三物理课，教的是电阻、电阻器。从传授的角度来看，条理清晰，环环相扣，绝对是好课。但其教学思路就是顺着教材讲下去：①什么叫电阻，它的单位是什么？②影响电阻有哪些因素？③认识电阻器：讲电阻器的原理、构造和各个零件的作用。④怎样使用电阻器？教学的目的就是知道电阻，认识电阻器，会使用电阻器。现在转换视角，把我们位移到欧姆发明电阻器以前的时代去，问题就被生活实际提了出来：用电时，经常要临时性地改变电流强度，在保持电压稳定的情况下，我们还能想出什么办法来吗？学生思考后可以回答：要创造一个电阻器。教师又启发：电流与导体的材料、导体截面积的大小(粗细)、导线的长短有关，这三个因素，最便于临时性改变的是哪个因素呢？学生经过讨论，确定为长度。教师再质疑：要临时变换导线长度，那就要用一根很长的线，例如 3 米长，再沿着这导线安很多插线柱，需要强电流，就接到近距离插线柱，需要弱电流就接到远距离上。这样，问题基本解决了，可是实际安装很不方便。例如，台灯要调节亮度，若在灯里安一段很长的直线，那不是需要有体积很大的灯才能安放进去？又该怎么办？学生又想到：把长线绕圈，可缩小体积。教师又问：绕圈很好，但线挨着线结成一块板又怎么办？……总之，教师不是把已有的电阻器作展示，让学生认识它，会用它；而是从创造的角度，把设计中出现的问题一个个交给学生，要他们去思考、解决；也就是回到前人那里去，把他的创造过程设计成问题让学生去思考，与他一同获得创造的体验和成功的幸福。反映物质创造的课程可以这样，反映精神创造的课程有时也可这样。例如读一篇课文，也可以指引学生回到作者那里去，研究他当时为什么要这样写；还可研究作者的手稿，看他修改了什么，为什么要这样改。

也许有人会问，前人已经解决了的问题，我们还要让学生去思考创造，本身就不算一个新的创造发明，又有什么意义呢？意义很大。创造教育目标在于教育而主要不在创造，在于培养有创造精神和创造能力的人才，不在于直接创造出人类文明的新成果。因此，对学生来说，只要创造了他个体世界里前所未有的东西便是成功。这也就是心理学家米德所说的："一个 20 世纪的儿童发现在直角三角形里，勾、股平方的和等于弦的平方，那么他就完成了跟毕达哥拉斯一样的创造性劳动。尽管这个发现对于文化传统来说等于零。"

（原载《湖南教育》2003 年 10 月号）

教育的尴尬

先说一个小故事。

有一所学校，前些年一次高三年级毕业会考后，给这届学生暂放两天假，让他们稍事休整。就在这时，初一年级的学生发现高三教室的课桌椅全是新的，而自己用的桌椅比较旧了，于是便有人悄悄地去换了一套桌椅，教室里骤然增添了一个亮点。其他学生自然按捺不住，纷纷仿效，整个教室也就"焕然一新"。班主任一见，知道惹麻烦了，便对学生实施"教育"，说："你们这班学生，不知天高地厚，私自把高三的桌椅换了过来。他们可不是好惹的，一个个牛高马大，明天回校发现你们换了桌椅，会打死你们，到那时，我是不出面讨保的。今天赶快去把它换过来！"班主任一顿威胁。小不点们一个个像霜打的茄子。极不情愿地把自己的桌椅换了回来。班主任的目的达到了，教育似乎成功了，而留下的却是一个令人深思的硕大的问号。

教育是什么？是简单的行为监督岗吗？不是。是以安定秩序、平息事端为主要任务的"110"吗？也不是。教育是塑造灵魂的神圣工程。因此，我们也称教师为灵魂工程师。教育把眼光的落点放在矛盾、纠纷的解决上，常常会产生严重的尴尬，有时甚至堕落到反教育的境地。就说这件事吧，在班主任达到了浅近目的的同时，向学生灌输了什么呢？那就是无条件屈服于强权的卑微心态。学生之所以换回桌椅，没有任何别的原因，就是惧怕"牛高马大"，这种潜意识如果长期积淀，就会形成任强权宰割的奴隶性格。扒手的魔爪伸到了自己的腰包，就只得忍气吞声；侵略者的铁蹄踏上了神圣的国土，也甘愿任其蹂躏。本来有多少道理可以告诉我们的孩子：高三的大哥哥姐姐，学习任务重，书籍课本多，需要好的桌椅，更需要较好的条件，我们应克服困难支持他们；高三的大哥哥姐姐就要离开我们学校了，好的桌椅让给他们，让他们记住母校的恩情；我们现在艰苦一点，等我们到了高三，也一定会有很好的条件。这样用友谊、温暖、爱心去滋润孩子的心田，他们会满怀喜悦换回桌椅的。任何一个矛盾的处理其实都提供给我们教育的契机。正确地、机智地把握它，就赢得教育的成功。

学校的工作事事关涉育人，评价教师的工作只有一个标准：凡是于育人有利的就是成功的，凡是无助，甚至有损于孩子心灵健康成长的都是失败的。教育的成败，根本上取决于教师的素质：既有教师的教育观念，更靠教师自身的思想品德。教师不可能时时像演戏一样出现在学生面前，很多时候都会将真情真性宣泄给学生，一举一动，一言一语，一颦一笑之间，不是传播了真善美就是宣泄了假恶丑，只有保持心灵的洁净，才能保证给学生以高尚的影响，靠"包装"是无济于事的。

教育的尴尬还有一个病源是环境的不利，不只是学校环境，压力更大的还有社会环境。再讲一个故事。某市为迎接国家级卫生大检查，指定了某中学为必检单位。学校担负着作为全市"窗口"的重任，丝毫不敢懈怠。临检那一天，秋风阵阵，秋雨绵绵，校长到各处再巡视一遍，发现两个初中学生站在树林里，冒着雨，专门等待着捡拾飘落下来的树叶。校长见状，忙劝孩子回教室上课。孩子牢记班主任布置的任务，不肯撤离，他们像才入伍的新兵，只认得连排长，不认得总司令，校长说的也不上算。大家都知道，"守株待叶"完全是为了哄骗检查团，过了今天，明天落叶纷飞也不会有人守着捡。班主任布置这种蠢事，又完全出于无奈，倘若因林中落叶而丢了全市金牌，"斧打凿，凿入木"，追查下来，谁能担待得起？只好动员学生"顶过今天，明天就好了"。老师啊，说了千万句要诚实，《中学生守则》第十条也说要诚实，实际行动却告诉学生弄虚作假，不仅抵消了平日的苦口婆心，还塑造了一大片双重人格。尴尬的教育环境就导致了教育的尴尬。社会的污浊如果浸染了学校，就会逼使着学校生产污浊归还于社会。

教育的殿堂应是高尚纯洁的，这需要教育者的高尚，教育环境的纯洁。

（原载《湖南教育》2002 年 7 月号）

年轻的骆驼

——李海林印象

一

今年3月中旬，湖南省高考语文复习研讨会在岳阳召开。一天傍晚，我邀了些外地朋友来家聚餐，走进客厅，空荡的瓷砖地板上，堆放着一个劳动布桶式双背袋，鼓鼓囊囊很是醒目，像去广州打工，或是从广州打工回来的。近年，每年春节后，有几十万川军顺江而下，到岳阳换乘火车南下，上了码头穿街而过的打工仔、打工妹，一连两个钟头成群结队不断线，都大多有一个如是的背袋。这种背袋在我心中有两层含意：一是即将去付出艰辛的劳动或者已经付出了艰辛的劳动；二是即将"发财"而去或已经"发了小财"而来。

观察间，妻端出一盘茶待客，指指包说："李海林来过了。"啊，我这才明白，叹了一口气，心想：艰辛于他是有的，发财则沾不上边。

静夜。打开这布袋，我一件件掭出来。成了铅字的有30多篇，14万多字。这就是他提炼出来的成品吧，然而炼出这一撮来，需要采集多少矿砂呢？我翻了他教书以来所写的各种底稿，共有七大本，每本都有 700 多页，在一寸厚以上，装订得整整齐齐。每册封面都题了一个集名，以时间先后为序是《笔耕集》《呕心集》《爬格集》《今儒集》《心远集》《陋室集》《昨日集》。这 100 多万字，像春蚕一寸寸吐丝，像蚂蚁一颗颗觅食，一点一滴耗费的是心血，是生命。

八大本之外，再拖出七大本来，我惊叹于他的毅力了。他说，有时写得很紧，几年如此，落下肩颈疼痛的毛病，有时痛得厉害，就只好在地板上放一个枕头，双膝跪在枕头上，直着腰，双臂伏在写字台上继续写下去。海明威为了迫使自己写得简练些，曾站着写，成了文坛佳话；而我们的教师跪着写，不是也应该受到尊敬的么？

二

我知道李海林的名字是读他 1989 年 10 月发表的《中学鲁迅作品教学存在的问题》以后。那篇文章给我以气势恢宏、语言活泼的感觉。加上作者又是我们市的教师，更多一分乡土情缘的亲切和自豪感。其后，我去华容县开语文教研会，宿教工之家，晚上见到他。始见眉清目秀，书生气十足，戴一副镜片颇大的眼镜，给人视野开阔之感，金色的镜架，更添了几分秀气。

"见了屠夫就讲猪，见了秀才就讲书"，我直接入题与他谈起语文教学来，一扯就是两个多钟头。出门后，我兴奋地对县教委主任说："这个人不错。"

日子久了，就曾听到有关他的议论："这李海林只怕有点狂过头了，写的什么《亚理论》，把教研单位说得一无是处，毫无成绩，似乎就只有他李海林才是博大精深，真不知天高地厚！"我是专职搞语文教学研究的，且又正好在李海林所在的地区，最"有资格"怀疑他是从我身上"取样"来看语文教研工作现状的，但我并不反感，某些看法除表赞同外，只能表示无能为力的歉意。又有人告诉我，李海林与有些教师关系紧张，是否有点骄傲？我有点担忧，于是去问他们的教委主任，主任答曰："这是个与世无争的人。"我心里释然。

又有人告诉我："李海林所教的高三班，学生反映不错，但高考成绩却比别人低。"对此，我没有很多忧虑，是事实也罢，不是事实也罢，都不要紧。记得吕叔湘先生说过，大意是语文教学的效果是要等学生出校 20 年后才看得出来的。考分如何，因素复杂，既然承认高分低能的现象是一个客观存在，那么在不同教师面前，集群性的高分低能与低分高能（都是相对而言）也不是绝对没有。

三

离开育人来讲教学，就已经把语文教育的领地砍去了半壁江山；而抛掉能力只灌知识，那就是把语文教学像杀了野鸭又剥去皮放在烟火上熏烤，仅留下一个干枯的壳壳。李海林想冲出这层壳，他是尝到了甘甜的。

从他大批的学生来信中，我捡出现在武汉航运学院读书的刘飞同学的一封，他说：1990 年高考以 10 分之差落榜，家境困难就经商去了。一天到华容二中找同学玩，坐在教室里听李海林老师讲了一节课《南州六月荔枝丹》很是惊叹，于是决心到他的班上复读，终于考上了大学，"是李老师改变了我的生活道路。"我并不认为只有上大学才是一条正路，而一堂课能使一个青年在对命运问题作重大抉择时成为一个举足轻重的砝码，这力量是伟大的。

把他的文稿、笔记、论文、证书等放归口袋时，我忽然联想到了骆驼。提到骆驼，人们总易与沙漠连在一起，多了几分古老、贫困而苍凉的色彩。但愿李海林没有这些，我只取它拼死负重、任重道远的形象罢了。

（原载《语文学习》1992 年 11 期）

不料变成了"蛀书虫"

近年来，我经常伏在案上"爬格子"，老伴就嫌爱兼有地骂我是"蛀（著）书虫"。小孙孙便学着奶奶的腔调也这般"敬称"我。但是他发音不准，便说成"蛀书穷，蛀书穷"。孩子的话，好像是种调侃，真的，我一辈子也没富起来。不过，精神尚愉快。

和不少的少年朋友一样，小时我最害怕作文，常常面对着老师出的作文题咬着笔头发愣，写的作文也只求满足老师规定的最低字数要求，从来没得过高分，更不曾有得表扬的奢望。读小学四年级时有次老师出了一道题《记一件有趣的事》，望着这题目就没趣，哪能写出有趣的文章。我回家带着哭腔向妈妈求援。我妈很通一点文墨，就告诉我写了。文章说，有回到后山捡柴，看见一只野鸡正在孵一窝蛋，我一去，野鸡吓飞了，留下一窝蛋。我正想把它们全部捡回去，美餐一顿。但一转念，还是让野鸡孵出小鸡来更好玩，于是就没捡蛋。过了些日子，6只小绒球似的鸡仔真的孵了出来。我感到很高兴。结果，我这篇作文破天荒地被传观了。我是首次获此殊荣，当然也是"虚荣"。

读高小了，因为当时教育很不发达，我只得到离家10多公里远的地方去住校读书。当时，每周星期六下午全校作文，星期六的午餐，学校就弄点肉吃，给学生改善生活。这似乎成了雷打不动的制度。于是校园里就有打油诗曰："星期六，吃点肉；喝点汤，做文章。"可见学校是很重视作文的，竟然把作文与吃肉结合起来，摆在同等重要的神圣地位。

可是离开了妈妈的指导，我仍然看见作文就头痛，每每吃肉的喜悦就被这该死的作文搅得干干净净。如果学校规定不吃肉的便可以不写作文的话，那我宁可选择当和尚。

有一次，老师出了一道作文题，要求写500字的作文。我抓耳搔腮弄了一节课，好像已经写了很多。突然，尿胀起来，于是抓了文稿就往厕所走。一边走一边数字数，竟然有了320字。我高兴极了，心想，按字数要求的比例来看，这320字已超过60%，应该拿个及格分数没问题。正在高兴的时候，忽然天上掉下那个语文老师来，被撞了个正着。他一点也不照顾我的情绪，瞪着眼把我足足训了一顿饱的。

又一次，作文题是写踏青(即春游)。老师在黑板上写了个题目便走了。大家都从各自屉子里找出《模范作文》来，准备抄袭。我已选中了一篇，心想这回可捡个轻便了。谁知坐在最后一排的刘雄群同学突然站了起来，向全班宣布：第78页的《踏青纪事》那篇作文，任何人都不许抄，版权归他所有。大家都知道，如果班上有两人抄同一篇作文，定会被老师发觉，决没有好下场。可是为什么硬只能他抄呢？我不服气，说："这篇作文，我先发现，我要抄！"说时迟，那时快，只见刘雄群把拳头伸出，向前一举，说："你要抄，那就问问它吧，看它答应不答应！"他是在解放前夕为躲国民党抽壮丁来到这里读小学的，结了婚，做了爸爸：虎背熊腰，又是学校篮球队队长。而我，只是坐在第一排吃粉笔灰的小不点，怎敢和他较劲！只好忍气吞声交出了抄袭权。这种事，想向老师去告状都是不好开口的。

于是我硬着头皮写下去，写我自己那天疯了个尽兴。记得有一个细节是，远远地看见有个人蹲在前边系鞋带，我以为是班上的大个子同学，一跑上前便扑到他的背上。待那人回过头来一看，原来是历史老师，我尴尬得无地自容。历史老师很宽容，望着我笑笑说："怎么，想要背吗？"就这篇作文，居然得了全班最高分，还真得谢谢刘雄群的拳头。这是一个转折点，我初步懂得了写作文要写自己，写自己的事情，写自己的感受。

解放后，我高小毕业，进了读书不要钱的简易师范学校，我本着写自己的原则来写作文，慢慢地在班上冒起尖来。

有一次，老师布置的寒假作业中要写作文，就写寒假中的事情。我写的是这样一件事。我的堂弟他在读高小，故意拿着他们的考试题来考我，问"墨守成规"四个字该怎么写。我就告诉他"默守陈规"。结果，他说我写错了两个字，只能当个别字先生。一阵羞惭也引起我一阵反省，要努力学习，将来走上讲台，不误人子弟。开学后，老师讲评寒假作业，给了这篇作文以表扬。这个光荣才是真正属于我的。大概就是受了这影响，我渐渐爱好起写作来。走上教育岗位任教小学后，陆续地写出诗歌、散文、儿童故事和教学经验的文章来，居然也还印成了铅字。我还是朴素地坚持着写自己感受最深的东西，抓住自己情感最激动的时候来写。

一场"文化大革命"彻底摧毁了我想从事专业写作的美梦。"文化大革命"后，恢复高考，我又一直任教高中毕业班，被卷进了年复一年的迎考复习的漩涡，紧张得喘不过气来。形象思维已被窒息，挤些空闲也只能写些实实在在的教学体验的文字。20多年，陆续在报刊发表了400多篇文章。有事而写，有感而发，我扎在实践和生活的泥土里，还不曾感到写作源泉的枯竭。拼命地写，也不愿放弃和辜负那撞击我心扉的写作冲动。

记得是1982年，我正在岳阳县一中教高三语文。有一次母亲病了，送进城关医院。我白天上完课后就夹着一叠作文本到医院去，一边陪护母亲，一边改些作文。当时医院条件很差，病床都是高低双层铺。一间摆着30多个床位的病室，就是一盏15瓦的灯泡吊在用芦苇蒙着的顶棚上，而且沾满了灰尘，结满了蛛丝。那天我坐在母亲的床前，忽然想到当天教的课。课上叫起一位同学回答问题，他无言以对。我想方设法给以启发，他终于答了出来，高兴地坐了下去。他获得了成功，我也觉得获得了成功，总想写篇文章，谈谈如何启发学生的问题。于是思前想后，把过去这方面的经验调集起来。拟好了腹稿，我急于想写。可是灯光不亮，我爬到高铺上去，用手托着笔记本，站着就近灯泡，就这样一连写了两个小时，完成了一篇初稿：《当学生答问"卡壳"的时候》。写成后，我长吁一口气，才觉得轻松下来。这大概就是一种不吐不快的境界。

今天，当中学生朋友不少人还在重复着我昨天的故事的时候，我急切地想告诉你们我今天写作的艰辛和乐趣。漫长经历，一纸短文，甚至也概括不出任何一条新鲜的经验。要说，还是那句话，写你自己。世界上没有两片相同的绿叶，更没有复制的人生经历和感受。就写你自己特有的那一份，忠实地写出了自己，就不会雷同别人。

（原载《中学生作文》2002年第3期）

　　　　　　　　　　　　　　　　　语文教育散论

图书在版编目（CIP）数据

语文教育散论 / 李真微著. —北京：团结出版社，2020.6
ISBN 978－7－5126－7873－6

Ⅰ. ①语… Ⅱ. ①李… Ⅲ. ①中学语文课—教学研究—高中—文集 Ⅳ. ①G633. 302−53

中国版本图书馆 CIP 数据核字（2020）第 071124 号

语文教育散论
YUWEN JIAOYU SANLUN

李真微/著

出　版：团结出版社
　　　　（北京市东城区东皇城根南街 84 号　邮编：100006）
电　话：（010）65228880　65244790（出版社）
　　　　（010）65238766　85113874　65133603（发行部）
　　　　（010）65133603（邮购）
网　址：http://www.tjpress.com
E - mail：zb65244790@vip.163.com
　　　　fx65133603@163.com（发行部邮购）
经　销：全国新华书店
印　装：湖南天闻新华印务有限公司

开　本　145mm×210mm　大 32 开
印　张　11.125
字　数　250 千字
版　次　2020 年 6 月第 1 版
印　次　2020 年 6 月第 1 次印刷
书　号　ISBN 978－7－5126－7873－6
定　价　46.00 元